Władysław Szpilman

Der Pianist

Mein wunderbares Überleben

Erarbeitet von Uwe Stamer

Schroedel

Texte.**Medien**

Herausgegeben von Peter Bekes und Volker Frederking

Druck A 1 / Jahr 2006
Alle Drucke der Serie A sind im Unterricht parallel verwendbar.

Redaktion: Franziska Voigt, Hamburg
Herstellung: Ira Petersohn, Ellerbek
Reihentypografie: Iris Farnschläder, Hamburg
Satz: UMP Utesch Media Processing GmbH, Hamburg
Druck: Clausen & Bosse, Leck
Titelbild: Tamara de Lempicka: Porträt Marchese Sommi (1925). Albert und Victoria Benalloul. akg-images/Electa. © VG Bild-Kunst, Bonn 2006

Das Texte.**Medien**-Programm zu »Der Pianist«:

978-3-507-47023-1 (alt: 3-507-47023-3)	Textausgabe mit Materialien
978-3-507-47123-8 (alt: 3-507-47123-X)	Arbeitsheft
978-3-507-47223-5 (alt: 3-507-47223-6)	Informationen für Lehrerinnen und Lehrer

Informationen und Materialien im Internet:
www.schroedel.de/textemedien

ISBN 978-3-507-47023-1
alt: 3-507-47023-3

Inhalt

Władysław Szpilman
Der Pianist
Mein wunderbares Überleben **9**

Krieg! **9**
Die ersten Deutschen **20**
Meines Vaters Verbeugungen **30**
Ihr seid Juden? **39**
Tänze in der Chłodna **49**
Stunde der Verrückten und der Kinder **63**
Eine Geste von Frau K. **75**
Der bedrohte Ameisenhaufen **86**
Der Umschlagplatz **98**
Lebenschance **108**
»Hej, Schützen, auf!« **116**
»Majorek« **126**
Gezänk hinter der Wand **133**
Szałas' Betrug **141**
In einem brennenden Haus **151**
Tod einer Stadt **160**
Leben gegen Sprit **167**
Nocturne cis-Moll **177**
Postskriptum **188**

Materialien

Biografie
Lebenschronik **192**
Arbeitsanregungen **197**

Entstehung

Andrzej Szpilman Der Pianist. Vorwort (1998) **198**
Ulrike Wilhelm Erinnern oder Schweigen? Ein Interview (1998) **199**
Arbeitsanregungen **206**

Verstehen und Deuten

Antisemitismus in der Geschichte

Judenfeindliche Texte im Neuen Testament **207**
Friedrich Closener Spätmittelalterliche Judenverfolgungen (1362) **209**
Spottlied aus Regensburg Alles muss zum Juden laufen (Anfang 16. Jh.) **210**
Wilhelm Raabe Der Hungerpastor (1864) **211**
Wilhelm Busch Plisch und Plum (1882) **214**
Martin Luther Von den Juden und ihren Lügen (1543) **215**
Adolf Stoecker Das Judentum im öffentlichen Leben, eine Gefahr für das Deutsche Reich (1882) **217**
Pinchas E. Lapide Wer war schuld an Jesu Tod? (1989) **220**
Martin Stöhr Die Macht der Klischees (1986) **222**
Arbeitsanregungen **223**

Die Zeit des Nationalsozialismus

Heinrich Himmler Rede vor SS-Führern in Posen (1943) **224**
Rudolf Höß Kommandant in Auschwitz (1947) **225**
Daniel Jonah Goldhagen Hitlers willige Vollstrecker (1996) **230**
Arbeitsanregungen **233**

Das Warschauer Getto
Zahlen und Ereignisse 234
Karte des Warschauer Gettos 236
Arbeitsanregungen 237

Positive Gegenkräfte
Wilm Hosenfeld Tagebuchaufzeichnungen (1943) 238
Thomas Vogel »Ich versuche jeden zu retten«.
Wilm Hosenfeld – ein deutsches Leben (2004) 240
Biblische Grundlagen 241
Gotthold Ephraim Lessing Nathan der Weise:
Die Ringparabel. Auszug (1779) 243
Immanuel Kant Was ist Aufklärung? (1784) 244
Immanuel Kant Kategorischer Imperativ (1785) 245
UNO Allgemeine Erklärung
der Menschenrechte (1948) 245
Grundgesetz der Bundesrepublik Deutschland
Die Grundrechte (1949) 248
Berühmte jüdische Persönlichkeiten 249
Arbeitsanregungen 251

Wirkung und mediale Gestaltung
»Der Pianist« als Film (2002) 252
Marcel Reich-Ranicki Der Pianist (2002) 256
Wolfgang Thierse Rede zur Filmpremiere von
»Der Pianist« (2002) 259
Peter Zander »Ich wurde ein Anderer« (2002) 260
Arbeitsanregungen 263

Textquellen 264
Bildquellen 266
Anmerkungen 267

Vorurteile

- schuld am Tod von Jesu
- Brunnen vergiftet
- Gotteslästerung
- klauen, geizig
- keine anständigen Geschäftsmethoden
- einige reiche Juden
- starre Regel, streng...
- Aggressivität
- Äußeres Merkmal:

"Hakennase", dunkle Haare + Augen

Władysław Szpilman

Der Pianist

Mein wunderbares Überleben

1 Krieg!

An diesem 31. August 1939 waren sich in Warschau längst alle sicher, dass der Krieg gegen die Deutschen unvermeidbar war. Nur die unverbesserlichen Optimisten gaben sich noch der Täuschung hin, dass sich Hitler im letzten Augenblick von der entschlossenen Haltung Polens abschrecken lässt. Bei anderen verriet sich der Optimismus eher unbewusst als Opportunismus: ein innerer Glaube bar jeglicher Logik, dass der Ausbruch des Krieges, obschon unvermeidlich und längst beschlossen, sich hinauszögern werde bis zu einem möglicherweise nicht allzu nahen Zeitpunkt und dass man noch ein bisschen würde leben können, wo doch das Leben so angenehm war.

Krieg
→ Seite 267

Opportunismus
sich der Situation anpassende Haltung

Abends war die Stadt sorgfältig verdunkelt. In den Häusern dichtete man Zimmer ab, die als Gasschutzräume vorgesehen waren, und passte die Gasmasken an, denn Gas fürchtete man am meisten.

Unterdessen spielten hinter den verdunkelten Fenstern der Cafés und Bars noch immer die Orchester, Gäste tranken Schnaps, tanzten und erregten sich patriotisch durch das Absingen kämpferischer Lieder. Die Notwendigkeit des Verdunkelns, die Möglichkeit, Masken, über die Schulter gehängt, zu tragen, und die nächtliche Heimkehr per Taxi durch die ganz

patriotisch
für das Vaterland begeistert

veränderten Straßen, das alles machte das Leben reizvoller, zumal noch keinerlei Gefahr damit verbunden war.

Zu dieser Zeit wohnte ich mit Eltern und Geschwistern in der Śliska-Straße und arbeitete beim Polnischen Rundfunk als Pianist. An jenem letzten Augusttag kam ich spät nach Hause, ich war müde und ging gleich zu Bett. Unsere Wohnung lag im dritten Stock, was seine gute Seite hatte: In den Sommernächten sanken Staub und Straßengerüche nach unten, während sich von oben, vom Himmel, eine Schicht erfrischender Luft unseren offenen Fenstern entgegenschob, mit der Feuchtigkeit gesättigt, die aus dem Bett der Weichsel dampfte.

Weichsel **Hauptstrom Polens, 1047 km lang**

Explosionsgetöse riss mich aus dem Schlaf. Es war schon hell geworden. Ich schaute auf die Uhr: gleich sechs. Die Explosionen waren nicht allzu stark und schienen ziemlich weit weg, jedenfalls außerhalb der Stadt. Es fanden offenbar militärische Übungen statt, an die wir uns alle seit ein paar Tagen gewöhnt hatten. Nach wenigen Minuten hörten die Explosionen auf. Ich überlegte, ob ich nicht wieder einschlafen sollte, doch es war schon zu hell und zu sonnig. Ich beschloss, lieber bis zum Frühstück zu lesen.

Es muss mindestens acht gewesen sein, als meine Zimmertür aufging und Mutter auf der Schwelle erschien, so angekleidet, als wollte sie jeden Augenblick in die Stadt. Sie war blasser als gewöhnlich und konnte eine gewisse Missbilligung nicht verhehlen, dass ich noch im Bett lag und las. Sie machte den Mund auf, doch beim ersten Wort versagte ihr die Stimme, sodass sie sich räuspern musste, und erst dann sagte sie hastig und nervös:

»Steh auf! Krieg … er hat angefangen.«

Ich beschloss, mich unverzüglich zum Rundfunk zu begeben. Dort waren meine Freunde, und dort konzentrierten sich die neuesten Nachrichten. Ich zog mich an, aß mein Frühstück und verließ das Haus.

An Häuserwänden und Litfaßsäulen sah man schon die

großen weißen Flächen: die Botschaft des Präsidenten an das Volk, die es vom Überfall der Deutschen in Kenntnis setzte. Die Leute standen in Grüppchen davor und lasen, andere strebten hastig in verschiedene Richtungen, um noch die dringlichsten Angelegenheiten zu regeln. Im Geschäft an der Ecke, unweit unseres Hauses, beklebte die Inhaberin die Scheiben mit Streifen weißen Papiers, was sie vor dem Herausfallen bei den kommenden Bombenexplosionen bewahren sollte. Ihre Tochter schmückte unterdessen Teller mit Eiersalat, Schinken und Wurstringeln mit kleinen Nationalfahnen und Porträts der Würdenträger darüber. Die Straßen entlang rannten atemlos Jungen, die Extrablätter verkauften.

Man sah keine Panik. Die Stimmung schwankte zwischen Neugier auf das, was kommen würde, und Verwunderung, dass alles gerade so seinen Anfang nahm.

Vor einer der Säulen mit der Präsidentenerklärung hatte ein grauhaariger, gut rasierter und mit Sorgfalt gekleideter Herr Wurzeln geschlagen. Seine Erregung zeigte sich in hochroten Flecken, die ihm Gesicht und Hals überzogen. Zudem hatte er den Hut aus der Stirn nach hinten geschoben, was er sich mit Sicherheit in normalen Zeiten nie und nimmer erlaubt hätte. Er las, schüttelte ungläubig den Kopf und las wieder, wobei er sich den Kneifer tiefer auf die Nase drückte. Etliche Worte las er laut, empört:

»Sie haben uns überfallen … ohne Vorwarnung …«

Er blickte sich zu den Nachbarn um, was die wohl dazu sagen würden, hob die Hand, rückte noch einmal den Kneifer zurecht und rief laut:

»Aber das ist doch unanständig!«

Schon im Gehen, nachdem er alles bis zu Ende durchgelesen hatte, konnte er sich noch immer nicht beruhigen und murmelte kopfschüttelnd:

»Nein! So geht das doch nicht …«

Zum Funkhaus zu gelangen erwies sich, obwohl ich nahebei wohnte, als nicht gerade einfach und kostete mich doppelt so viel Zeit wie gewöhnlich. Ich war etwa auf halbem Wege, als aus den Radiolautsprechern, die an Laternenpfählen angebracht, in Fenstern aufgestellt und über Ladentüren aufgehängt waren, das Heulen der Alarmsirene ertönte. Dann hörte man die Stimme des Rundfunksprechers: »Wir rufen Alarm über die Stadt Warschau aus … Achtung! Es rückt an …« An dieser Stelle verlas der Sprecher eine Reihe von Ziffern und Buchstaben des Alphabets einer militärischen Chiffre, die in den Ohren von Zivilisten wie eine kabbalistische, geheimnisumwitterte Drohung klang. Sollten die Ziffern die Zahl der im Anflug befindlichen Flugzeuge bedeuten? Die Buchstaben vielleicht die Orte, auf die in Kürze Bomben niedergehen würden? Vielleicht ist darunter gerade der Ort, an dem wir stehen?

Chiffre Kennwort
kabbalistische Kabbala: mittelalterliche jüdische Geheimlehre

Die Straße leerte sich rasch. Die Frauen eilten verschreckt zu den Schutzräumen. Die Männer wollten nicht hinunter. Sie standen in den Hauseingängen, fluchten auf die Deutschen, trugen ihren Mut zur Schau und machten ihrem Ärger über die Regierung Luft, dass die Mobilmachung so ungeschickt durchgeführt wurde und nur einen geringen Teil der Wehrfähigen umfasste. Der Rest lief von einer Militärbehörde zur anderen und konnte selbst mit Geld und guten Worten nicht erreichen, dass man ihn in die Armee aufnahm.

In den leeren, wie ausgestorbenen Straßen hörte man nur das Streiten der Mitglieder des Fliegerabwehrdienstes mit den Widerspenstigen, die um irgendwelcher Geschäfte willen aus den Haustoren schlüpften und verstohlen an den Häuserwänden entlang weiterzugehen versuchten. Einen Moment später erneut Explosionsgeräusche, doch auch diesmal waren sie nicht allzu nah.

Das Funkhaus erreichte ich gerade in dem Augenblick, als zum dritten Mal Alarm gegeben wurde. Keiner jedoch hatte hier Zeit, sich bei jedem Alarm in den Schutzräumen zu verstecken. Das Sendeprogramm war total auf den Kopf gestellt, und sobald man in aller Eile so etwas wie ein vorläufiges Programm zusammengebastelt hatte, gingen wichtige Meldungen von der Front oder auch diplomatischer Natur ein. Alles musste unterbrochen werden, um solche Nachrichten so schnell wie möglich durchzugeben, mit Militärmärschen oder Hymnen entsprechend geschmückt.

Hymnen feierlichen Gesängen

Auf den Fluren der Büros herrschte heilloses Durcheinander und eine Stimmung kämpferischen Selbstbewusstseins. Einer der zum Militär einberufenen Beamten war nur gekommen, um sich von den Kollegen zu verabschieden und sich in Uniform zu zeigen. Er hatte sich vermutlich vorgestellt, dass ihn alle umringen würden und es zu einer rührenden und erhebenden Abschiedsszene käme.

Doch er wurde enttäuscht: Niemand hatte Zeit, um ihm einen längeren Augenblick der Aufmerksamkeit zu widmen. So stand er da und fing vorbeieilende Kollegen ab, um sein Programm »Abschied von einem Zivilisten«, von dem er später einmal seinen Enkeln würde erzählen wollen, wenigstens zum Teil vorzuführen. Er ahnte nicht, dass zwei Wochen später genauso wenig jemand Zeit haben würde, ihn mit einem angemessenen Begräbnis zu ehren.

Vor der Studiotür packte mich ein alter Rundfunkpianist am Ärmel, der verdiente Professor Ursztein, der seit Jahrzehnten sein Leben nach Pianobegleitungen maß statt wie andere nach Tagen und Stunden. Wenn der Professor sich an etwas aus der Vergangenheit zu erinnern versuchte, begann er mit den Worten: »Ich begleitete damals …« Nachdem er erst einmal den Ort des Akkompagnements in der Zeit fixiert hatte wie die Stelle eines Kilometersteins am Wegrand, ließ er sein Gedächtnis weiter schweifen, um andere Erinnerungen einzufangen, stets weniger wichtige. Jetzt stand er also vor dem

des Akkompagnements der Begleitung

Studio, betäubt und desorientiert. Wie würde er vonstattengehen und wie würde er aussehen, dieser Krieg, ohne Akkompagnement?

»Sie wollten mir nicht sagen«, begann er sich ratlos zu beklagen, »ob ich heute überhaupt arbeiten werde ...«

Nachmittags stellte sich heraus, dass wir beide arbeiteten, jeder an seinem Flügel. Die Musiksendungen, wenn auch zeitlich durcheinandergebracht, fanden statt.

Weil die Frühstückszeit nahte und etliche Kollegen Hunger verspürten, verließen wir gemeinsam den Rundfunk, um in einem nahe gelegenen Restaurant einen Imbiss einzunehmen.

Die Straßen sahen beinah normal aus. Auf den Hauptstraßen der Stadt herrschte lebhafter Straßenbahn-, Auto- und Fußgängerverkehr, die Geschäfte waren geöffnet, und weil der Stadtpräsident die Bevölkerung aufgerufen hatte, keine Vorräte anzulegen, die seiner Meinung nach überflüssig waren, standen vor den Läden nicht einmal Schlangen. Straßenhändler verkauften erfolgreich ein Papierspielzeug, das ein Schwein darstellte, nach Auffalten des auf eine bestimmte Art zusammengelegten Papiers jedoch – Hitlers Visage.

Im Restaurant bekamen wir mit Mühe einen Tisch, aber dann zeigte sich, dass etliche Gerichte, sonst immer auf der Speisekarte zu finden, fehlten, während andere leicht teurer geworden waren; die Spekulanten hatten bereits mit ihrer Tätigkeit begonnen.

Spekulanten **Menschen, die Gewinne aus Preissteigerungen erwarten**

Die Gespräche drehten sich hauptsächlich um den in Bälde vorgesehenen Kriegseintritt Frankreichs und Englands. Wenige unverbesserliche Pessimisten ausgenommen, waren alle davon überzeugt, dass dieser Eintritt jede Stunde, jeden Augenblick erfolgen werde. Viele meinten, dass auch die Vereinigten Staaten den Deutschen den Krieg erklären würden.

Man führte die Argumente an, die aus den Erfahrungen des vergangenen Großen Krieges geschöpft waren, und pflichtete im Allgemeinen diesen Argumenten bei, so als sei jener Große Krieg nur ausgefochten worden, damit man wusste, wie der jetzige Krieg richtig und besser zu führen war.

Jener Eintritt Frankreichs und Englands wurde erst am 3. September Realität.

Ich war an jenem Tag noch zu Hause, obwohl es bereits elf Uhr war. Den Radiolautsprecher ließen wir den ganzen Tag an, um von den wichtigen Nachrichten kein Wort zu verpassen. Die Kommunikees von der Front waren nicht so wie erwartet. Zwar war unsere Kavallerie in Ostpreußen eingefallen und unsere Flugzeuge bombardierten deutsche Militärobjekte, doch gleichzeitig musste sich das polnische Heer fortwährend irgendwo zurückziehen angesichts der militärischen Übermacht des Feindes. Wie war das nur möglich, wo doch die Deutschen nur Flugzeuge aus Pappe und Papp-Panzer hatten, wie unsere Propaganda behauptete, und synthetisches Benzin, das nicht einmal für Feuerzeuge taugt. Etliche deutsche Flugzeuge waren bereits über Warschau abgeschossen worden, und es gab Augenzeugen, die Leichen feindlicher Flieger in Papierkleidung und Papierschuhen gesehen haben wollten. Wie konnte eine so armselige Truppe uns zum Rückzug zwingen? Keiner begriff das.

Kommunikees **amtlichen Mitteilungen**
Kavallerie **Reitertruppe**

Mutter tummelte sich im Zimmer, Vater übte Geige, und ich las im Sessel, als eine unbedeutende Sendung plötzlich unterbrochen wurde und der Sprecher mit bewegter Stimme eine Nachricht von höchstem Gewicht ankündigte. Vater und ich sprangen zum Apparat, während Mutter nach nebenan lief, um meine zwei Schwestern und den Bruder zu rufen. Aus dem Lautsprecher erklangen unterdessen Militärmärsche, worauf der Sprecher seine Ankündigung wiederholte und wieder Märsche erschallten und noch eine weitere Vorankündigung erfolgte. Wir hielten die nervöse Spannung kaum noch aus, als endlich die Nationalhymne ertönte und danach die englische Hymne. Wir erfuhren, dass wir beim Ringen mit dem Feind nicht mehr allein waren, dass wir einen mächtigen Verbündeten hatten und der Krieg mit Sicherheit gewonnen würde, selbst wenn sein Verlauf wechselhaft und sogar vorübergehend ungünstig für uns sein sollte.

Schwer, die Rührung zu beschreiben, die uns damals am Radiolautsprecher erfasste. Der Mutter standen Tränen in den Augen, Vater schluchzte schlichtweg, und Henryk, mein Bruder, nutzte die Gelegenheit, um mir den Arm in kämpferischem Gestus entgegenzuschleudern und in Rage zu schreien:

Gestus **Ausdruck**

»Ha, siehst du? Hab' ich's dir doch gesagt!«

Regina war jedoch der Meinung, dass es sich nicht gehörte, in einem solchen Augenblick Streit zu haben. Sie stellte sich zwischen uns und sagte ruhig:

»Hört auf. Jeder weiß, dass es so kommen musste ...«

Nach einer Weile fügte sie ergänzend hinzu:

»Und es ergibt sich logisch aus den Verträgen.«

Regina war Juristin, eine Autorität in dererlei Fragen. Da ließ sich schwer streiten.

Halina hatte sich inzwischen an den Apparat gesetzt und angefangen, London zu suchen: Sie wollte sich an der Quelle vergewissern. Die zwei, meine Schwestern, waren die besonnensten aus der Familie. Nach wem kamen sie eigentlich? Wenn überhaupt nach jemandem, dann nach der Mutter, doch auch die machte im Vergleich zu ihnen den Eindruck einer ungestümen Person.

Vier Stunden später erklärte Frankreich Deutschland den Krieg. Am Nachmittag bestand Vater darauf, an der Manifestation teilzunehmen, die vor dem Botschaftsgebäude der Briten stattfinden sollte. Mutter ließ ihn nicht gern gehen, doch er versteifte sich auf sein Vorhaben. Mächtig aufgeregt, erhitzt

Manifestation **Bekundung**

und im Gedränge zerknautscht, kehrte er zurück. Er hatte unseren Außenminister gesehen und Englands Botschafter und den Botschafter Frankreichs, er hatte Hochrufe ausgebracht und mit allen zusammen gesungen, doch dann hatte man unvermutet die Menge angewiesen, in Anbetracht eines eventuellen Luftangriffs so schnell wie möglich auseinanderzugehen. Die Menge folgte energisch, was beinah Vaters Erstickungstod zur Folge gehabt hätte. Nichtsdestotrotz war er sehr zufrieden und guten Muts.

Leider! Unsere Freude war nur von kurzer Dauer. Die Kommunikees von der Front wurden immer alarmierender. Am 7. September gegen Morgen ertönte heftiges Klopfen an der Tür zu unserer Wohnung. Im Treppenhaus stand der Nachbar von gegenüber, ein Doktor, in Armeelangschäftern, dazu Jägerjoppe, Sportmütze und Rucksack. Er war in Eile, erachtete es jedoch für seine Pflicht, uns davon in Kenntnis zu setzen, dass die Deutschen auf Warschau zurückten, dass unsere Regierung nach Lublin ausgereist war und alle Männer die Stadt verlassen sollten, um sich auf die andere Weichselseite zu begeben, wo eine neue Abwehrlinie aufgebaut werden würde.

Armeelangschäfter **Militärstiefel mit langem Schaft**

Keiner von uns wollte ihm anfangs Glauben schenken. Ich beschloss, andere Nachbarn aufzusuchen, um Auskunft einzuholen. Henryk stellte das Radio an, doch das Radio schwieg: Die Station war stillgelegt.

Von den Nachbarn traf ich nicht mehr viele an. Eine Menge Wohnungen war zugesperrt, in anderen bereiteten Frauen ihre Männer oder Brüder für den Weg vor, verweint und auf das Schlimmste gefasst. Es unterlag keinem Zweifel, dass der Doktor die Wahrheit gesagt hatte.

Ich hatte rasch den Entschluss gefasst hierzubleiben. Es war sinnlos, sich auf den Landstraßen herumzutreiben. Wenn das Schicksal wollte, dass ich umkomme, dann besser bei mir zu Haus. Schließlich, überlegte ich mir, musste sich jemand um Mutter und Schwestern kümmern, wenn Vater und Henryk mitgingen. Als es dann zur Beratung kam, erwies sich, dass auch sie beschlossen hatten zu bleiben.

Aus Pflichtgefühl versuchte Mutter uns dennoch zur Flucht zu überreden. Mit angstgeweiteten Augen blickte sie von einem zum anderen und kramte immer neue Argumente hervor, die dafür sprachen, dass wir Warschau verließen. Als wir jedoch energisch darauf bestanden zu bleiben, malte sich in ihren schönen, ausdrucksstarken Augen das Gefühl instinktiver Erleichterung und Befriedigung: Komme, was da wolle, es ist auf jeden Fall besser, zusammen zu sein.

Ich wartete bis acht, dann ging ich und – erkannte die Stadt nicht wieder! Wie konnte das geschehen, dass sie in nur wenigen Stunden so sehr, so völlig ihr Aussehen verändert hatte?!

Sämtliche Geschäfte waren geschlossen. Die Straßenbahnen fuhren nicht. Nur Autos, vollgepackt, brausten mit überhöhtem Tempo durch die Straßen, alle in dieselbe Richtung – zu den Weichselbrücken. Durch die Marszałkowska marschierte eine Abteilung Soldaten. Sie gingen trotzig und sangen, doch auch an ihnen konnte man die bislang nirgends sichtbare Schlaffheit ausmachen: Jeder hatte seine Mütze anders aufgesetzt, trug den Karabiner, wie es ihm gefiel, sie marschierten nicht im Takt, und in ihrem Gesichtsausdruck hatten sie etwas, das davon sprach, dass sie gleichsam auf eigene Faust gingen, um sich zu schlagen, und dass sie längst aufgehört hatten, Bestandteil einer so präzisen, vollkommenen Maschinerie, wie es die Armee ist, zu sein.

Zwei junge Frauen auf dem Gehsteig warfen ihnen rosa Astern zu, wobei sie hysterisch wieder und wieder etwas riefen. Niemand schenkte ihnen Beachtung: Die Leute hasteten eilends vorüber, und es war klar, dass sie alle über die Weichsel fliehen werden. Nun wollten sie rasch noch letzte wichtige

hysterisch überspannt

Dinge erledigen, in Furcht, ob sie es noch schafften, ehe die Deutschen mit dem Angriff beginnen würden. Auch diese Menschen sahen alle anders aus als am Abend zuvor. Warschau war doch eine so ungemein elegante Stadt. Wo waren auf einmal die Männer und Frauen geblieben, gekleidet, als stammten sie direkt aus einem Modejournal?

Diejenigen, die heute nach allen Richtungen strebten, waren wie zu einer Jäger- und Touristenmaskerade verkleidet. In Langschäftern, in Skischuhen, Skihosen, Breeches. In Kopftüchern, mit Bündeln, Rucksäcken, mit Stöcken in der Hand. Nachlässig, sichtlich in Eile umgezogen, hatten sie keinerlei Mühe darauf verwandt, dass ihre Aufmachung einigermaßen zivilisiert aussah. Die Straßen, gestern noch so sauber, waren heute voller Unrat und Schmutz. In einer Seitenstraße, auf der Bordkante, dem Trottoir, der Fahrbahn saßen oder lagen andere Soldaten: geradewegs von der Front. Ihren Gesichtszügen, Posen und Gesten sah man die extreme Erschöpfung und Entmutigung an. Sie versuchten dies noch demonstrativ zu unterstreichen, damit bei den Umstehenden kein Zweifel aufkam, dass, wenn sie hier waren und nicht an der Front, dann darum, weil es sich nicht lohnte, dort zu sein – es war zwecklos! Menschen, die in kleinen Gruppen unweit herumstanden, teilten sich gegenseitig die von den Soldaten gewonnenen Neuigkeiten aus den Kampfgebieten mit: Es waren Hiobsbotschaften!

Unwillkürlich begann ich nach den Radiolautsprechern Ausschau zu halten. Vielleicht hatte man die auch irgendwohin mitgenommen? Nein. Sie waren noch da, aber sie schwiegen.

Ich eilte zum Funkhaus. Warum erfolgte keine Ansprache, versuchte man nicht, den Leuten Mut zu machen, sie von der Massenflucht abzuhalten?! Der Rundfunk war außer Betrieb. Die Direktion hatte die Stadt verlassen, und nur die Kassierer zahlten in höchster Eile den Angestellten und Künstlern eine dreimonatige Abfindung aus.

Breeches Sport-, Reithose

Trottoir Bürgersteig

Hiobsbotschaften Unglücksbotschaften

»Was sollen wir jetzt mit uns anfangen?« Ich fasste einen höheren Verwaltungsbeamten bei der Hand.

Geistesabwesend sah er mich an, dann zeigte sich Verachtung in seinem Blick, abgelöst von Wut, bis er mir schließlich seine Hand entriss.

»Und, wen kümmert das?!«, brüllte er, zuckte die Achseln und stürmte auf die Straße hinaus, die Tür mit zorniger Wucht hinter sich zuknallend.

Das war nicht mehr zum Aushalten.

Niemand vermag all diese Menschen von ihren Fluchtwegen abzubringen. Die Lautsprecher an den Laternenpfählen melden sich nicht mehr, niemand säubert irgendwo die Straßen vom Schmutz. Vom Schmutz? Oder von der Panik? Oder von der Scham, dass man über diese Straßen flieht, anstatt zu kämpfen? Niemand gibt der Stadt ihre plötzlich verlorene Würde zurück. Das ist die Niederlage!

Bedrückten Herzens kehrte ich heim.

Anderntags, in den Abendstunden, traf das erste Geschoss der deutschen Artillerie das Holzlager gegenüber unserem Haus. Als Erstes fielen die so sorgfältig mit weißen Papierstreifen beklebten Scheiben im Laden an der Ecke heraus.

Artillerie mit Geschützen ausgerüstete Truppengattung des Heeres

Die ersten Deutschen → Seite 267

2 Die ersten Deutschen

Die nächsten Tage brachten, Gott sei Dank, eine bedeutende Verbesserung der Lage. Die Stadt wurde zur Festung erklärt und erhielt einen Kommandanten, der einen Aufruf an die Bevölkerung herausgab, die aufgefordert wurde, in der Stadt zu bleiben, um Verteidigungsbereitschaft zu zeigen. Jenseits des Bug wurde der Gegenangriff der polnischen Truppenverbände organisiert, und wir hatten unterdessen die Hauptkräfte des Feindes in Warschau aufzuhalten, solange die Unseren

Bug Fluss östlich von Warschau

nicht zum Entsatz eilten. Im Übrigen verbesserte sich auch rund um Warschau die Lage: Nicht länger gingen deutsche Artilleriegeschosse auf die Stadt nieder.

Entsatz Befreiung, Hilfe durch Truppen

Dafür nahmen die Luftangriffe des Feindes zu. Es wurde kein Alarm mehr gegeben. Er hatte allzu oft die Stadt und die Verteidigungsvorbereitungen lahmgelegt. Mehr oder weniger alle Stunden tauchten hoch oben am Himmel, der in jenem Herbst ungeheuer blau war, die silbernen Silhouetten der Bomber und die weißen Wolken der um sie herum berstenden Geschosse unserer Artillerie auf. Dann hieß es: Schnell in die Keller! Das war schon kein Spaß mehr: Das gesamte Stadtgebiet wurde bombardiert; Fußböden und Wände der Schutzbunker bebten, und es bedeutete den sicheren Tod, falls eine Bombe – die Kugel in diesem Roulett der Vernichtung – auf jenes Haus fiel, in dessen Keller man sich versteckt hielt. Durch die Stadt rasten pausenlos die Rettungswagen, und als die nicht mehr ausreichten, kamen Droschken hinzu und sogar einfach Fuhrwerke, die die aus den Trümmern geborgenen Verwundeten und Toten abtransportierten.

Droschken Pferdekutschen zum Mieten

Die Stimmung in der Bevölkerung war gut; von Stunde zu Stunde wuchs der Enthusiasmus. Wir waren nicht mehr wie am 7. September auf uns allein und ein gnädiges Geschick angewiesen, sondern wir bildeten alle eine Armee, die Befehlshaber und Munition besaß, und wir hatten ein Ziel vor Augen, nämlich, uns zu verteidigen – und von uns hing es ab, wie die Verteidigung ausfiel. Man brauchte nur alle Kräfte anzuspannen.

Der befehlshabende General rief die Bevölkerung auf, rund um die Stadt Schutzgräben auszuheben, die das Vordringen der deutschen Panzer verhindern sollten. Alle meldeten sich zu dieser Arbeit. Zu Hause blieb allmorgendlich nur Mutter, um unsere Wohnung zu bewachen und für uns das Mittagessen zu kochen.

Vorstadtperipherie Stadtrandgebiet

Wir gruben an der Vorstadtperipherie, an einem Hügel entlang. Im Rücken hatten wir ein hübsches Villenviertel, vor unseren Augen ein Stadtwäldchen. Die Arbeit wäre sogar angenehm gewesen, wenn uns nicht auch hier die Bomben verfolgt hätten. Sie waren übrigens nicht besonders treffsicher und fielen weitab; es war nur ziemlich unbehaglich, drinnen im Graben ihr Pfeifen zu hören und die Gewissheit zu haben, dass dennoch eine auf uns niedergehen konnte.

Kaftan langes Obergewand der strenggläubigen Juden
Jarmulke kreisförmige Kopfbedeckung der Juden
in biblischem Furor mit religiöser Verbissenheit

Neben mir schippte am ersten Tag ein alter Jude in Kaftan und Jarmulke. Er grub in biblischem Furor, warf sich auf den Spaten wie auf einen Todfeind, Schaum vor dem Mund, das vor Anstrengung fahle Gesicht schweißnass, am ganzen Körper zuckend, die Muskeln verkrampfend, zähneknirschend und mit schwarzem Gewirbel von Kaftan und Bart. Seine verbissene, die eigenen Kräfte bei Weitem übersteigende Arbeit zeigte verschwindend geringe Resultate. Der Spaten drang kaum mit der Spitze in den harten Lehm ein, und die so herausgestochenen gelben, zusammengetrockneten Klümpchen rutschten in den Graben zurück, bevor der Dulder mit übermenschlicher Anstrengung den Spaten nach hinten schwenken und den Lehm über den Grabenrand werfen konnte. Alle Augenblicke lehnte er sich mit dem Rücken gegen die Erdwand und hustete röchelnd. Matt wie ein Sterbender setzte er das Pfefferminzgebräu an die Lippen, mit dem alte Frauen, die selber nicht graben konnten, sich aber doch irgendwie nützlich machen wollten, die Arbeitenden erquickten.

»Sie überanstrengen sich entschieden«, sprach ich ihn während einer seiner Verschnaufpausen an. »Sie sollten wirklich nicht schippen, wenn Sie nicht die Kräfte haben.« Er tat mir leid, und ich versuchte ihn zu überzeugen, von einer Arbeit abzulassen, der er ganz offensichtlich nicht gewachsen war. »Schließlich verlangt das doch keiner von Ihnen …«

Er sah mich an, noch immer schwer atmend, dann hob er

seinen Blick hoch zum Himmel, in dessen ruhigem Saphirblau noch die weißen, von den Schrapnellen verursachten Wölkchen schwebten, und in seinen Blick trat ein Ausdruck der Verzückung, als erblicke er in den Himmelssphären Jahwe in Seiner Majestät.

Saphir blau schimmernder Edelstein
Schrapnelle Sprenggeschosse mit Kugelfüllung
Jahwe Name Gottes im Alten Testament

»Ich habe einen Laden!«, flüsterte er.

Er seufzte tiefer, ein Schluchzer entrang sich ihm, Verzweiflung malte sich in seinen Zügen, und er stürzte sich von Neuem auf den Spaten, vor Anstrengung toll.

Nach zwei Tagen machte ich Schluss mit dem Graben. Ich hatte erfahren, dass der Rundfunk, unter einem neuen Direktor, Edmund Rudnicki, dem bisherigen Chef der Musikabteilung, wieder in Betrieb sei. Er war nicht geflohen wie andere, sondern hatte die verstreuten Mitarbeiter gesammelt und den Sender reaktiviert. Ich war zu dem Ergebnis gekommen, dass ich dort nützlicher sein würde als bei den Gräben. So war es dann auch: Ich spielte viel, als Solist wie als Begleiter.

Unterdessen verschlimmerten sich die Bedingungen in der Stadt, man könnte sagen: umgekehrt proportional zum wachsenden Mut und der Entschlossenheit ihrer Bürger.

Die deutsche Artillerie begann erneut mit ihrem Beschuss, zunächst der Vororte und später auch der Innenstadt. Man sah immer mehr Häuser ohne Fensterscheiben, mit runden Einschusslöchern oder abgeschlagenen Ecken. Nachts war der Himmel rot vom Schein der Feuer, und die Luft war gesättigt von Brandgeruch. Die Lebensmittel gingen aus. Das war das Einzige, worin der heldenhafte Präsident Starzyński Unrecht hatte: Er hätte der Bevölkerung nicht abraten dürfen, Vorräte anzulegen. Die Stadt musste jetzt nicht nur sich selbst ernähren, sondern auch das in ihr eingeschlossene Militär und dazu die Armee »Poznań«, die es, von Westen kommend, geschafft hatte, sich nach Warschau durchzuschlagen, um die Abwehr zu stärken.

So ungefähr um den 20. September herum zogen wir, die ganze Familie, aus unserer Wohnung in der Śliska zu Freunden in der Pańska-Straße, die im ersten Stock wohnten. Wir alle hatten denselben Abscheu vor den Kellerschutzräumen. Die stickige Luft ließ einen kaum atmen, das niedrige Deckengewölbe schien jeden Augenblick einzustürzen und mit dem Trümmerschutt eines mehrstöckigen Hauses alles unter sich zu begraben. Doch in unserer dritten Etage war es auch schwer auszuhalten. Durch die scheibenlosen Fenster hörte man unablässig Geschosse vorbeipfeifen, und jedes von ihnen konnte auf seiner Luftreise unser Haus streifen. Also entschlossen wir uns für das erste Stockwerk: Die Geschosse würden die höheren Stockwerke attackieren und dort explodieren, wir würden nicht in den Keller hinuntermüssen. In der Wohnung unserer Freunde befanden sich schon viele Menschen, es herrschte Gedränge, und man musste auf dem Fußboden schlafen.

Unterdessen ging die Belagerung Warschaus, das erste Kapitel ihres tragischen Geschicks, zu Ende.

***tragischen* hier: erschütternden**

Bis zum Funkhaus durchzukommen wurde immer mühseliger. Auf den Straßen lagen Menschen- und Pferdeleichen, Opfer von Schrapnellen, ganze Stadtteile standen in Flammen, und es war längst keine Rede mehr davon, die Feuerbrände zu löschen angesichts der durch Artillerie und Bomben beschädigten städtischen Wasserwerke. Und das Spielen im Studio selbst stellte eine große Gefahr dar. Die Deutschen hatten eine Artillerie, die auf alle wichtigen Punkte der Stadt eingeschossen war, und sobald der Ansager eine Sendung anzusagen begann, eröffneten die Batterien das Feuer auf das Rundfunkgebäude.

Auf dieser vorletzten Etappe der Belagerung erreichte die hysterische Angst der Bevölkerung vor Sabotage ihren Höhepunkt. Jeder konnte jeden Augenblick der Spionage beschuldigt und erschossen werden, bevor er Zeit hatte, die Sache aufzuklären.

In dem Haus, das wir bei Freunden bezogen hatten, wohnte im vierten Stock ein altes Fräulein, eine Musiklehrerin. Sie hatte das Pech, Hoffer zu heißen und beherzt zu sein. Diese Beherztheit konnte man übrigens ebenso gut als Schrulle bezeichnen. Es gab keinen Fliegerangriff oder Artilleriebeschuss, die es vermocht hätten, sie in den Schutzraum hinunterzuzwingen und zum Verzicht auf ihre täglichen zwei Stunden Klavierüben vor dem Mittagessen zu bewegen. Mit derselben widerspenstigen Regelmäßigkeit fütterte sie dreimal täglich irgendwelche Vögel, die sie in einem Käfig auf dem Balkon hielt. Eine solche Lebensweise im belagerten Warschau sah in der Tat ziemlich merkwürdig aus. Den Dienstmädchen im Haus, die sich beim Hausmeister zu politischen Konferenzen trafen, war das nur allzu verdächtig. Nach langem Hin und Her kamen sie entschieden zu dem Ergebnis, dass die Lehrerin mit dem so unzweifelhaft deutschen Namen eine Deutsche sein musste und dass ihr Klavierspiel ein Geheimcode sei, mit dessen Hilfe sie den Fliegern der Luftwaffe bei ihrem Anflug signalisierte, wo sie die Bomben abwerfen sollten. Und noch ehe man sich's versah, waren die aufgeregten Weibsbilder in die Wohnung der wunderlichen Person eingedrungen, fesselten sie, brachten sie hinunter und sperrten sie – zusammen mit den Vögeln als Sachbeweis für die Diversion – in einen der Keller. Ohne es zu wollen, retteten sie ihr das Leben: Ein paar Stunden später schlug ein Geschoss in ihre Wohnung ein und zerstörte sie völlig.

Diversion **Abtrünnigkeit, Sabotage**

Am 23. September spielte ich zum letzten Mal vor dem Mikrofon. Ich weiß selber nicht mehr, wie ich zum Rundfunk gelangt bin. Ich sprang von Hauseingang zu Hauseingang, versteckte mich und lief wieder auf die Straße hinaus, wenn ich glaubte, in unmittelbarer Nähe kein Pfeifen von Geschossen zu hören. In der Tür zur Rundfunkanstalt begegnete ich Präsident Starzyński. Er war ungepflegt, unrasiert; in seinen Augen und auf seinem Gesicht lag ein Ausdruck tödlicher Ermattung. Seit Tagen hatte er nicht geschlafen. Er war die Seele der Verteidigung, der eigentliche Held der Stadt. Auf seinen Schultern ruhte die ganze Verantwortung für das Schicksal Warschaus. Er war überall: fuhr die ersten Linien der Schützengräben ab, leitete den Barrikadenbau, das Krankenhauswesen, die gerechte Verteilung der spärlichen Lebensmittelvorräte, die Fliegerabwehr, die Eindämmung der Brände, und trotzdem fand er noch Zeit, täglich zur Bevölkerung zu sprechen. Alle erwarteten diese Ansprachen und schöpften aus ihnen Mut: Keiner hatte Grund, den Mut sinken zu lassen, solange der Präsident nicht zweifelte. Die Lage schien übrigens nicht zum Schlechtesten zu stehen. Die Siegfried-Linie war von den Franzosen durchbrochen, Hamburg von der britischen Luftwaffe gründlich niedergebombt worden, und jeden Augenblick konnte die britische Armee in Deutschland landen. So glaubte man.

Siegfried-Linie **Verteidigungssystem an der Westgrenze des Deutschen Reiches**

An diesem letzten Tag im Rundfunk hatte ich ein Chopin-Recital. Es war die letzte Sendung lebendiger Musik vor dem Warschauer Hörfunkmikrofon. Alle Augenblicke schlugen Geschosse unweit des Funkhauses ein. Ganz in der Nähe brannten Häuser. In dem Getöse hörte ich kaum die Klänge des eigenen Flügels. Nach dem Recital musste ich zwei Stunden warten, bevor das Artilleriefeuer so weit nachgelassen hatte, dass ich nach Hause zurückkehren konnte. Eltern, Bruder und Schwestern hatten mich schon tot gesehen und begrüßten mich, als sei ich aus dem Grabe auferstanden. Nur unser Dienstmädchen vertrat die Ansicht, dass diese ganze Unruhe überhaupt nicht nötig gewesen wäre: »Er hatte ja schließlich seine Papiere in der Tasche«, erklärte sie, »wäre er tot, hätte man gewusst, wo man ihn hinbringen müsste.«

Chopin **Frédéric Chopin (1810–1849), polnischer Komponist**
Recital **Solistenkonzert**

Am selben Tag um 15.15 Uhr hörte die Warschauer Rundfunkstation zu senden auf. Man übertrug die Plattenaufnahme des Konzerts c-Moll von Rachmaninow, und gerade ging der zweite, so schöne und friedvolle Satz zu Ende, als eine deutsche Bombe das Elektrizitätswerk zerstörte und die Lautsprecher in der Stadt verstummten. Gegen Abend versuchte ich, trotz des weiter wütenden Artilleriefeuers, an der Komposition meines Concertino für Klavier und Orchester zu arbeiten. Ich arbeitete den ganzen September daran, obwohl es mir immer schwerer fiel.

Rachmaninow Sergej Rachmaninow (1873–1943), russischer Komponist

Als es dunkel wurde, steckte ich den Kopf zum Fenster hinaus. Die vom Feuerschein rot beleuchtete Straße war leer, und nur das Echo berstender Schrapnelle hallte in ihr wider. Links brannte die Marszałkowska, von der Rückseite die Królewska und der Plac Grzybowski, geradeaus die Sienna. Schwere blutrote Rauchmassen zogen tief über den Häusern dahin. Fahrbahnen und Bürgersteige waren mit deutschen Flugblättern weiß gesprenkelt, die keiner aufhob, weil man erzählte, dass sie vergiftet seien. Unter einer Laterne auf der Straßenkreuzung lagen zwei Leichen, die eine mit weit ausgebreiteten Armen, die andere zusammengekauert wie zum Schlaf. Vor unserem Haustor lag der Leichnam einer Frau mit abgerissenem Kopf und abgerissenem Arm. Daneben umgekippt ein Eimer. Sie hatte Wasser vom Brunnen geholt. In einem langen, dunklen Rinnsal floss ihr Blut zum Rinnstein und weiter zu einem vergitterten Abfluss.

Von der Wielka-Straße her bewegte sich schwerfällig eine Droschke die Straße entlang Richtung Żelazna. Schwer begreiflich, wie die hierher kam und warum Pferd und Kutscher sich so phlegmatisch verhielten, als würde ringsum nichts passieren. Ecke Sosnowa-Straße hielt der Mann das Pferd an, als überlege er, ob er einbiegen oder geradeaus fahren solle. Nach kurzem Nachdenken wählte er den Weg geradeaus, schnalz-

phlegmatisch träge, gleichgültig

te, und das Pferd trottete weiter. Es war vielleicht zehn Schritte von der Ecke entfernt, als ein Pfeifen ertönte, ein Getöse, die Straße für einen Moment weiß aufblitzte wie bei einer Blitzlichtaufnahme – ich war geblendet. Als die Augen sich wieder an die Dämmerung gewöhnt hatten, gab es keine Droschke mehr. Zersplittertes Holz, Überreste von Deichsel und Rädern. Teile der Polsterung und die zerfetzten Leiber von Kutscher und Pferd lagen vor den Häuserwänden. Wenn der doch in die Sosnowa-Straße eingebogen wäre …

Es kamen die höllischen Tage des 25. und 26. September. Der Knall der Detonationen verschmolz mit dem unaufhörlichen Donnern, in das sich, wie das Geräusch von Elektrobohrern, die Eisen bohren, das dröhnende Gebrumm von Flugzeugen im Sturzflug hineinschraubte. Die Luft war geschwängert mit Rauch und dem Staub von zerbröckelndem Ziegelstein und Mauerputz, sie drang überall ein, nahm den Menschen, die sich in Kellern, Wohnungen, geschlossenen, von der Straße möglichst weit entfernten Räumen versteckten, den Atem.

Wie ich diese zwei Tage überlebt habe, weiß ich nicht. Ein Schrapnellsplitter tötete einen im Schlafzimmer unserer Freunde neben mir sitzenden Menschen, zwei Nächte und einen Tag verbrachte ich zusammen mit zehn Personen in einer winzigen Toilette stehend. Als wir ein paar Wochen später überlegten, wie das möglich gewesen war, und versuchten, dort noch einmal komplett hineinzugehen, stellte sich heraus, dass kaum acht Personen hineinpassten, wenn nicht Todesangst sie zwang.

Am 27. September, einem Mittwoch, ergab sich Warschau. Zwei Tage vergingen noch, ehe ich es wagte, in die Stadt zu gehen. Niedergeschmettert kam ich heim: Die Stadt – so schien es mir, dem Unerfahrenen, damals – gab es nicht mehr.

Nowy Świat zwängte sich als schmaler Pfad zwischen

Trümmerhaufen hindurch, an jeder Ecke musste man einen Umweg um Barrikaden aus umgestürzten Straßenbahnen und herausgerissenen Gehwegplatten machen. Auf den Straßen häuften sich Leichen im Zustand der Verwesung. Die von der Belagerung ausgehungerte Bevölkerung stürzte sich auf die herumliegenden Pferdekadaver. Die Ruinen vieler Häuser schwelten noch.

Ich war gerade in der Aleje Jerozolimskie, als sich von der Weichsel her ein Motorrad näherte. Zwei Soldaten in grünen, fremden Uniformen und in Stahlhelmen saßen darauf. Sie hatten große, stumpfe Gesichter und wasserblaue Augen. An einem Bürgersteig hielten sie und riefen einen verdutzten Jungen. Er trat zu ihnen.

»Marschallstraße! Marschallstraße!«

Mit tiefer, rauer Stimme wiederholten sie immer wieder dieses eine Wort. Aber der Junge stand fassungslos mit aufgesperrtem Mund da, außer Stande, auch nur einen Ton zu sagen. Den Soldaten riss der Geduldsfaden.

»Ach, Quatsch!«, schrie der Fahrer und winkte verächtlich ab. Er gab Gas, und das Motorrad brauste davon.

Das waren die ersten Deutschen.

Nach ein paar Tagen erschienen an den Mauern von Warschau zweisprachige Aufrufe des deutschen Oberbefehlshabers, in denen er der Bevölkerung friedliche Arbeit und die Fürsorge des deutschen Staates zusicherte. Ein Extraabschnitt war den Juden gewidmet: Man garantierte ihnen alle Rechte, die Unantastbarkeit ihres Vermögens und die absolute Sicherheit des Lebens.

3 Meines Vaters Verbeugungen

Wir kehrten in die Śliska-Straße zurück. Wenn wir es auch für unmöglich gehalten hatten, fanden wir die Wohnung doch heil vor: Außer ein paar Fensterscheiben fehlte nichts. Die Türen waren abgeschlossen, und innen befanden sich selbst die winzigsten Gegenstände noch an ihrem Platz. Auch andere Häuser in der Umgebung waren ganz geblieben oder nur unbedeutend beschädigt worden. Als wir in den nächsten Tagen auszugehen begannen, um uns nach unseren Bekannten zu erkundigen, stellte sich heraus, dass die Stadt, wenn auch stark beschädigt, im Wesentlichen stand. Die Verluste waren nicht so schwer, wie man zunächst vermutete, wenn man durch noch rauchende Trümmerfelder ging.

Das betraf auch die Menschen. Anfangs sprach man von hunderttausend Toten, und alle waren starr vor Schreck angesichts dieser Zahl, die immerhin fast zehn Prozent der Stadtbevölkerung ausmachte. Später erfuhr man, dass rund zwanzigtausend Personen ums Leben gekommen waren.

Darunter waren auch Freunde von uns, die wir noch vor wenigen Tagen lebend gesehen hatten und die heute unter Trümmern lagen oder von Geschossen zerfetzt worden waren. Zwei Kolleginnen meiner Schwester Regina waren bei einem Hauseinsturz in der Koszykowa-Straße umgekommen. Wenn man an dem Haus vorbeilief, musste man sich ein Taschentuch vor die Nase halten: Durch die verschütteten Kellerfenster, durch Spalten und Ritzen, drang der Übelkeit erregende Gestank von achtzig verwesenden Körpern und verpestete die Luft ringsum. In der Mazowiecka-Straße hatte ein Artilleriegeschoss einen meiner Kollegen zerfetzt; nur weil der Kopf gefunden wurde, hatte man feststellen können, dass die weit verstreuten Überreste zu einem menschlichen Wesen gehörten, das einmal ein begabter Geiger gewesen war.

So furchtbar all diese Nachrichten auch waren – sie konnten dennoch nicht die schamhaft ins Unterbewusstsein abgedrängte animalische Freude trüben, dass man selber am Leben geblieben war und den Davongekommenen unmittelbar keine Gefahr mehr drohte. In dieser neuen Welt, wo alles zunichtegemacht war, was vor einem Monat noch einen beständigen Wert darstellte, bekamen die einfachsten, früher kaum beachteten Dinge eine übertriebene Bedeutung: ein bequemer, formbeständiger Sessel, ein friedlicher weißer Kachelofen, auf dem man den Blick ruhen lassen konnte, das Knarren der Dielen – behagliches Vorspiel zur heimeligen Atmosphäre ungestörten Wohnens.

animalische tierische, triebhafte

Vater kehrte als Erster zur Musik zurück. Stundenlang musizierte er auf seiner Geige und floh so vor der Wirklichkeit. Wenn einer mit einer schlechten Nachricht sein Spiel unterbrach, hörte er unwirsch, die Stirn gekraust, zu; doch bald schon heiterte sich sein Gesicht wieder auf, und er sagte, die Geige ans Kinn hebend: »Äh, das hat nichts zu sagen! In einem Monat haben wir mit Sicherheit die Alliierten hier.« Diese stereotype Antwort auf alle Fragen und Probleme jener Tage war seine Art, die Tür zur überirdischen Welt der Musik, in der er am liebsten weilte, hinter sich zuzuschlagen.

stereotype ständig wiederkehrende

Leider bestätigten die ersten Radionachrichten, von Leuten übermittelt, die ihre Apparate mit Akkumulatoren funktionstüchtig gemacht hatten, Vaters Optimismus nicht. Nichts stimmte: Die Franzosen dachten nicht im Traum daran, die Siegfried-Linie zu durchbrechen, noch die Engländer, Hamburg zu bombardieren, von einer Landung an Deutschlands Küsten ganz zu schweigen! Dafür begannen die ersten deutschen Razzien in Warschau. Sie waren zunächst noch ungeschickt, so als schämten sich die Ausführenden dieser neuen Methode der Menschenquälerei; außerdem fehlte ihnen die Übung. Kleine Privatautos flitzten durch die Straßen, hielten

Akkumulatoren Stromspeichern

Razzia überraschende Polizeifahndung

unvermutet am Bürgersteig neben einem erspähten Juden, Wagentüren öffneten sich, und eine Hand sah heraus, deren sich krümmender Zeigefinger rief: »Komm, komm!« Die von solchen Razzien Zurückkehrenden berichteten von ersten Misshandlungen: Sie waren noch nicht allzu bedrohlich, beschränkten sich vielmehr auf Ohrfeigen, Püffe und – manchmal – Fußtritte! Aber weil es die ersten Misshandlungen waren, wurden sie von jenen Menschen als besonders schmerzhaft empfunden, die eine Ohrfeige von einem Deutschen für etwas Ehrenrühriges ansahen und noch nicht begriffen hatten, dass ein solcher Schlag keinen anderen moralischen Wert für den Misshandelten besaß als der Stoß oder Tritt eines Tieres.

In diesem Anfangsstadium war allgemein der Zorn über die Regierung und die Heeresleitung, die geflohen waren und das Land seinem Schicksal überlassen hatten, stärker als der Hass auf die Deutschen. Voller Bitterkeit erinnerte man sich der Worte des Marschalls, der versichert hatte, dass er dem Feind nicht einmal einen Uniformknopf überlassen würde, und tatsächlich nicht überlassen hatte, aber nur, weil er den Knopf an seiner Uniform gleich mitgehen ließ, als er die eigene Person ins Ausland rettete. Es fehlte auch nicht an Stimmen, die prophezeiten, dass es vielleicht uns sogar besser gehen werde, da die Deutschen im unordentlichen Polen endlich für Ordnung sorgen würden.

Doch seit die Deutschen den bewaffneten Kampf gegen uns gewonnen hatten, begannen sie den Krieg politisch zu verspielen. Eine entscheidende Niederlage trugen sie bereits im Dezember 1939 davon, als sie in Warschau die ersten hundert unschuldigen Menschen exekutierten. Während weniger Stunden wuchs zwischen Deutschen und Polen eine Mauer des Hasses empor, die danach keine der beiden Seiten mehr übersteigen konnte, obwohl sich in den späteren Okkupationsjahren die Deutschen dazu willens zeigten.

exekutierten **hinrichteten**

Okkupationsjahre **Zeit der Besetzung**

Die ersten deutschen Anordnungen, deren Nichtbefolgung mit der Todesstrafe geahndet werden sollte, wurden angeschlagen. Die wichtigste betraf den Handel mit Brot: Wer Backwaren zu einem höheren als dem Vorkriegspreis kaufte oder verkaufte und dabei gefasst wurde, wurde erschossen. Dieses Verbot machte auf uns einen erschütternden Eindruck. Tagelang aßen wir kein Brot, nährten uns von Kartoffeln und irgendwelchen Mehlspeisen. Doch dann machte Henryk die Entdeckung, dass es auch fernerhin Brot gab, dass es gekauft wurde, ohne dass die Käufer auf der Stelle tot umfielen. Also begannen auch wir, Brot zu kaufen. Die Verordnung wurde nie aufgehoben, und da während der fünf Jahre Okkupation alle Brot aßen und täglich kauften, wurden folglich im Generalgouvernement Millionen Todesurteile allein dieser Art verhängt. Doch es musste erst eine Menge Zeit verstreichen, ehe wir davon überzeugt waren, dass gar nicht zählte, was in deutschen Verordnungen stand, sondern wirklich bedrohlich nur das war, was völlig unerwartet über einen Menschen hereinbrechen konnte, aus heiterem Himmel, ohne auch nur durch eine – wenigstens fiktive – Vorschrift angekündigt worden zu sein.

fiktive
ausgedachte

Bald erschienen ausschließlich gegen Juden gerichtete Anordnungen: Jede Familie durfte zu Hause nur 2000 Zł haben. Die übrigen Ersparnisse und Wertgegenstände mussten auf der Bank auf einem Sperrkonto deponiert werden. Gleichzeitig gingen auch jüdische Immobilien zwangsweise in deutschen Besitz über. Selbstverständlich fand sich kaum jemand, der naiv genug gewesen wäre, sein Vermögen freiwillig in die Hände des Feindes zu geben. Auch wir beschlossen, das unsere zu verstecken, obwohl es nur aus meines Vaters goldener Taschenuhr mit Kette und 5000 Zł bestand.

2000 Zł
→ Seite 267

Immobilien
Grundstücke, Grundbesitz

Über die Art des Verstecks entspann sich ein stürmischer Disput. Der Vater schlug bewährte Methoden aus dem ver-

Disput
Wortwechsel

gangenen Krieg vor: ein Bein des Esszimmertisches anzubohren und dort alles zu platzieren.

»Und was wird, wenn sie den Tisch mitnehmen?«, fragte Henryk ironisch.

»Dummkopf«, entrüstete sich Vater. »Was liegt ihnen an einem Tisch? An solch einem Tisch?«

Er blickte verächtlich auf den Tisch, dessen hochpolierte Nussbaumplatte Spuren vergossener Flüssigkeiten zeigte und von der an einer Stelle das Furnier leicht abstand. Um dem Möbel den letzten Rest von Bedeutung zu nehmen, trat Vater schnell an den Tisch und schob den Finger unter das abstehende Furnier. Das Stück platzte geräuschvoll ab und entblößte einen Streifen blankes Holz.

»Was machst du da?«, schimpfte die Mutter.

Henryk hatte einen anderen Vorschlag. Seiner Meinung nach musste man sich der psychologischen Methode bedienen – danach gehörten Uhr und Geld sichtbar oben auf den Tisch. Dann würden die Deutschen auf der Suche in allen Ecken kramen und die auf dem Tisch liegenden Wertsachen nicht bemerken.

Es kam zu einer gütlichen Einigung: Die Uhr wanderte unter den Schrank, die Kette wurde unter dem Griffbrett der väterlichen Geige versteckt, das Geld aber im Fensterrahmen festgeklebt.

Überhaupt verloren die Menschen, wenngleich erschreckt von der Härte der deutschen Gesetze, nicht den Mut und trösteten sich damit, dass Warschau jeden Augenblick von den Deutschen an Sowjetrussland abgetreten werden konnte, dass die nur zum Schein besetzten Gebiete, sobald es möglich war, an Polen zurückgegeben würden. Die Grenze war damals noch nicht am Bug festgelegt, und es kamen von jenseits der Weichsel solche, die beschworen, mit ihren eigenen Augen Truppen der Roten Armee in Jabłonna oder in Garwolin gesehen zu haben. Doch gleich nach ihnen tauchten andere auf, die gleichfalls beschworen, mit eigenen Augen gesehen zu haben, wie sich die Russen aus Wilna und Lwów zurückzogen, um diese Städte den Deutschen zu übergeben. Es fiel schwer, sich zu entscheiden, wem von diesen Augenzeugen man Glauben schenken sollte.

Viele Juden warteten nicht erst den Einmarsch der Russen ab, sondern verkauften in Warschau ihre Habe und zogen nach Osten, in die einzige Richtung, in die sie noch vor den Deutschen fliehen konnten. Fast alle meine Musikerkollegen begaben sich auf die Flucht und redeten auf mich ein, mit ihnen zu gehen. Wir beschlossen jedoch, auch diesmal dazubleiben.

Einer der Kollegen kehrte nach zwei Tagen ohne Rucksack und ohne Geld zurück, empört und blaugeschlagen. Er hatte fünf halb entblößte Juden gesehen, die man mit den Händen an den Bäumen des Grenzstreifens aufgehängt und ausgepeitscht hatte. Er hatte den Tod von Doktor Haskielewicz mit angesehen, dem die Deutschen, nachdem er ihnen gesagt hatte, dass er über den Bug wolle, in den Fluss zu gehen befahlen, die Pistolen schussbereit, immer weiter, immer tiefer ins Wasser hinein, bis er den Grund unter den Füßen verlor und ertrank. Dem Kollegen hatten sie nur die Sachen und das Geld weggenommen, ihn verprügelt und zurückgejagt. Doch die Mehrzahl der Juden, obschon beraubt und malträtiert, gelangte dennoch nach Russland.

malträtiert misshandelt

Wir hatten natürlich Mitleid mit dem Armen, doch gleichzeitig triumphierten wir: Er hätte besser daran getan, unseren Rat zu befolgen. Unsere Entscheidung war von keinerlei logischen Erwägungen beeinflusst. Ich möchte nicht pathetisch erscheinen, aber die reine Wahrheit ist, dass unsere Anhänglichkeit an Warschau den Ausschlag bei unserer Entscheidung, in der Stadt zu bleiben, gegeben hat, obwohl wir auch dafür keine logische Erklärung hätten liefern können.

pathetisch übertrieben gefühlvoll

Wenn ich »unsere« sage, denke ich an all meine Lieben mit Ausnahme des Vaters. Wenn er nicht wegfuhr, dann eher darum, weil er sich nicht zu weit von Sosnowiec entfernen wollte. Er stammte von dort, Warschau hatte er nie gemocht, und je schlechter es uns in Warschau ging, umso mehr sehnte er sich nach Sosnowiec und idealisierte es. Nur in Sosnowiec war es gut und schön, nur dort waren die Menschen musikalisch und vermochten schönes Geigenspiel zu schätzen; selbst ein Glas gutes Bier konnte man nur in Sosnowiec trinken, in Warschau gab es nur abscheuliche, ungenießbare Plempe. Nach dem Abendbrot faltete er die Hände auf dem Bauch, lehnte sich zurück, schloss verträumt die Augen und plagte uns mit seinen monoton vorgetragenen Visionen von einem Sosnowiec, wie es nur in seiner sehnsüchtigen Fantasie existierte.

Plempe
fades Getränk

In jenen Wochen des Spätherbstes, nicht ganz zwei Monate nach der Einnahme Warschaus durch die Deutschen, kehrte die Stadt plötzlich und völlig unerwartet zu ihrem alten guten Leben zurück. Die mit Leichtigkeit vonstattengehende materielle Wiederbelebung war für uns alle eine Überraschung mehr in diesem merkwürdigsten aller Kriege, in dem alles anders als erwartet kommen sollte. Die riesige Stadt, Hauptstadt eines Vielmillionenlandes, war zum Teil zerstört, ein Heer von Beamten arbeitslos, außerdem brach eine Welle von Aussiedlern aus Schlesien, dem Gebiet um Poznań und aus Pommern herein. Unvermutet erkannten all diese Leute – Leute ohne ein Dach überm Kopf, ohne Hoffnung auf Arbeit, mit den schwärzesten Zukunftsaussichten –, dass man spielend leicht große Summen mit dem Umgehen deutscher Verordnungen verdienen konnte. Je mehr Verordnungen erlassen wurden, umso größer wurden die Verdienstmöglichkeiten.

Zwei Leben begannen nebeneinanderher zu fließen: ein offizielles, fiktives, auf Gesetzen gegründetes, nach denen Menschen von früh bis spät, fast ohne zu essen, zu arbeiten hatten, und ein zweites, inoffizielles Leben, ein Leben »unter der Hand«, von märchenhaften Gewinnchancen erfüllt, einem toll florierenden Handel mit Dollars, Brillanten, Mehl, Leder oder auch falschen Personalausweisen, von morgens bis abends durch die Todesstrafe bedroht, heiter verbracht in luxuriösen Restaurants, zu denen man mit »Rikschas« fuhr.

florierenden blühenden

Rikschas zweirädrige, von einem Menschen gezogene Wagen

Selbstverständlich lebten nicht alle in Saus und Braus. Wenn ich abends nach Hause ging, sah ich täglich in derselben Häusernische in der Sienna-Straße eine Frau sitzen, die Ziehharmonika spielte und traurige russische Lieder sang. Sie begann ihren Bettelberuf immer erst in der Abenddämmerung auszuüben, vermutlich aus Furcht vor dem Erkanntwerden. Sie trug ein graues Kostüm, wahrscheinlich ihr letztes, dessen Eleganz davon zeugte, dass seine Trägerin einmal bessere Tage gesehen hatte. Ihr schönes Gesicht, in das Dämmerlicht des sinkenden Tages getaucht, war wie tot, und die Augen starrten immer auf denselben Punkt, irgendwo hoch über den Köpfen der Passanten. Sie sang mit angenehm dunkler Stimme und begleitete sich gekonnt auf der Harmonika. In ihrer ganzen Haltung, in der Art, wie sie sich an die Häuserwand lehnte, erkannte man eine Dame der Gesellschaft, die nur der Krieg zwang, auf solche Weise ihren Lebensunterhalt zu verdienen. Aber auch sie verdiente nicht schlecht. In dem mit grellbunten Bändern verzierten Tamburin, das sie sicher für das Symbol des Bettelgewerbes ansah und zu ihren Füßen platziert hatte, damit niemand daran zweifeln konnte, dass sie bettelte, war stets eine Menge Geld – Münzen, aber auch 50-Złoty-Scheine.

Tamburin Schellentrommel

Auch ich ging, wenn ich konnte, nur in der Dämmerung aus, aber aus völlig anderen Gründen. Unter den vielen lästigen, gegen die Juden gerichteten Bestimmungen war eine, die, obwohl ungeschrieben, auf das Sorgfältigste zu beachten war: Männer jüdischer Abstammung hatten sich vor jeder deutschen Militärperson zu verbeugen. Dieser idiotische, demütigende Zwang brachte Henryk und mich zur Weißglut. Wir taten alles nur Mögliche, um ihm zu entgehen. Wir schlugen auf der Straße Haken, um nur ja keinem Deutschen zu begegnen, und wenn es sich nicht vermeiden ließ, wandten wir den Kopf weg und gaben vor, ihn nicht zu bemerken, obwohl dafür Prügel drohte.

Ganz anders mein Vater. Er suchte sich die längsten Straßen zum Spazierengehen aus und verneigte sich vor den Deutschen mit unbeschreiblich ironischer Grazie, glücklich, wenn ihn ein Militär, irregeführt von dem strahlenden Gesicht, höflich und mit einem Lächeln wie einen guten Bekannten zurückgrüßte. Allabendlich nach seiner Rückkehr konnte er sich das Vergnügen nicht versagen, leichthin zu bemerken, was für weitreichende Beziehungen er jetzt habe: Er brauche nur einen Fuß auf die Straße zu setzen, und schon umringten ihn Dutzende von Bekannten. Er könne sich ihrer gar nicht erwehren, und seine Hand erlahme ihm vom liebenswürdigen Hutziehen. Bei diesen Worten lächelte er spitzbübisch und rieb sich zufrieden die Hände.

Doch diese deutschen Boshaftigkeiten waren ganz und gar nicht auf die leichte Schulter zu nehmen. Sie gehörten zu einem System, das uns in ständiger Nervosität und Unruhe um unsere Zukunft halten sollte. Alle paar Tage erschienen neue Verordnungen, die scheinbar ohne Bedeutung waren, aber zu verstehen gaben, dass die Deutschen uns weder vergaßen, noch daran dachten, uns je zu vergessen.

Es kam für die Juden das Verbot heraus, mit dem Zug zu fahren. Später hatten sie in den Straßenbahnen einen viermal höheren Fahrpreis als die »Arier« zu entrichten. Es folgten erste Gerüchte über die Errichtung eines Gettos. Sie kursierten zwei Tage, brachten die Menschen zur Verzweiflung und verstummten wieder.

Arier
→ Seite 267

4 Ihr seid Juden?

Gegen Ende November, als die schönen Tage dieses ungewöhnlich langen Herbstes immer seltener wurden und immer häufiger kalte Regenschauer über die Stadt hinwegfegten, kamen Vater, Henryk und ich zum ersten Mal mit dem deutschen Tod in Berührung. Eines Abends hatten wir drei uns bei einem Bekannten verplaudert, und als ich einen Blick auf die Uhr warf, stellte ich zu meinem Schrecken fest, dass schon bald die Polizeistunde beginnt. Man musste unverzüglich aufbrechen, auch wenn keine Rede davon sein konnte, dass wir noch rechtzeitig nach Hause kämen. Aber eine Viertelstunde Verspätung war schließlich keine allzu große Sünde, und wir durften hoffen, ungeschoren davonzukommen.

Wir griffen unsere Mäntel, verabschiedeten uns hastig und gingen. Die Straßen waren dunkel und schon völlig leer. Der Regen peitschte uns ins Gesicht, ein böiger Wind schüttelte die Schilder, die Luft war erfüllt von Blechgeklapper. Die Mantelkragen hochgeschlagen, versuchten wir, so schnell und so leise wie möglich zu gehen, dicht an den Häuserwänden entlang. Wir waren schon auf der Hälfte der Zielna-Straße, und es schien, dass wir glücklich unser Ziel erreichen würden, als plötzlich hinter einer Ecke eine Gendarmeriepatrouille auftauchte. Es blieb uns keine Zeit, uns zurückzuziehen oder zu verstecken. Wir standen im blendenden Schein ihrer Taschenlampen und suchten in Gedanken jeder für sich nach einer Rechtfertigung, als einer der Gendarmen unvermutet herantrat und uns ins Gesicht leuchtete.

»Ihr seid Juden?«

Die Frage hatte rein rhetorischen Charakter, da er unsere Antwort gar nicht erst abwartete:

»Na schön …«

In dieser Feststellung unserer Rassenzugehörigkeit schwangen der Triumph mit, ausgerechnet ein solches Wild aufgespürt zu haben, sowie Zufriedenheit, Drohung und Spott. Bevor wir noch dahinterkommen konnten, was sie mit uns vorhatten, wurden wir gepackt und mit den Gesichtern zur Häuserwand gestellt, während sich die Gendarmen auf die Fahrbahn zurückzogen und ihre Karabiner zu entsichern begannen. So also sollte unser Tod aussehen ...

In ein paar Sekunden würde er erfolgen. Danach würden wir bis zum anderen Tag mit zerschmetterten Schädeln auf dem Bürgersteig in unserem Blut liegen, dann erst würden Mutter und die Schwestern alles erfahren und verzweifelt herbeigeeilt kommen. Die Bekannten, bei denen wir gewesen waren, würden sich Vorwürfe machen, uns zu lange aufgehalten zu haben. All diese Gedanken gingen mir durch den Kopf wie auf einer fremden Ebene, so als würde eine andere Person das alles denken. Ich hörte jemanden laut sagen: »Das ist das Ende!« Und erst nach einer Weile wurde mir klar, dass ich das gewesen war. Gleichzeitig hörte ich lautes Weinen und krampfhaftes Schluchzen. Ich drehte den Kopf und sah im scharfen Licht der Taschenlampen meinen Vater auf dem nassen Asphalt knien und schluchzend die Gendarmen um unser Leben anflehen. Wie konnte er sich so erniedrigen! Über den Vater gebeugt stand Henryk, flüsterte ihm zu und versuchte ihn aufzuheben. Henryk, mein karger Bruder Henryk mit seinem ewig sarkastischen Lächeln, hatte in diesem Moment etwas unglaublich Weiches, Zärtliches. Noch nie hatte ich ihn so gesehen. Es musste folglich noch ein anderer Henryk in ihm stecken, mit dem ich mich verstehen und nicht andauernd zanken würde, wenn ich ihn nur kennen lernte.

Ich drehte mich wieder zur Wand. An der Situation hatte sich nichts geändert. Vater weinte, Henryk beruhigte ihn, und die Gendarmen zielten sicher weiter auf uns; hinter der Mauer weißen Lichts waren sie nicht zu sehen. Plötzlich, im

Bruchteil einer Sekunde, fühlte ich instinktiv, dass uns der Tod nicht mehr drohte. Ein paar Sekunden vergingen, und von jenseits der Lichtwand erreichte uns ein Brüllen:

»Was seid ihr von Beruf?«

Henryk antwortete für uns drei. Er war fabelhaft beherrscht; seine Stimme klang ruhig, als ob nichts geschehen wäre:

»Musiker.«

Da stellte sich einer der Gendarmen vor mich hin, packte mich am Mantelkragen und schüttelte mich in einem letzten Wutausbruch, obwohl er dazu gar keinen Grund mehr hatte, sofern er beschlossen hatte, uns das Leben zu schenken.

»Ihr habt Schwein, dass ich auch Musiker bin!«

Ich bekam einen Stoß, dass ich gegen die Wand taumelte.

»Haut ab!«

Wir stürzten davon, um so schnell wie möglich der Reichweite ihrer Taschenlampen zu entkommen, hinein in die Dunkelheit, bevor sie es sich anders überlegten. Wir hörten, immer schwächer werdend, wie sie sich heftig stritten. Dem, der uns das Leben geschenkt hatte, machten die beiden anderen Vorhaltungen. Ihrer Meinung nach gebührte uns kein Mitleid, da wir es gewesen waren, die den Krieg angefangen hatten, in dem Deutsche fielen. Vorerst fielen sie nicht so schnell, wie sie sich bereicherten. Immer häufiger wurden die Wohnungen der Juden von deutschen Banden heimgesucht, die sie ausplünderten und deren Möbel sie mit Autos abtransportierten. Die verstörten Menschen verkauften die schöneren Gegenstände und erwarben an ihrer Stelle wertlose Sachen, die keinen mehr locken würden. Auch wir verkauften unsere Einrichtung, allerdings weniger aus Furcht als aus Not: Uns ging es immer schlechter. Keiner in unserer Familie hatte Talent zum Handeln. Regina unternahm den Versuch, aber sie scheiterte. Als Juristin besaß sie ein ausgeprägtes Gefühl für Redlichkeit und Verantwortung. Sie konnte für eine Ware nicht den zweifachen Preis fordern oder nehmen. Bald ging sie vom Handel zum Stundengeben über. Vater, Mutter und Halina erteilten Musikunterricht, Henryk gab Englischstunden. Nur ich konnte mich damals zu keinem Broterwerb aufraffen. In Apathie versunken, gelang es mir gerade noch ab und zu, an der Instrumentierung meines Concertinos zu arbeiten.

Apathie Teilnahmslosigkeit

In der zweiten Novemberhälfte begannen die Deutschen ohne Angabe von Gründen, die Fahrbahn der nördlichen Seitenstraßen von der Marszałkowska-Straße mit Stacheldraht zu verbarrikadieren, und in den letzten Tagen des Monats erschien dann die Bekanntmachung, an die zunächst niemand glauben wollte. Nicht einmal in seinen geheimsten Gedanken hätte jemand vermutet, dass dergleichen je realisiert werden könnte: Vom 1. bis 5. Dezember hätten sich die Juden mit weißen Armbinden zu versorgen, auf die ein hellblauer Davidstern genäht war. Wir sollten also gebrandmarkt werden, öffentlich für vogelfrei gelten. Ein paar Jahrhunderte Fortschritt im humanitären Denken der Menschheit sollten durchgestrichen werden und das Mittelalter neuen Einzug halten.

Davidstern
→ Seite 268
vogelfrei rechtlos
humanitären menschenfreundlichen

Für Wochen schloss sich die jüdische Intelligenz in freiwilligem Hausarrest ein. Niemand traute sich mit dem Brandmal am Ärmel auf die Straße hinaus, und wenn sich ein Weg nicht vermeiden ließ, versuchte man, unbemerkt durchzuschlüpfen, ging man, den Blick zu Boden gesenkt, voller Scham, voller Qual.

Es kamen unerwartet schwere Wintermonate, in denen sich der Frost mit den Deutschen zur Vernichtung der Menschen zu verbinden schien. Er hielt sich wochenlang; die Temperaturen sanken wie seit erdenklichen Zeiten nicht in Polen. Kohle war kaum zu bekommen und stieg auf fantastische Preise. Ich erinnere mich an eine Reihe von Tagen, an denen wir im Bett bleiben mussten, weil es in den Zimmern vor Kälte nicht auszuhalten war.

Während der schlimmsten Fröste trafen massenhaft aus dem Westen ausgesiedelte Juden in Warschau ein. Das heißt, nur ein Teil traf in der Stadt ein: In ihren Wohnorten hatte man sie in Viehwagen verladen, die Wagen verplombt und so die Menschen, ohne Essen, ohne Wasser, ohne die Möglichkeit, sich zu wärmen, auf die Reise geschickt, die nicht selten mehrere Tage dauerte, ehe die gespenstischen Transporte Warschau erreichten. Erst hier ließ man die Menschen heraus. Es gab Transporte, wo kaum noch die Hälfte am Leben und nur mit furchtbaren Erfrierungen davongekommen war. Die andere Hälfte bestand aus Leichen; steif gefroren standen sie zwischen den Lebenden und stürzten erst zu Boden, wenn sich die Lebenden bewegten.

verplombt **durch einen Bleiverschluss verriegelt**

Es schien, dass es nicht mehr schlimmer kommen konnte. Doch das schien nur den Juden so. Die Deutschen waren da anderer Ansicht. Getreu ihrem System des stufenweise anwachsenden Druckes erließen sie im Januar und Februar 1940 neue Repressionsverfügungen. Die erste kündigte uns zwei Jahre Arbeit in einem Konzentrationslager an, wo wir die »gebührende soziale Erziehung« erhalten sollten, damit wir endlich aufhörten, »Schmarotzer zu sein am gesunden Organismus der arischen Völker«. Zu arbeiten hatten Männer von zwölf bis sechzig Jahren und Frauen von vierzehn bis fünfundvierzig. Die zweite Verfügung definierte die Art der Registrierung und des Abtransports. Um sich nicht selber damit befassen zu müssen, übertrugen sie die Angelegenheit der Jüdischen Gemeinde. Wir sollten unsere eigenen Henkersknechte sein, mit unseren eigenen Händen unseren Untergang vorbereiten, eine Art gesetzmäßig geregelten Selbstmord begehen. Der Abtransport sollte zum Frühling erfolgen.

Repression **Unterdrückung**

fingiert vorgetäuscht

Die Gemeinde beschloss so zu handeln, dass sie weitgehend die Intelligenz verschonte. Sie verlangte 1000 Złoty pro Kopf und verdingte anstatt des fingiert Registrierten einen Arbeiter aus dem jüdischen Proletariat. Natürlich gelangte nicht alles Geld in die Hände dieser armen Leute: Die Beamten der Gemeinde mussten auch leben, und zwar gut leben, mit Wodka und kleinem Imbiss.

Im Frühling kam es jedoch nicht zum Abtransport. Auch diesmal hatte sich wieder gezeigt, dass die offiziellen deutschen Verfügungen nicht ernst zu nehmen waren. Es trat im Gegenteil für ein paar Monate eine Entspannung in den deutsch-jüdischen Beziehungen ein, die umso echter schien, je mehr beide Seiten mit den Ereignissen an der Front beschäftigt waren.

Endlich war der Frühling da. Jetzt konnte es gar keinen Zweifel mehr geben, dass die Alliierten, die sich den Winter über entsprechend vorbereitet hatten, Deutschland gleichzeitig von Frankreich, Belgien und Holland her angreifen, die Siegfried-Linie durchbrechen, das Saargebiet, Bayern und Norddeutschland einnehmen, Berlin erobern und spätestens im Sommer Warschau befreien würden. Die ganze Stadt lebte in freudiger Erregung. Man erwartete die Eröffnung der Offensive wie ein Fest. Unterdessen marschierten die Deutschen in Dänemark ein, aber nach Meinung der Lokalpolitiker hatte das keinerlei Bedeutung. Ihre Armeen würden dort höchstens abgeschnitten.

Am 10. Mai begann sie endlich, die Offensive, aber es war die deutsche. Holland und Belgien fielen. Die Deutschen marschierten in Frankreich ein … Umso weniger durfte man den Mut verlieren. Es wiederholte sich das Jahr 1914. Auf französischer Seite befehligten sogar dieselben Leute: Pétain, Weygand – ausgezeichnete Männer und Schüler aus der Schule Foch. Ihnen durfte man zutrauen, dass sie sich jetzt der Deutschen ebenso gut wie damals zu erwehren wussten.

Am 20. schließlich kam nach Tisch ein Kollege, ein Geiger, zu mir. Wir wollten ein wenig musizieren, uns eine Beethoven-Sonate wieder ins Gedächtnis rufen, die wir lange nicht gespielt hatten und die uns beide gleichermaßen entzückte. Es waren auch noch ein paar andere Freunde da, und Mutter, die mir eine Freude machen wollte, hatte einen Nachmittagsimbiss vorbereitet. Es war ein schöner, sonniger Tag, es gab köstlichen Kaffee und Kuchen, den Mutter gebacken hatte, und alle waren wir guter Dinge; obwohl alle wussten, dass die Deutschen vor Paris standen, beschäftigte das keinen sehr. Wozu war die Marne da – diese klassische Linie des Widerstandes, an der alles zum Stillstand kommen musste, wie bei der Fermate im zweiten Teil des Scherzos h-Moll von Chopin, wonach sich die Deutschen in stürmischem Achtel-Rhythmus, gewaltsam, wie sie vorgerückt waren, bis an ihre Grenzen zurückziehen würden, und weiter, immer weiter und ungestümer – bis zum Schlussakkord des Kriegsendes mit dem Sieg der Verbündeten.

Fermate Haltezeichen
Scherzo heiteres Tonstück

Nach dem Nachmittagskaffee wollten wir mit dem Musizieren beginnen. Ich setzte mich ans Klavier, um mich herum eine Schar sensibler Zuhörer, die die Freude, die ich ihnen und mir sogleich bereiten würde, zu schätzen wussten. An meiner Rechten stand der Geiger, links neben mir saß eine junge, reizende Freundin Reginas, die mir die Notenblätter umwenden wollte. Was konnte ich im Moment mehr verlangen, um glücklich zu sein? Mit dem Beginn warteten wir nur noch auf Halina, die kurz in den Laden hinuntergegangen war, wo sie einen Anruf tätigen wollte. Als sie zurückkam, hielt sie die Sonderausgabe einer Zeitung in der Hand. Mit riesigen Lettern, den größten offenbar, die sie in der Druckerei zur Verfügung gehabt hatten, waren zwei Worte aufs Papier gedruckt: PARIS GEFALLEN!

Ich lehnte den Kopf ans Klavier und brach – zum ersten Mal in diesem Krieg – in Tränen aus.

Jetzt, siegestrunken und mit einer Verschnaufpause bedacht, hatten die Deutschen wieder Zeit, um sich erneut mit uns zu befassen, obwohl man nicht sagen kann, dass sie uns während der Kämpfe im Westen ganz vergessen hätten. Raubzüge, Exmissionen von Juden sowie Verschleppungen zur Arbeit nach Deutschland fanden pausenlos statt, aber die Menschen hatten sich inzwischen schon daran gewöhnt. Jetzt war Schlimmeres zu erwarten. Im September gingen erste Transporte in die Arbeitslager von Bełżec und Hrubieszów ab. Die Juden, die dort »die gebührende soziale Erziehung« erhielten, standen beim Anlegen von Meliorationskanälen ganze Tage bis zu den Hüften im Wasser, und als tägliche Verpflegung erhielten sie hundert Gramm Brot und einen Teller Wassersuppe. Die Arbeit dauerte nicht, wie angekündigt, zwei Jahre, sondern nur drei Monate, doch die reichten aus, um die Menschen physisch restlos zu erschöpfen und bei nicht wenigen eine Tuberkulose zu hinterlassen.

Exmission Ausweisung aus einer Wohnung

Meliorationskanälen Wasserableitungen zur Bodenverbesserung

Tuberkulose ansteckende, (früher) lebensbedrohliche Krankheit

Die in Warschau verbliebenen Männer mussten sich dort zur Arbeit melden; jeder hatte pro Monat sechs Tage körperlicher Arbeit abzuleisten. Ich tat, was ich konnte, um mich vor dieser Arbeit zu drücken. Mir ging es um meine Finger: Es genügte eine Muskelerschlaffung, eine Gelenkentzündung oder auch nur ein Stoß, und ich konnte als Pianist für immer erledigt sein. Anders sah Henryk die Dinge: Seiner Meinung nach musste ein Geistesschaffender körperliche Arbeit kennen gelernt haben, um sie richtig einschätzen zu können, und darum wurde er Arbeiter, obgleich ihn das in seinem Studium hinderte.

Bald erschütterten zwei neue Ereignisse die öffentliche Meinung: Die deutsche Luftoffensive gegen England hatte begonnen; und über den Straßeneinmündungen, die später die Grenzpunkte des jüdischen Gettos bilden sollten, erschienen Warntafeln, die die Passanten informierten, dass diese Straße

des jüdischen Gettos → Seite 236

von Typhus befallen und daher zu meiden sei. Eine Zeit danach erschien in der einzigen Warschauer Zeitung, die von den Deutschen in polnischer Sprache herausgegeben wurde, der amtliche Kommentar zu diesem Thema: Die Juden sind nicht nur Schädlinge der Gesellschaft, sondern auch Seuchenüberträger. Sie werden nicht in ein Getto eingeschlossen, nicht einmal das Wort »Getto« sollte benutzt werden. Die Deutschen sind ein zu kulturvolles und großmütiges Volk, um selbst Schmarotzer wie die Juden in Gettos zu sperren, die ja ein Überbleibsel des Mittelalters sind, unwürdig der neuen Ordnung in Europa. Vielmehr wird ein gesondertes jüdisches Stadtviertel entstehen, in dem nur Juden wohnen und sich völliger Freiheit erfreuen werden und wo sie ihre rassisch bedingten Bräuche und ihre Kultur pflegen können. Einzig und allein aus hygienischen Rücksichten wird dieser Stadtteil mit einer Mauer umgeben, damit der Typhus und andere jüdische Krankheiten nicht auf die sonstigen Teile der Stadt übergreifen. Dieser humanitäre Kommentar wurde durch eine kleine Karte veranschaulicht, die die genauen Gettogrenzen absteckte.

Typhus **gefährliche Infektionskrankheit**

Wir konnten uns wenigstens trösten, dass sich unsere Straße schon im Bereich des Gettos befand und wir uns keine andere Wohnung suchen mussten. Juden, die außerhalb des vorgeschriebenen Geländes wohnten, befanden sich in schlimmer Lage. Sie mussten Wucherpreise als Abstandssumme bezahlen und sich während der letzten Oktoberwochen ein neues Dach überm Kopf suchen. Die Glücklichsten belegten freie Zimmer in der Sienna-Straße, die die Champs-Élysées des Gettos werden sollte, oder zogen in diese Gegend. Andere waren zu schmutzigen Löchern in den seit undenklichen Zeiten vom jüdischen Proletariat bewohnten verruchten Revieren der Gęsia-, Smocza- oder Zamenhof-Straße verurteilt.

Champs-Élysées **Prachtstraße in Paris**

Am 15. November schlossen sich die Gettotore. An diesem Abend hatte ich etwas am äußersten Ende der Sienna-, unweit der Żelazna-Straße zu tun. Es nieselte, aber es war noch ungewöhnlich warm für diese Jahreszeit. Die dunklen Straßen wimmelten von Gestalten mit weißen Armbinden. Alle waren aufgeregt und rannten fieberhaft hin und her wie Tiere im Käfig, die noch nicht eingewöhnt sind. Entlang der Häuserwände, auf Bergen von allmählich durchnässenden, vom Straßenkot beschmutzten Betten lamentierten Frauen und schrien verängstigte Kinder. Das waren die jüdischen Familien, die man im letzten Augenblick hinter die Gettomauern geworfen hatte und die ohne jede Hoffnung auf irgendeinen Fleck zum Wohnen waren. In einem früher schon übervölkerten Stadtteil, der trotzdem kaum mehr als hunderttausend fasste, musste jetzt eine halbe Million Menschen unterkommen.

In der dunklen Straßenperspektive erhellten Scheinwerfer das aus frischem Holz gezimmerte Gitter: Das war das Gettotor, hinter dem die Freien lebten, die uneingesperrt und auf genügend Raum verteilt in demselben Warschau wohnten. Und dieses Tor durfte vom heutigen Tage an kein Jude mehr durchschreiten.

Irgendwann fasste mich jemand bei der Hand. Es war ein Freund meines Vaters, auch ein Musiker und wie er von heiterer, leutseliger Natur.

»Na, was sagen Sie dazu?«, lachte er nervös, während seine Hand einen Bogen beschrieb, der die Menschenmassen, die schmutzigen, regennassen Häuserwände und die in der Ferne sichtbaren Mauern mit dem Tor einschloss.

»Was?«, erwiderte ich. »Die machen uns fertig.«

Aber der alte Herr war nicht meiner Ansicht oder wollte es nicht sein. Wieder lachte er, ein wenig gezwungen, klopfte mir auf die Schulter und rief aus:

»Machen Sie sich nichts draus!« Er fasste meinen Mantelknopf, näherte sein rotbackiges Gesicht dem meinen und sagte mit ehrlicher oder auch gespielter Überzeugung:

»Die lassen uns bald wieder raus. Amerika braucht bloß davon zu erfahren …«

5 Tänze in der Chłodna

Heute, da ich über andere, schrecklichere Erinnerungen hinweg zurückdenke, an meine Erlebnisse aus dem Warschauer Getto von November 1940 bis Juli 1942, einem fast zweijährigen Zeitraum, dann verschmelzen sich mir diese Erlebnisse zu einem einzigen Bild, als wäre es nur ein einziger Tag gewesen, und es will mir, trotz aller Anstrengung, nicht gelingen, es in kleinere Teile aufzusprengen, die es in eine chronologische Ordnung zu bringen gälte, wie man das gewöhnlich tut, wenn man Tagebuch schreibt.

chronologisch **in zeitlicher Abfolge**

Natürlich trugen sich auch damals leicht fassliche, allen bekannte Dinge zu, wie davor und danach. Die gleichen Jagden auf Arbeitstiere, wie sie die deutschen Jäger in ganz Europa auf den menschlichen Bestand veranstalteten. Vielleicht war nur dies der Unterschied, dass sie Frühjahr 1942 im Warschauer Getto plötzlich abbrachen: Das Judenwild sollte in ein paar Monaten anderen Zwecken zugeführt werden. Es brauchte, wie die Böcke vor der Jagdsaison, eine Schonzeit, damit das große Repräsentationsjagen umso großartiger ausfiel und keine Enttäuschungen brachte. Man beraubte uns Juden, ähnlich wie man Franzosen, Belgier, Norweger oder Griechen beraubte, jedoch mit dem Unterschied, dass es uns systematischer und auf streng offizielle Weise traf. Unbeteiligte Deutsche hatten zum Getto weder Zugang noch das Recht zum Diebstahl auf eigene Faust. Es stahl die deutsche Polizei infolge einer Verfügung des Gouverneurs, erlassen auf der Grundlage des Gesetzes über Diebstahl, herausgegeben von der Regierung des Reichs.

Im Jahr 1941 überfiel Deutschland Russland. Wir im Getto verfolgten mit angehaltenem Atem den Verlauf dieser neuen Offensive, anfangs in der irrigen Meinung, dass die Deutschen endlich verlieren würden, später voller Verzweiflung, in immer tiefere Zweifel um die Geschicke der Menschheit und die unsrigen stürzend, je weiter Hitlers Truppen in Russland vordrangen. Und dann wiederum, als die Deutschen, unter Androhung der Todesstrafe, die Herausgabe sämtlichen jüdischen Pelzwerkes befahlen, freuten wir uns, dass es mit ihnen ja wohl nicht besonders gut stehen konnte, wenn ihr Sieg von Silberfüchsen und Biberpelzen abhing.

Die Gettogrenzen zogen sich zusammen, Straße um Straße wurde das Gettogelände von den Deutschen verringert. Genauso verrückte Deutschland die Grenzen der von ihm unterworfenen Länder in Europa, indem es sich Provinz um Provinz aneignete, so als wäre das Warschauer Getto nicht weniger wichtig als Frankreich und die Abtrennung der Złota- oder Zielna-Straße von nicht geringerer Bedeutsamkeit für die Entfaltung deutschen Lebensraums als die Abtrennung des Elsass und Lothringens von Frankreich.

Doch diese äußeren Vorkommnisse hatten keinerlei Bedeutung gegenüber der einzig bedeutenden Tatsache, die das Bewusstsein unablässig, alle Stunden und Minuten unseres Aufenthalts im Getto, gefangen nahm, nämlich, dass wir eingeschlossen sind.

Ich glaube, dass es psychisch für uns leichter zu ertragen gewesen wäre, wenn wir auf schlüssigere Weise eingesperrt gewesen wären, ganz normal, wie zum Beispiel in einer Gefängniszelle. Eine solche Art des Eingesperrtseins definiert klar und unzweifelhaft das Verhältnis des Menschen zur Wirklichkeit. Es ist unmissverständlich, woran man sich zu halten hat:

Die Zelle, das ist eine Welt für sich, ausgefüllt mit dem eigenen Gefängnisinhalt und sich nicht verzahnend mit der fernen Welt der Freiheit. Von der kann man träumen, wenn sich Zeit dafür findet und man Lust dazu hat; wenn man hingegen nicht an sie denkt, drängt sie sich einem von selber nicht auf, hat der Mensch sie nicht alle Augenblicke vor Augen, um von ihr mit Anspielungen auf das verlorene freie Leben gequält zu werden.

Die Gettorealität war gerade deshalb umso schrecklicher, als sie den Anschein von Freiheit hatte. Man konnte auf die Straße hinaus und die Illusion haben, in einer ganz gewöhnlichen Stadt zu sein. Die uns brandmarkenden Armbinden störten dabei nicht, da sie von allen getragen wurden und ich mich selber nach längerer Zeit der Gettoexistenz dabei ertappte, wie sehr ich mich an sie gewöhnt hatte, so sehr, dass ich meine »arischen« Freunde, wenn ich von ihnen träumte, mit Armbinde sah, als ob jene weißen Stoffstreifen ein ebenso unentbehrlicher Bestandteil menschlicher Garderobe wären wie Krawatten. Jedoch die Straßen des Gettos, und nur sie, endeten – in Mauern. Es passierte so manches Mal, dass ich losstürmte, immer der Nase nach, und dann unvermutet auf so eine Mauer stieß. Sie versperrte mir mittendrin den Weg, auch wenn ich Lust hatte, diesen meinen Weg fortzusetzen, und es keinen logischen Grund dafür gab, weshalb ich das nicht hätte tun sollen. Dann nahm jener Teil der Straße, der jenseits der Mauer, urplötzlich in mir die Dimension des für mein Leben unverzichtbarsten, teuersten Ortes in der Welt an, wo gerade jetzt Dinge vor sich gehen mussten, die zu erleben ich wer weiß nicht was geben würde – vergebens. Niedergeschmettert kehrte ich um, und das ging Tag für Tag so, mit immer derselben Verzweiflung.

Man konnte auch im Getto ins Restaurant gehen, oder ins Café. Man traf dort Freunde, und scheinbar hinderte einen nichts daran, sich eine Atmosphäre zu schaffen, wie sie für jedes Restaurant, jedes Café der Welt so angenehm war. Doch unvermeidlich nahte der Augenblick, da einem aus der Freundesschar die Bemerkung entschlüpfte, dass man sich doch eigentlich in diesem selben kleinen Kreis, in dem es sich so angenehm plaudere, eines schönen Sonntags zum Beispiel nach Otwock begeben könnte. Es ist Sommer, das gute Wetter, die Sommerhitze scheinen noch eine Weile anzuhalten, und weit und breit nichts, was der Verwirklichung eines derart schlichten Vorhabens im Wege stünde, selbst wenn man es auf der Stelle in Angriff nehmen wollte. Man müsste nur die Rechnung für Kaffee und Kuchen begleichen, auf die Straße hinaus und mit den lachenden, gut gelaunten Gefährten gemeinsam zum Bahnhof gehen, Fahrkarten kaufen und in den Vorortzug steigen. Die Bedingungen für die vollkommene Illusion existierten – bis an die durch Mauern gesetzte Grenze …

Der beinah zweijährige Zeitraum meines Aufenthalts im Getto erinnert mich, wenn ich an ihn denke, an eine Episode aus meiner Kindheit, die einen viel kürzeren Zeitraum in Anspruch nahm. Ich sollte am Blinddarm operiert werden. Die Operation versprach einen normalen Verlauf, und es gab keinen Anlass zur Sorge. Das Ereignis sollte in einer Woche stattfinden, der Termin war mit den Ärzten vereinbart, ein Zimmer in der Klinik reserviert worden. Die Eltern, die mir die Wartezeit erleichtern wollten, bemühten sich, mir die Woche vor der Operation mit lauter Annehmlichkeiten auszufüllen. Alle Tage gingen wir Eis essen, dann ins Kino oder ins Theater, ich bekam alle möglichen Bücher oder Spielzeuge, was nur das Herz begehrte. Scheinbar fehlte mir nichts zum Glück. Doch weiß ich noch genau, dass mich die ganze Woche lang, ob im Kino, im Theater oder beim Eisessen, selbst bei Zerstreuungen, die allergrößte Aufmerksamkeit erforderten, nicht für einen einzigen Augenblick der Kitzel der Angst in der Magengrube verließ, eine unbewusste, hartnäckige

Furcht vor dem, was sein würde, wenn der Tag der Operation erst einmal da war.

Die gleiche instinktive Furcht verließ die Menschen im Getto fast zwei Jahre lang nicht. Im Vergleich zu der nachfolgenden Zeit waren das Jahre verhältnismäßiger Ruhe, und die verwandelten das Leben in einen immerwährenden Albtraum, da man mit seinem ganzen Selbst spürt, dass jeden Augenblick etwas Furchtbares geschehen wird, nur dass man noch nicht sicher ist, welche Gefahr von woher droht.

Morgens pflegte ich für gewöhnlich sofort nach dem Frühstück aus dem Haus zu gehen. Zu meinem täglichen Ritual gehörte dieser lange Spaziergang die Miła entlang zu einem dunklen obskuren Loch, wo die Familie von Hausmeister Jehuda Zyskind lebte. Aus dem Haus zu gehen, eine völlig normale Tätigkeit, war unter Gettobedingungen, besonders während der Menschenjagden auf den Straßen, ein regelrechtes Ritual. Zunächst einmal musste man einige Nachbarn aufsuchen, sich ihre Sorgen und Beschwerden anhören und bei dieser Gelegenheit in Erfahrung bringen, wie es heute in der Stadt aussah: Gab es Razzien, hatte man von irgendwelchen Blockaden gehört, wie war heute die Wache an der Chłodna? Nachdem das vollbracht war, verließ man das Haus, doch auf der Straße hieß es die Fragerei wiederholen, indem man Passanten anhielt, die aus der Richtung kamen, in die man zu gehen beabsichtigte, und dann musste man erneut an jeder Straßenecke weiterfragen. Und erst ein solcher »abgesicherter Marsch« gewährleistete die relative Sicherheit, dass man nicht ergriffen wurde.

Ritual hier: Lebensrhythmus
obskuren finsteren

Das Getto teilte sich in ein Kleines und ein Großes Getto. Das Kleine Getto von Wielka-, Sienna-, Żelazna- und Chłodna-Straße hatte nach einer erneuten Verkleinerung nur eine einzige Verbindung mit dem Großen Getto: Ecke Żelazna über die Chłodna. Das Große Getto umfasste den ganzen

Nordteil von Warschau mit einer Unzahl schmaler, übelriechender Straßen und Gassen, die vollgestopft waren mit dem Gewimmel armer Juden, die im Elend, in Schmutz und Enge hausten. Eng war es auch im Kleinen Getto, doch hier überstieg die Enge nicht das vernünftige Maß. In einem Zimmer lebten drei, vier Personen, und durch die Straßen konnte man gehen, wenn man geschickt lavierte und manövrierte, ohne die Vorübergehenden zu streifen. Und selbst wenn, war das nicht allzu gefährlich; im Kleinen Getto lebten überwiegend Intelligenz und wohlhabende Bourgeoisie, verhältnismäßig wenig verlaust und das Ungeziefer vertilgend, das man sich im Großen Getto zuzog. Erst wenn man die Chłodna hinter sich gelassen hatte, begann der Albtraum, aber um sie hinter sich zu lassen, brauchte man Glück und das Gefühl für den richtigen Augenblick.

lavierte **sich hindurchwand**

Bourgeoisie **Bürgerstand**

Die Chłodna-Straße gehörte ganz zum »arischen« Teil der Stadt. Es herrschte dort reger Verkehr von Autos, Straßenbahnen und Fußgängern. Die jüdische Bevölkerung entlang der Żelazna-Straße vom Kleinen ins Große Getto und umgekehrt zu lassen, machte ein Aufhalten des Verkehrs erforderlich. Das war für die Deutschen unbequem, und deshalb erlaubte man den Juden diesen Übergang so selten wie möglich.

Ging man die Żelazna entlang, sah man schon von Weitem ein Menschenknäuel an der Ecke Chłodna. Nervös traten die Menschen, die eilige Geschäfte hatten, auf der Stelle, des gnädigen Dafürhaltens der Gendarmen harrend, deren Beurteilung es anheimgestellt war, ob die Chłodna schon leer genug und die Żelazna-Straße schon vollgestopft genug war, um die Juden durchzulassen. War dieser Moment gekommen, traten die Wachposten auseinander, und eine ungeduldige, dicht gedrängte Menschenmenge prallte von beiden Seiten aufeinander, sich gegenseitig stoßend, zu Boden werfend und tretend, um so schnell wie möglich die gefährliche Nachbarschaft der

Deutschen hinter sich zu bringen und im Inneren der beiden Gettos auseinanderzufließen. Danach schloss sich die Postenkette wieder, und wieder begann das Warten; die Menge wuchs wie die Aufgeregtheit, die Nervosität und die Unruhe.

Die deutschen Wachen langweilten sich nämlich auf ihren Posten und versuchten sich so gut zu zerstreuen, wie es eben ging. Eine ihrer Lieblingsunterhaltungen war das Tanzen. Aus den nahen Querstraßen wurden Musikanten herbeigeschafft – die Zahl der Straßenkapellen wuchs mit dem wachsenden Elend. Man wählte aus der Menge der Wartenden einige aus, die den Soldaten schön komisch vorkamen, und befahl ihnen, Walzer zu tanzen. Die Musikanten nahmen an einer Häuserwand Aufstellung, auf der Fahrbahn wurde Platz gemacht, einer der Gendarmen übernahm die Rolle des Dirigenten, indem er auf das Orchester einschlug, wenn es zu langsam spielte. Andere überwachten die gewissenhafte Ausführung der Tänze. Vor den Augen der erschreckten Menge drehten sich Paare von Krüppeln, Greisen, Dickwänsten oder klapperdürren Gestalten im Kreis; Kleinwüchsige waren mit auffallend Großen gepaart, ebenso Kinder. Rings um diese »Tanzfläche« standen die Deutschen, brüllten vor Lachen und schrien:

»Schneller! Los! Alle tanzen!«

War die Auswahl der Tanzpaare besonders gelungen und besonders erheiternd, dauerte das Tanzen länger. Der Durchgang öffnete und schloss sich und öffnete sich wieder, und die Unglücklichen mussten weiterhin im Walzertakt hüpfen – schnaufend, weinend vor Erschöpfung, nach Kräften ringend, in vergeblicher Hoffnung auf Erbarmen.

Erst wenn ich glücklich die Chłodna passiert hatte, bot sich mir das Bild des Gettos, wie es wirklich war. Hier besaßen die Leute keine Kapitalien, keine heimlichen Kostbarkeiten. Sie fristeten ihr Leben mit Handel. Je tiefer man in das Labyrinth enger Gassen eindrang, umso lebhafter und zudringlicher wurde dieser Handel. Frauen, an deren Röcke sich Kinder klammerten, vertraten den Passanten den Weg und boten auf einem Stück Pappe einige Kuchen feil, die ihr ganzes Vermögen darstellten und von deren Verkauf abhing, ob ihre Kinder abends ein Viertelchen Schwarzbrot hatten. Daneben versuchten bis zur Unkenntlichkeit abgezehrte alte Juden, mit heiserem Geschrei die menschliche Aufmerksamkeit auf irgendwelche Lumpen zu lenken, die sie zu Geld zu machen hofften. Junge Männer handelten mit Gold und Devisen, fochten verbissen und geifernd Kämpfe um verbogene Uhrendeckel, Kettenenden oder schmierige, abgegriffene Dollarscheine aus, die sie gegen das Licht hielten, um festzustellen, dass sie fehlerhaft und fast gar nichts wert waren, obgleich der Verkäufer leidenschaftlich darauf bestand, dass sie »beinah wie neu« seien.

Devisen Zahlungsmittel in ausländischer Währung

Durch die vollgestopften Straßen zogen klappernd und klingelnd die Pferdebahnen, die so genannten »konhellerki«, mit Deichseln und Pferdekörpern die Menschenmenge zerteilend, wie ein Boot das Wasser zerteilt. Ihr Spitzname rührte von den Eigentümern Kon und Heller her, zwei jüdischen Potentaten, die in Diensten der Gestapo standen und durch sie blendende Geschäfte machten. Wegen des ziemlich hohen Fahrpreises füllten nur Wohlhabende die Bahnen, die ausschließlich wegen ihrer Geschäftsinteressen ins Gettoinnere fuhren. Wenn sie an den Haltestellen die Wagen verließen, versuchten sie so schnell, wie es nur ging, durch die Straßen und in den Laden oder das Büro zu kommen, wo sie etwas zu erledigen hatten, um danach sofort wieder auf eine Straßenbahn zu springen, die sie aus diesem grauenhaften Viertel schnell herausbrachte.

Potentaten Machthaber

Gestapo → Seite 268

Von der Haltestelle auch nur bis zum nächsten Laden zu gelangen, war nicht leicht. Auf diesen kurzen Augenblick des Zusammentreffens mit einem wohlhabenden Bürger lauerten

Dutzende von Bettlern, die ihn bedrängten, indem sie an seinen Kleidern zerrten, ihm den Weg verstellten, baten, weinten, schrien, drohten. Doch unvernünftig handelte, wer sich vom Mitleid fortreißen ließ und einem Bettler ein Almosen gab. Dann schwoll das Schreien zu Geheul an; von allen Seiten strömten auf dieses Zeichen hin neue Elendsgestalten herbei, und der Samariter sah sich umlagert, dicht umringt von zerlumpten Erscheinungen, die ihren tuberkulösen Geifer verspritzten, von Kindern, die man vor ihn hinschob, mit eitrigen Geschwüren bedeckt, von gestikulierenden Armstümpfen, erblindeten Augen und zahnlosen, stinkenden Mundhöhlen, die alle um Erbarmen flehten im letzten Augenblick vor dem Verenden, als könne es nur durch eine sofortige Unterstützung hinausgezögert werden.

Samariter
→ **Seite 268**
tuberkulösen Geifer **ansteckenden Speichel**

Wollte man ins Innere des Gettos, musste man durch die Karmelicka, die einzige Straße, die dorthin führte. Hier nicht die Straßenpassanten zu streifen, wäre ein Ding der Unmöglichkeit gewesen. Die dichte Menschenmasse ging nicht, sondern stieß und drängelte sich vorwärts, Strudel bildend vor den Krämerbuden und Buchten vor den Haustoren, die kalten, fauligen Dunst ungelüfteten Bettzeugs, alter Fette und verwesenden Abfalls auf die Straße hauchten. Aus jedem x-beliebigen Anlass stürzte die Menge in Panik und strömte dann bald nach der einen, bald nach der anderen Seite, erstickte, erdrückte, schrie und fluchte. Die Karmelicka-Straße war besonders gefährlich. Täglich ein paarmal kamen hier die Gefängnisautos durch. Sie transportierten unsichtbar hinter grauen Blechwänden und kleinen Milchglasscheiben Häftlinge aus dem Pawiak in die Gestapozentrale in der Szuch-Allee und brachten auf dem Rückweg das, was nach den Verhören von den Häftlingen übrig geblieben war, zurück; blutige Fetzen mit gebrochenen Knochen, losgeschlagenen Nieren und herausgerissenen Fingernägeln. Die Begleitmannschaft dieser

Wagen ließ niemanden, obwohl die Autos gepanzert waren, in ihre Nähe. Wenn die Autos in die Karmelicka einbogen, die so vollgestopft war, dass die Leute beim besten Willen nicht in die Hauseingänge flüchten konnten, beugten sich die Gestapomänner heraus und schlugen mit Knüppeln wahllos auf die Menge ein. Das wäre an sich nicht weiter bedrohlich gewesen, wenn es sich um normale Gummiknüppel gehandelt hätte, aber an den von den Gestapomännern benutzten waren Nägel und Rasierklingen befestigt.

Jehuda Zyskind lebte in der Miła-Straße, nicht weit von der Karmelicka entfernt. Er war Hauswart, und wenn es nottat: Träger, Fuhrmann, Händler und Schmuggler von Waren über die Mauer. Er verdiente, wo sich etwas verdienen ließ, um mit seiner Gewitztheit und den Körperkräften seiner Riesengestalt die Familie zu ernähren, deren Umfang ich nicht einmal zu schätzen vermochte, so umfangreich war sie. Doch von diesen gewöhnlichen Beschäftigungen abgesehen, war Jehuda Zyskind ein idealistischer Sozialist. Er unterhielt Kontakt mit der Organisation, schmuggelte geheime Presseerzeugnisse ins Getto ein und versuchte Zellen der Organisation im Getto zu bilden, obwohl ihm das nur zäh vonstattenging. Mich behandelte er mit gutmütiger Geringschätzigkeit, so wie man seiner Meinung nach Künstler behandeln sollte. Menschen, die zur Konspiration nicht taugten. Nichtsdestoweniger mochte er mich und ließ es zu, dass ich allmorgendlich vorbeischaute und bei ihm die geheimen Rundfunkverlautbarungen frisch aus der Druckerpresse las.

Konspiration Verschwörung

Wenn ich heute an ihn denke, über die Jahre des Grauens hinweg, die mich von den Tagen trennen, da er noch lebte und seine gute Botschaft unter die Leute brachte, bewundere ich seine Unbeugsamkeit. Es gab kein noch so schlimmes Radiokommunikee, das er nicht zum Guten gedeutet hätte. Als ich einmal, nachdem ich die letzten Nachrichten gelesen hatte, voller Verzweiflung mit der Hand auf das Käseblatt schlug und seufzte:

»Na, heute werden Sie ja wohl endlich zugeben müssen, dass alles verloren ist«, lächelte Zyskind, griff nach einer Zigarette, machte es sich auf seinem Stuhl bequem und erwiderte: »Sie verstehen aber auch gar nichts, Herr Szpilman!« – worauf er einen seiner »Politvorträge« begann.

Von dem, was er sagte, verstand ich manches noch viel weniger, aber er hatte eine Art zu reden und so viel suggestiven Glauben in sich, dass in der Welt eigentlich alles bestens stehe und es besser gar nicht sein könne, dass ich – ich weiß selber nicht, wie und wann – zu genau derselben Überzeugung gelangte. Erst zu Hause, wenn ich auf dem Bett liegend noch einmal in Gedanken die politischen Neuigkeiten analysierte, kam ich zu dem Schluss, dass Zyskinds Beweisführungen Nonsens waren. Aber am anderen Morgen ging ich wieder zu ihm, und wieder vermochte er mir einzureden, dass ich mich irrte, und wieder verließ ich ihn nach einer Spritze Optimismus, die bis zum Abend vorhielt und mir zu leben ermöglichte. Er selber fand erst im Winter 1942 sein Ende. Sie erwischten ihn auf frischer Tat: Auf dem Tisch lagen eben Stöße geheimen Materials, und Jehuda mit Frau und Kindern sortierten sie. Sie wurden alle, den kleinen dreijährigen Symche eingeschlossen, an Ort und Stelle erschossen.

suggestiven **beeinflussenden**

Nonsens **Unsinn**

Wie schwer war es für mich, die Hoffnung aufrechtzuerhalten, als Zyskind ermordet wurde und ich keinen mehr hatte, der mir alles richtig erklären konnte! Erst heute weiß ich nämlich, dass weder die Kommunikees noch ich recht hatten, sondern Zyskind. Alles ist gekommen, wie er vorausgesagt hat, auch wenn das damals unwahrscheinlich schien.

Nach Hause zurück ging ich immer dieselbe Strecke: über die Karmelicka, Leszno, Żelazna. Unterwegs schaute ich kurz bei Bekannten vorbei, um ihnen die Neuigkeiten von Zyskind mündlich zu übermitteln, und dann folgte die Nowolipki-Straße, wo ich Henryk half, den Bücherkorb wegzutragen.

Henryk führte ein hartes Leben. Er hat sich das selber ausgesucht und hatte nicht die Absicht, es zu ändern, weil er der Ansicht war, dass anders zu leben nichtswürdig wäre. Bekannte, die seine humanistischen Fähigkeiten schätzten, rieten ihm, in die jüdische Polizei einzutreten: Dort schlüpfte die Mehrzahl der jungen Leute aus der Intelligenz unter, um sicher zu sein, und darüber hinaus konnte man gut verdienen, wenn man ein findiger Kopf war. Doch Henryk verwarf dieses Ansinnen. Er war sogar empört und empfand es als Beleidigung. Mit seiner üblichen strengen Aufrichtigkeit entgegnete er, dass er nicht mit Banditen zusammenarbeiten würde. Die Bekannten waren gekränkt, und Henryk begann sich allmorgendlich mit einem Korb voller Bücher in die Nowolipki-Straße zu begeben. Er handelte mit ihnen, sommers schweißtriefend und im Winter zitternd während der Fröste, unnachgiebig, hartnäckig der eigenen Auffassung treu, dass es, wenn er als Intellektueller schon keinen anderen Umgang mit Büchern haben konnte, wenigstens dieser sein sollte, darunter durfte man nicht gehen.

jüdische Polizei → Seite 268

Wenn Henryk, sein Korb und ich heimkamen, waren für gewöhnlich alle schon beisammen, und man wartete nur noch auf uns, damit das Mittagessen serviert werden konnte. Mutter legte großen Wert auf unsere gemeinsamen Mahlzeiten: Das war ihr Bereich, und hier versuchte sie auf ihre Weise, uns einen Halt zu geben. Sie sorgte dafür, dass der Tisch hübsch gedeckt war, sowie für die Reinlichkeit von Tischtuch und Servietten. Sie selber puderte sich, ehe man zu Tisch ging, leicht das Gesicht, richtete sich das Haar und betrachtete sich im Spiegel, ob sie auch elegant aussähe. Mit nervösen Handbewegungen strich sie ihr Kleid glatt; nicht glätten konnte sie die Fältchen um die Augen, die sich von Monat zu Monat in immer schärferen Linien abzeichneten, und auch nichts dagegen tun, dass ihre leicht grau melierten Haare mit aller Gewalt weiß zu werden begannen.

grau melierten leicht ergrauten

Wenn wir schon um den Tisch saßen, holte sie die Suppe aus der Küche, und während sie sie austeilte, brachte sie das Tischgespräch unter uns in Gang. Sie versuchte, unangenehmen Themen zuvorzukommen, doch hatte einer von uns schon diese Ungeschicklichkeit begangen, fiel sie ihm sanft ins Wort:

»Ihr werdet sehen, das alles wird noch ganz anders«, und wechselte sogleich das Thema.

»Wie schmeckt es dir, Samuel?«, wandte sie sich an Vater.

Vater war wenig geneigt zu Kümmernissen. Eher übertrieb er darin, uns mit guten Nachrichten zu überschütten. War eine Menschenjagd gewesen und man hatte später gegen Schmiergeld ein Dutzend Männer laufen lassen, behauptete er strahlend, aus bester Quelle zu wissen, dass man alle Männer über oder unter vierzig, ohne Ausbildung oder mit, aus diesem oder jenem Grund freigelassen hat – wie auch immer, in jedem Falle musste man es für äußerst tröstlich halten. Waren die Nachrichten aus der Stadt unbestreitbar schlecht, setzte er sich niedergedrückt zu Tisch, doch schon die Suppe flößte ihm Zuversicht ein. Beim zweiten Gang, der für gewöhnlich aus Gemüsen bestand, heiterte er sich auf und rüstete sich zu sorglosem Geplauder.

Henryk und Regina waren beide meist in Gedanken versunken. Regina bereitete sich innerlich auf die Arbeit vor, zu der sie nachmittags ging. Sie praktizierte in einer Anwaltskanzlei. Sie verdiente Groschen, doch arbeitete sie mit derselben Redlichkeit, als würde sie Tausende verdienen. Wenn sich Henryk schon einmal von seinen Gedanken losriss, dann nur, um mit mir Streit anzufangen. Er musterte mich eine Weile schockiert, zuckte die Achseln und knurrte, um sich dann endlich Luft zu machen:

»Man muss schon ein Affe sondergleichen sein, um solche Krawatten zu tragen wie Władek!«, platzte er los.

»Selber Affe! Und Esel dazu!«, war meine Erwiderung, und die Zankerei war in schönstem Gange. Er wollte nicht verstehen, dass ich sorgfältig gekleidet sein musste, sofern ich öffentlich auftrat. Er wollte überhaupt nichts davon verstehen, was mich und meine Angelegenheiten betraf. Jetzt, da er lange schon tot ist, weiß ich, dass wir uns trotz allem auf unsere eigene Art geliebt haben, obwohl wir uns gegenseitig immerzu auf die Palme brachten. Was übrigens vielleicht gerade darum der Fall war, weil wir im Grunde sehr ähnliche Charaktere hatten.

Am wenigsten wüsste ich über Halina zu sagen. Sie war als Einzige wie nicht zur Familie gehörig. Sie war verschlossen, verriet nichts von dem, was in ihr vorging und sie bewegte, ließ sich nichts von dem anmerken, was um sie herum vor sich ging, sobald sie die Schwelle des Hauses überschritt. Sie kehrte unverändert teilnahmslos und indifferent heim. Tag um Tag setzte sie sich einfach nur zu Tisch, ohne das mindeste Interesse zu zeigen an dem, was uns erwarten mochte. Ich kann nicht sagen, wie sie wirklich gewesen ist, und nie mehr werde ich etwas über sie erfahren.

indifferent gleichgültig

Unsere Mittagessen waren sehr bescheiden. Fleisch bekamen wir fast nie zu Gesicht, und die übrigen Gerichte bereitete Mutter äußerst sparsam zu. Doch trotz alledem waren sie im Vergleich zu dem, was die Mehrzahl im Getto auf den Teller bekam, geradezu fürstlich.

Es war im Winter, ein feuchter Dezembertag; unter den Füßen platschte der Schneematsch, und in den Straßen blies ein scharfer Wind, als ich zufällig Zeuge beim »Mittagsmahl« eines alten Greifers wurde. Greifer nannte man im Getto die Menschen, die in ein solches Elend gesunken waren, dass sie stehlen mussten, um sich am Leben zu erhalten: Sie stürzten sich auf einen Passanten, der ein Päckchen trug, entrissen es ihm und rannten davon, in der Hoffnung, im Päckchen etwas Essbares zu finden.

Ich ging über den Bank-Platz; ein paar Schritte vor mir bewegte sich eine arme Frau, die in der linken Hand eine mit Zeitungen umwickelte Kanne trug, und zwischen mir und der Frau schleppte sich ein zerlumpter Alter seines Wegs, die Schultern gebeugt, zitternd vor Kälte, mit den durchlöcherten Schuhen, aus denen grauviolette Füße hervorsahen, durch den Matsch schlurfend. Urplötzlich warf sich der Greis nach vorn, packte die Kanne und versuchte sie der Frau zu entreißen. Hatte er nicht genügend Kraft, oder hielt die Frau die Kanne zu fest? Jedenfalls: Das Gefäß gelangte nicht in seinen Besitz, sondern fiel auf den Gehweg, und dicke, dampfende Suppe ergoss sich in den Straßendreck.

Alle drei standen wir wie angewurzelt. Die Frau war sprachlos vor Schreck, der Greifer starrte auf die Kanne, dann auf die Frau, und seiner Brust entrang sich ein Stöhnen, das wie ein Winseln klang. Und plötzlich warf er sich lang hin in den Schneematsch und schlürfte direkt vom Gehweg die Suppe auf, die er zu beiden Seiten mit den Händen abschirmte, um sich auch gar nichts entgehen zu lassen, völlig gefühllos gegen die Reaktion der Frau, die heulend gegen seinen Kopf trat und sich vor Verzweiflung die Haare ausriss.

6 Stunde der Verrückten und der Kinder

Nachmittags begann mein Arbeitstag. In der Zeit unseres Aufenthalts im Getto konnte ich mir Müßiggang und bloße Hingabe an die Kriegspsychose, an Hoffnungslosigkeit, an Verzweiflung und Lebensverneinung nicht mehr leisten wie noch vordem, ehe das Getto geschlossen wurde. Wir hatten

Kriegspsychose **durch den Krieg verursachte seelische Krankheit**

längst alles, was sich verkaufen ließ, verkauft, selbst unser wertvollstes Hausgerät – das Klavier. Das Leben, obschon so wenig wichtig, zwang mich dennoch, die Apathie zu überwinden und irgendeinem Broterwerb nachzugehen. Gott sei Dank gelang mir das! Die Arbeit ließ mir weniger Zeit zum Grübeln, und das Bewusstsein, dass von meinen Einkünften die Existenz der gesamten Familie abhing, half mir, den anfänglichen Zustand totalen Gebrochenseins allmählich zu überwinden.

Meine Kriegskarriere als Pianist begann ich im Café »Nowoczesna« (»Moderne«) das mitten im Herzen des Gettos, in der Nowolipki-Straße, lag. Um dorthin zu gelangen, durchquerte ich ein Labyrinth schmaler Sträßchen tief drinnen im Getto oder spazierte, zur Abwechslung, wenn ich die aufregende Tätigkeit der Schmuggler beobachten wollte, direkt an seinem Rand, die Mauer entlang.

Die Nachmittagsstunden waren für den Schmuggel am günstigsten. Die Gendarmen, von ihrem morgendlichen Tun ermattet und mit den Schäfchen im Trockenen, waren nachmittags weniger wachsam und mehr mit der Berechnung ihrer Gewinne beschäftigt. In den Haustoren und Fenstern der Mietshäuser entlang der Mauer zeigten und verbargen sich beunruhigte Gestalten, die voller Ungeduld auf Wagengerumpel oder das Rattern einer sich nahenden Straßenbahn warteten. In gewissen Abständen nahm das Gerumpel jenseits der Mauer zu, und in dem Moment, da ein Wagen mit Ware direkt an der Mauer vorbeizockelte, sausten Säcke und Päckchen über die Mauer, ertönten die verabredeten Pfiffe. Aus den Toren stürzten die Lauernden, schnappten sich eilends die Beute, fielen erneut in die Tore ein, und eine Scheinstille, erfüllt von Erwartung, Nervenanspannung und geheimnisvollem Getuschel, legte sich aufs Neue minutenlang über die Straße. An Tagen, an denen die Gendarmen energischer ihrem Tagwerk nachgingen, hörte man Schüsse, deren Widerhall sich mit dem Wagengerumpel mischte, und über die Mauer flogen, an Stelle von Säcken, Handgranaten, die mit lautem Knall detonierten und den Putz von den Häuserwänden bröckeln ließen.

Die Mauern berührten sich nicht auf ihrer ganzen Länge mit der Fahrbahn. In gewissen Abständen wiesen sie in Bodennähe längliche Öffnungen auf, durch die von den »arischen« Teilen der Fahrbahn das Wasser in die Rinnsteine an jüdischen Bürgersteigen floss. Diese Öffnungen wurden ebenfalls zum Schmuggeln genutzt, von den Kindern. Kleine schwarze Geschöpfchen eilten von überall her auf sie zu, auf Beinchen, dünn wie Streichhölzer, verschreckte Augen blickten verstohlen nach rechts und links, und kleine schwache Pfötchen zerrten Ladungen durch die Öffnungen, die nicht selten größer waren als die ganze Gestalt des Schmugglers.

War das Schmuggelgut durch, warfen sich die Kleinen die Ware über die Schulter; tief unter der Last gebeugt, taumelnd, mit vor Anstrengung geschwollenen blauen Adern an den Schläfen, die Münder weit aufgesperrt und mühsam nach Luft schnappend, stoben sie in alle Richtungen auseinander wie aufgescheuchte kleine Ratten.

Ihre Arbeit war genauso voller Risiko, verbunden mit der gleichen Gefahr für Leib und Leben wie die Schmugglertätigkeit der Erwachsenen. Eines Tages, als ich wieder einmal an der Mauer entlangging, traf ich auf eine Aktion kindlichen Schmuggels, die bereits glücklich beendet schien, es ging nur noch darum, dass das kleine jüdische Kind, das sich auf der anderen Seite befand, seiner Ware hinterher durch die Öffnung rutschte. Sein zierliches Figürchen war schon halb zu sehen, als es plötzlich zu schreien anfing, und gleichzeitig ertönte auf der »arischen« Seite das heisere Gebrüll eines Deutschen. Ich rannte hin zu dem Kind, um ihm zu helfen, sich so schnell wie möglich durchzuquetschen, doch wie zum Hohn blieb es mit den Hüften an den Rändern des Abflusses hängen. Ich zerrte an den Ärmchen aus voller Kraft, während sein Schreien immer verzweifelter wurde und von jenseits der Mauer die schweren Schläge des Gendarmens widerhallten. Als es mir endlich gelang, das Kind herauszuziehen – starb es mir weg. Seine Wirbelsäule war zertrümmert.

Übrigens: Nicht auf diesem Schmuggel beruhte die Verpflegung des Gettos. Die über die Mauer geschmuggelten Säcke und Pakete enthielten in der Mehrzahl Spenden von Polen für die allerärmsten Juden. Den eigentlichen, regulären Schmuggel hatten Potentaten wie Kon und Heller in der Hand, dieser Schmuggel ging leichter und völlig gefahrlos vonstatten. Bestochene Gendarmerieposten erblindeten schlichtweg zu vereinbarten Stunden, und dann fuhren direkt vor ihrer Nase und unter ihrem stillen Patronat ganze Wagenkolonnen durchs Gettotor, beladen mit Lebensmitteln, teuren Getränken, den luxuriösesten Leckerbissen, Tabak direkt aus Griechenland oder französischen Galanteriewaren und Kosmetika.

Patronat Schirmherrschaft

Galanteriewaren Schmuckartikel, modische Kurzwaren

Eine Ausstellung dieses Schmuggelguts konnte ich täglich im »Nowoczesna« bewundern. Dorthin kamen die Reichen, mit Gold behängt und brillantenfunkelnd, dort boten grell geschminkte Schlampen an mit Leckerbissen wohl bestückten Tischchen Kriegsgewinnlern ihre Dienste an, im Takt knallender Champagnerkorken. Dort wurde ich auch um zwei Illusionen ärmer: um die von einer allgemeinen Solidarität und die von der Musikalität der Juden.

Vor dem »Nowoczesna« durfte sich kein Bettler aufstellen. Fette Portiers verjagten sie mit Stöcken. In den Rikschas, die oft von weit kamen, lümmelten sich Männer und Frauen in teurer Wolle, wenn es Winter war, und in kostspieligen Strohhüten und französischen Seiden, wenn es Sommer war. Bevor sie in die von Portiersknüppeln geschützte Zone gelangten, erwehrten sie sich auf eigene Faust mit Stöcken des Gesindels, die Gesichter vor Entrüstung verzogen. Sie pflegten keine Almosen zu verteilen. Ihrer Meinung nach demoralisierte das bloß die Leute. Man musste halt arbeiten so wie sie und genauso verdienen. Schließlich stand jedem der Weg offen, und man war selber schuld, wenn man sich im Leben nicht einzurichten verstand.

demoralisierte entmutigte

Hatten sie sich schließlich an den Tischchen des ziemlich geräumigen Lokals etabliert, in das sie nur gekommen waren, weil Geschäfte sie zwangen, fingen sie an, über die schweren Zeiten zu klagen und über den Mangel an Solidarität seitens der Juden in Amerika. Was ist das bloß? Hier kommen die Menschen um, haben nicht einen Bissen zu essen, geschehen die grausigsten Dinge, die amerikanische Presse aber schweigt, und die jüdischen Bankiers jenseits des Ozeans unternehmen nichts, damit Amerika den Deutschen den Krieg erklärt, obwohl sie das jeden Augenblick anraten könnten, wenn sie nur wollten.

etabliert eingerichtet

Meiner Musik schenkte im »Nowoczesna« niemand Beachtung. Je lauter ich spielte, umso lauter sprachen die Schmauser und Zecher, und Tag für Tag spielten sich dieselben Ringkämpfe ab zwischen mir und dem Publikum, ein Wettstreit darum, wer es schaffte, wen zu übertäuben, und einmal geschah es ganz einfach, dass einer der Gäste mich durch den Kellner bitten ließ, kurz das Spiel zu unterbrechen, das es ihm unmöglich machte, die Klangreinheit der goldenen Zwanzigdollarmünzen zu prüfen, die er gerade von einem Tischnachbarn erwarb; nunmehr schlug er die Goldstücke sacht gegen die Marmorplatte, hob sie auf der Fingerspitze ans Ohr und lauschte eifrig auf ihren Klang – die einzige Musik, die ihn zu interessieren vermochte. Ich hielt es nicht lange aus in dieser Spelunke. Gott sei Dank bekam ich ein anderes Engagement in einem Lokal völlig anderer Art in der Sienna, wo die jüdische Intelligenz hinkam, um mich spielen zu hören. Dort festigte ich meine Reputation als ein geschätzter Künstler. Dort lernte ich Menschen kennen, mit denen ich später sowohl angenehme als auch die furchtbarsten Augenblicke verbringen sollte. Zu den Stammgästen des Cafés gehörte der Maler Roman Kramsztyk, ein hoch begabter Künstler, ein Freund Artur Rubinsteins und Szymanowskis. Im Getto arbeitete er an einem großartigen Zeichenzyklus, der das Leben innerhalb der Mauern zum Thema hatte, ohne Vorahnung, dass er ermordet und die Mehrzahl der Zeichnungen verlorengehen würde.

Reputation
Ruf, Ansehen

Ins Kaffeehaus in der Sienna kam auch einer der edelsten Menschen, denen ich im Leben begegnet bin – Janusz Korczak. Er war ein Literat, einst mit Żeromski befreundet, und er kannte fast alle führenden Künstler des »Jungen Polen«, über die er gewinnend, in schlichter, fesselnder Weise zu erzählen wusste. Er galt nicht als ein Literat der ersten Garnitur, vielleicht deshalb, weil seine Errungenschaften auf diesem Gebiet reichlich speziellen Charakter hatten. Es handelte sich dabei um Erzählungen für Kinder und über Kinder, Erzählungen, die sich durch hohes Einfühlungsvermögen in die Seele des Kindes empfahlen. Nicht künstlerischer Ehrgeiz brachte sie hervor, sondern eher das Herz eines geborenen Aktivisten und Erziehers. Korczaks wahrer Wert lag nicht in dem, was er schrieb, sondern in der Tatsache, dass er lebte, was er schrieb. Er selber hatte sich mit jeder Minute seiner freien Zeit und mit jedem Złoty, über den er verfügte, vor Jahren, an der Schwelle seines Berufs, der Sache des Kindes ergeben, und in dieser Ergebenheit harrte er aus und sollte er ausharren bis in den Tod. Er gründete Waisenhäuser, führte jede nur erdenkliche Sammlung für arme Kinder durch, zu den Kindern sprach er durchs Radio, wodurch er sich weitreichende Popularität erwarb, nicht nur unter den Kindern –

Janusz Korczak
→ Seite 268

als der »Alte Doktor«. Als sich die Gettotore schlossen, durchschritt er sie, obwohl er sich davor hätte schützen können, und setzte im Getto seine Mission fort als Vater aus Berufung für ein paar Dutzend jüdischer Waisen, der ärmsten, verlassensten Waisen der Welt. Damals, als wir uns mit ihm in der Sienna unterhalten haben, ahnten wir noch nicht, dass sein Leben so großartig, mit einer so strahlenden Leidenschaft enden wird.

Nach vier Monaten wechselte ich noch zu einem anderen Kaffeehaus über, das »Sztuka« (»Kunst«) hieß und sich in der Leszno-Straße befand. Es war dies das größte Lokal im Getto und hatte vielfältige Ambitionen. Im Konzertsaal des »Sztuka« fanden künstlerische Auftritte statt, und dort sang u.a. Maria Eisenstadt, die heute eine Berühmtheit wäre, Millionen von Menschen um ihrer wundervollen Stimme ein Begriff, wenn später die Deutschen sie nicht ermordet hätten. Dort trat auch ich auf in einem Klavierduett mit Andrzej Goldfeder, und dort hatte ich ungeheuer großen Erfolg mit meiner Paraphrase des Walzers »Casanova« von Ludomir Różycki zu einem Text von Władysław Szlengel. Der Dichter Szlengel trat mit Leonid Fokczański, dem Liedersänger Andrzej Włast, dem populären Komiker »Kunstfreund Wacuś« und Pola Braunówna alle Tage im »Lebendigen Tageblättchen« auf, einer witzigen Gettochronik voller spitzer, schlüpfriger Anspielungen an die deutsche Adresse. Neben dem Konzertsaal war eine Bar, wo Leute, die weniger kunstbeflissen als vielmehr auf Speis und alkoholischen Trank aus waren, erlesene Getränke sowie leckerst zubereitete »cotelettes de volaille« oder »boeufs à la Stroganoff« bekommen konnten. Sowohl im Konzertsaal als auch in der Bar war es beinah ständig voll, sodass ich damals gut verdiente und die Bedürfnisse unserer sechsköpfigen Familie, wenn auch mühsam, befriedigen konnte.

Ambitionen **hier: anspruchsvolle Programme**

Paraphrase **ausschmückende Bearbeitung**

Es hätte mir im »Sztuka« sogar gefallen, da ich auch hier eine Menge Bekannter traf, mit denen ich zwischen den Auftritten plaudern konnte, wenn nicht der Gedanke an die abendliche Rückkehr nach Hause gewesen wäre, der mich den ganzen Nachmittag über quälte.

Es war der für das Getto so schwere Winter 1941/42. Die Inselchen relativen Wohlstands der jüdischen Intelligenz und des Luxus der Spekulanten waren vom Meer jüdischen Elends überspült, schon damals vom Hunger bis aufs Äußerste geschwächt, der Kälte schutzlos ausgesetzt, weil der Preis für Brennmaterial unerschwinglich war, und – verlaust. Das Getto wimmelte von Ungeziefer, und es gab keine Möglichkeit, sich davor zu schützen. Verlaust war die Kleidung der Passanten, das Innere von Straßenbahn und Läden, Läuse wanderten übers Trottoir, über Treppenaufgänge und fielen von den Decken in öffentlichen Ämtern, die man schließlich in so vielerlei Angelegenheiten aufsuchen musste. Läuse fanden sich in den Fältelungen gekaufter Zeitungen, auf dem Wechselgeld, selbst auf der Rinde frisch erstandenen Brotes. Und jedes dieser Lebewesen trug Flecktyphuserreger in sich.

Im Getto brach die Seuche aus ... Die Sterblichkeitsziffer für Typhus betrug fünftausend Menschen monatlich. Hauptgesprächsgegenstand für Arm und Reich war der Typhus; die Armen grübelten darüber nach, wann sie daran stürben, die Reichen hingegen, wie sie sich davor schützten, wie sie an den Impfstoff von Dr. Weigel herankommen konnten. Dieser herausragende Bakteriologe wurde zur populärsten Gestalt neben Hitler, der Gute neben dem Bösen sozusagen. Man erzählte sich, wie die Deutschen den Doktor in Lemberg verhaftet hatten, aber, Gott behüte, nicht ermordet, vielmehr ihn fast als Urgermanen »honoris causa« anerkannt hätten; sie offerierten ihm ein großartiges Laboratorium, eine herrliche Villa sowie ein nicht weniger herrliches Automobil, nachdem

honoris causa **lat. »ehrenhalber«**

man ihn unter die herrliche Aufsicht der Gestapo gestellt hatte, damit er nicht die Flucht ergriff, sondern möglichst viel Impfstoff herstellte für das in Russland verlauste deutsche Ostheer. Natürlich sollte Doktor Weigel Villa und Automobil nicht angenommen haben.

Ich weiß nicht, wie das mit ihm wirklich war. Ich weiß nur, dass er, gottlob, lebt und dass ihm die Deutschen, nachdem er ihnen das Geheimnis seines Impfstoffs preisgegeben hatte und aufhörte, nützlich zu sein, durch irgendein Wunder zum Abschluss nicht die herrlichste der Gaskammern offeriert haben. Auf jeden Fall wurden dank seiner Erfindung und deutscher Bestechlichkeit viele Juden in Warschau vor dem Typhustod bewahrt, wenn auch nur, um dann einen anderen Tod zu sterben.

Ich ließ mich nicht impfen. Ich hätte mir nur eine einzige Dosis Serum kaufen können, nur für mich allein, unter Hintansetzung des Restes der Familie. Das wollte ich nicht.

Serum **Impfstoff**

Von einem Beerdigen der an Typhus Gestorbenen in einem Tempo, das der Sterblichkeit entsprochen hätte, konnte im Getto nicht die Rede sein. Doch konnte auch nicht die Rede davon sein, die Leichen in den Behausungen zu belassen. Man wählte folglich eine Zwischenlösung: Man deponierte die Toten, bar der für die Lebenden allzu wertvollen Kleidungsstücke und in Papier gewickelt, vor dem Haus, auf den Gehsteigen, wo sie oft genug Tage warteten, bis Gemeindewagen sie einsammelten und zu den Massengräbern auf den Friedhof abtransportierten. Diese Typhustoten und die Hungertoten obendrein machten meine abendlichen Rückwege aus dem Café so schrecklich.

Ich verließ als einer der Letzten zusammen mit dem Leiter das Lokal, nach der Tagesabrechnung und der Auszahlung der Gage an mich. Die Straßen waren beinah leer und finster. Ich leuchtete mir mit der Taschenlampe und hielt dabei nach

Leichen Ausschau, um nicht über sie zu stolpern. Der kalte Januarwind blies mir ins Gesicht oder trieb mich vorwärts, ließ das Papier rascheln, in das die Toten eingewickelt waren, hob es hoch und enthüllte nackte ausgetrocknete Schienbeine, tief eingesunkene Bäuche, Gesichter mit bleckenden Zähnen und ins Leere starrenden Augen.

Damals war ich mit Toten noch nicht so vertraut. Voller Furcht und Ekel hastete ich die Straßen entlang, um möglichst schnell mein Zuhause zu erreichen, wo mich Mutter bereits erwartete – mit einem Schüsselchen Spiritus und Pinzette. Sie kümmerte sich, so gut es nur ging, um die Gesundheit unserer Familie in diesen bedrohlichen Zeiten der Seuche und ließ uns aus der Diele nicht weiter in die Wohnung hinein, ehe sie nicht gewissenhaft unsere Mäntel, Hüte, Anzüge gemustert, mit der Pinzette die Läuse entfernt und im Spiritus ertränkt hatte.

Im Frühling, nachdem meine Freundschaft mit Roman Kramsztyk enger geworden war, ging ich häufig statt nach Hause gleich vom Café aus zur Wohnung eines seiner Freunde in die Elektoralna-Straße, wo wir zusammenkamen, um bis spät in die Nacht hinein zu reden. Der Hausherr gehörte zu den ganz Glücklichen: Er hatte im letzten Stockwerk eines Mietshauses ein winziges Zimmerchen mit schräger Decke, sein eigenes kleines Reich. Darin hatte er alle seine Schätze versammelt, die deutschen Plünderungen entgangen waren: eine breite Couch, mit einem Kelim bedeckt, zwei kostbare alte Sessel, eine entzückende kleine Renaissance-Kommode, einen Perserteppich, irgendwelche alten Waffen, ein paar Gemälde und allerlei über Jahre hin in den verschiedensten Teilen Europas gesammelte Kleinigkeiten, von denen jede für sich ein kleines Kunstwerk und eine Augenweide darstellte. Gut saß es sich in diesem Zimmerchen, im gelben, gedämpften Schein einer Lampe, zu der Herr Roman, schwarzen Kaf-

Kelim **orientalischer Teppich**
Renaissance **Kulturepoche vom 14.–16. Jh.**

fee trinkend und heiter plaudernd, den Schirm gefertigt hatte. Bevor die Dunkelheit hereinbrach, traten wir noch auf den Balkon hinaus, um Luft zu schöpfen, die hier oben reiner war als in den staubigen, stickigen Straßenfluchten. Die Polizeistunde näherte sich; die Menschen hatten sich in ihren Häusern eingeschlossen, die tief am Himmel stehende Frühlingssonne überzog mit rosa Schimmer die Zinkdächer, Schwärme weißer Tauben zogen am blauen Himmel ihre Bahn, und aus dem nahen Ogród Saski (Sächsischen Garten) strömte über die Mauern hinweg bis hier zu uns ins Viertel der Verdammten der Duft von Flieder. Es brach die Stunde der Kinder und der Verrückten an. Herr Roman und ich hielten schon, weit in die Elektoralna-Straße hineinblickend, Ausschau nach der »Dame mit dem Federbusch«, wie wir unsere Geistverwirrte nannten. Ungewöhnlich sah sie aus. Die Wangen grell mit Rouge bemalt und die zentimeterdicken Brauen mit einem Kohlestrich von Schläfe zu Schläfe gezogen. Über das schwarze zerrissene Kleid hatte sie einen alten grünsamtenen, befransten Vorhang geworfen, und aus ihrem Strohhut ragte kerzengerade eine riesige lila Straußenfeder auf, die zierlich wippte im Takt ihrer eiligen, unsicheren Schritte. Auf ihrem Weg hielt sie immer wieder die Vorübergehenden an und fragte höflich lächelnd nach ihrem Mann, den die Deutschen vor ihren Augen ermordet hatten.

Rouge
rote Schminke

»Verzeihen Sie ... sind Sie nicht zufällig Izaak Szerman begegnet? Ein großer, stattlicher Mann mit grauem Bärtchen ...« Und sie schaute angestrengt ihrem Gegenüber ins Gesicht, und wenn sie die verneinende Antwort erhalten hatte, schrie sie enttäuscht auf: »Ach, nicht?« Ihr Gesicht krampfte sich für einen Moment schmerzhaft zusammen, doch sogleich besänftigte es ein höfliches, gekünsteltes Lächeln.

»Verzeihen Sie vielmals, mein Herr«, und sie ging schnell davon, den Kopf schüttelnd, halb geniert, dass sie jemandem

geniert
peinlich berührt

die Zeit stahl, halb erstaunt, dass dieser Jemand ihren Mann Izaak nicht kennen sollte, einen so stattlichen, liebenswürdigen Herrn.

Um diese Tageszeit sauste für gewöhnlich auch Rubinstein durch die Elektoralna-Straße, zerfetzt und ausgefranst, mit in alle Himmelsrichtungen flatternden Lumpen. Er fuchtelte mit einem Stock herum, hüpfte und sprang, summte und murmelte vor sich hin. Er war ungeheuer populär im Getto. Er hatte seine Parole, an der man ihn schon von Weitem erkannte: »Junge, halt die Ohren steif!«, und er hatte ein Ziel: durch Humor den Leuten Mut zu machen. Seine Witze und Späße liefen im Getto um und verbreiteten Fröhlichkeit. Eine seiner Spezialitäten war es, sich den deutschen Wachposten zu nähern und sie unter Gehopse und Fratzenschneiden mit Schimpfworten zu belegen, ihnen »Strolche, Banditen, Diebesgesindel« und allerlei Unflätigkeiten zuzurufen. Die Deutschen amüsierten sich königlich, und oft warfen sie Rubinstein als Lohn für seine Schmähungen Zigaretten und Kleingeld hin; denn so einen Verrückten konnte man ja nicht ernst nehmen.

Ich war mir da nicht so sicher wie die Deutschen, und bis heute weiß ich nicht, ob Rubinstein wirklich zu den vielen gehört hat, die infolge von erlittenen Torturen den Verstand verloren hatten, oder ob er nicht nur den Narren spielte, um unter der Narrenkappe dem Tod zu entwischen, was ihm übrigens nicht gelang.

Torturen Foltern, Qualen

Die Verrückten kümmerten sich nicht um die Polizeistunde. Für sie hatte sie keine Geltung. Nicht für sie und nicht für die Kinder. Aus Souterrains, Gässchen, Türnischen, wo sie schliefen, tauchten diese Kindergespenster auf, von der Hoffnung getragen, vielleicht doch noch, in der letzten Stunde des Tages, Mitleid in den Menschenherzen wecken zu können. Sie stellten sich an Laternen, Häuserwände und auf die Fahrbahn,

Souterrains Kellergeschossen

hoben ihre Köpfe in die Höhe und winselten monoton, dass sie hungrig seien. Die Musikalischeren von ihnen sangen. Mit dünnen, schwachen Stimmchen sangen sie die Geschichte vom jungen Soldaten, der in der Schlacht verwundet wird und, von allen auf dem Schlachtfeld verlassen, sterbend »Mutter!« ruft. Aber seine Mutter ist nicht bei ihm. Sie ist weit fort und weiß nicht, dass ihr Sohn im Sterben liegt, und nur die Erde wiegt mit dem Rauschen der Bäume und Gräser den Armen in den ewigen Schlaf: »Schlafe, mein Söhnchen, schlafe, mein Lieber!« Und eine Blüte, die von einem Baum auf seine tote Brust gefallen ist, ist sein einziges Ehrenkreuz.

Andere Kinder versuchten den Leuten ins Gewissen zu reden und sie zu überzeugen: »Wir sind wirklich sehr, sehr hungrig. Wir haben schon lange nichts mehr gegessen. Gebt uns ein Stückchen Brot, und wenn's kein Brot ist, dann wenigstens eine Kartoffel oder eine Zwiebel, damit wir bis morgen durchhalten.«

Aber kaum jemand hatte diese eine Zwiebel, und wenn er sie hatte, dann hatte er kein Herz. Der Krieg hatte es zu Stein werden lassen.

7 Eine Geste von Frau K.

Im Vorfrühling 1942 brach die Menschenjagd im Getto, bisher systematisch betrieben, plötzlich ab. Wäre das vor zwei Jahren der Fall gewesen, hätte es den Menschen Erleichterung gebracht, hätten sie darin einen Grund zur Freude gesehen: die Illusion gehegt, eine Veränderung zum Besseren träte ein. Doch nun, nach zweieinhalb Jahren Zusammenlebens mit den Deutschen, ließ sich keiner mehr irreführen. Wenn sie aufhörten, uns zu jagen, dann nur deshalb, weil sie auf eine andere Idee gekommen waren, wie man uns noch wirkungsvoller quälen konnte. Fragte sich nur: was für eine Idee. Die Menschen ergingen sich in den fantastischsten Mutmaßungen, und anstatt sich zu beruhigen, waren sie doppelt beunruhigt.

Ambulatorium Raum zur ambulanten medizinischen Behandlung
gynäkologischen Sessel Stuhl zur frauenärztlichen Behandlung

Auf jeden Fall konnte man momentan ruhig zu Hause übernachten, und Henryk und ich mussten nicht bei der geringsten Panik im Ambulatorium unser Nachtlager aufschlagen. Wir hatten es dort sehr unbequem. Henryk schlief auf dem OP-Tisch und ich im gynäkologischen Sessel, und wenn ich morgens erwachte, fiel mein Blick auf die mir zu Häupten zum Trocknen aufgehängten Röntgenbilder mit den Aufnahmen kranker Herzen, von der Schwindsucht zerfressener Lungen, steinreicher Gallenblasen sowie gebrochener Knochen. Ein mit uns befreundeter Arzt, Leiter dieses Ambulatoriums, behauptete jedoch mit Recht, dass selbst im Falle der schärfsten nächtlichen Razzia den Gestapomännern nie und nimmer in den Sinn käme, dort nachzusehen, und dass wir nur dort sicher schlafen könnten.

Die scheinbar absolute Ruhe dauerte an bis zum April, bis zu einem Freitag in der zweiten Monatshälfte, als unvermutet ein Sturmwind der Angst durchs Getto fegte. Der schien ungerechtfertigt, denn sobald man Leute fragte, weshalb sie erschreckt und verstört sind und was denn ihrer Meinung nach passieren werde, wusste keiner etwas Konkretes zu erwidern. Nichtsdestotrotz wurden gleich nach dem Mittag alle Läden abgesperrt, und die Menschen verbargen sich in den Häusern.

Ich war mir nicht sicher, wie sich das mit den Cafés verhielt. Ich ging wie gewöhnlich zum »Sztuka«, aber auch das »Sztuka« war fest verriegelt. Ich war umso nervöser auf meinem Heimweg, als ich trotz aller Anstrengungen, Nachfragen bei üblicherweise gut informierten Bekannten einfach nicht herausbekommen konnte, worum es ging. Niemand wusste es.

Bis elf Uhr wachten wir alle angezogen, doch da draußen alles still blieb, beschlossen wir, ins Bett zu gehen. Wir waren beinah sicher, dass die Panik aus sinnlosen Gerüchten entstanden war. Morgens ging als Erster Vater in die Stadt und kam nach ein paar Minuten bleich und verängstigt zurück: Die Deutschen waren nachts in vielen Häusern gewesen, hatten etwa siebzig Männer auf die Straße gezerrt und sie erschossen. Die Leichen waren bislang noch nicht eingesammelt worden.

Was hatte denn das nun wieder zu bedeuten? Was hatten ihnen diese Menschen getan? Wir waren entsetzt und empört.

Die Antwort erhielten wir erst am Nachmittag. In den leeren Straßen waren Plakate geklebt worden. Die deutschen Behörden benachrichtigten uns, dass sie gezwungen gewesen waren, eine Säuberung unseres Stadtteils von »unerwünschten Elementen« durchzuführen, dass diese Aktion jedoch nicht den loyalen Teil der Bevölkerung beträfe, dass unverzüglich Läden und Cafés wieder geöffnet werden müssten und die Menschen zu ihrem normalen Leben zurückkehren sollten, dem keine Gefahr drohte.

loyalen hier: folgsamen

Der darauffolgende Monat verlief in der Tat friedlich. Es war Mai, und sogar im Getto blühte in den spärlich da und dort vorhandenen Gärtchen der Flieder, und von den Akazien hingen die Dolden herab, die Tag um Tag weißer wurden, und als sie sich gerade voll entfalten wollten, da erst gedachten die Deutschen unser erneut. Doch diesmal gab es eine Variation: Nicht sie selber sollten sich mit uns befassen, vielmehr hatten sie die Aufgabe einer Menschenjagd der jüdischen Polizei und dem jüdischen Arbeitsamt übertragen.

Henryk hatte recht gehabt, nicht in die Polizei eintreten zu wollen und sie Banditen zu nennen. Überwiegend setzte sie sich aus jungen Leuten der wohlhabenden Schicht zusammen, wir hatten eine Menge Bekannte unter ihnen, und umso größer war dann der Abscheu, wenn man sah, wie sich vor Kurzem noch anständige Menschen, denen man die Hand gegeben und die man wie Freunde behandelt hatte, in Kanaillen verwandelten. Sie waren angesteckt worden vom Geist der Gestapo, so ließ sich das vielleicht beschreiben. Mit dem Moment, da sie die Uniform anzogen, die Polizeimützen aufsetzten und den Gummiknüppel in die Hand bekamen, wurden sie gemein. Ihr größter Ehrgeiz bestand von nun an darin, Kontakte mit Gestapoleuten anzuknüpfen, ihnen dienstbar zu sein, mit ihnen die Straße entlang zu paradieren, sich mit deutschen Sprachkenntnissen großzutun und in der Härte der Methoden, die gegenüber der jüdischen Bevölkerung angewendet wurden, ihre Chefs zu übertreffen. Was sie nicht daran hinderte, ein Polizeijazzorchester zu gründen, das übrigens großartig war.

Kanaillen Schurken

paradieren in Paradeform schreiten

Bei dieser Menschenjagd im Mai umzingelten sie die Straßen mit einer Perfektion, die rassereiner SS-Männer würdig gewesen wäre, sie tummelten sich in ihren eleganten Uniformen, schrien, nach dem Vorbild der Deutschen, laut und brutal und prügelten mit ihren Gummiknüppeln auf die Menschen ein.

SS-Männer → Seite 269

Ich war noch zu Hause, als Mutter mit der Nachricht von der Menschenjagd hereingestürzt kam: Sie hatten Henryk geschnappt. Ich beschloss, ihn um jeden Preis freizubekommen. Obwohl ich allein auf meine Popularität als Pianist zählen konnte, die Papiere hatte ich selber nicht in Ordnung. Durch eine Reihe von Kordons, gepackt und wieder losgelassen, drang ich bis zum Gebäude des »Arbeitsamtes« vor. Von der Polizei wie von Hütehunden aus allen Richtungen herbeigetrieben, standen gleich einer Hammelherde Männer davor, und alle Augenblicke vermehrte sich die Herde durch neue Partien aus den umliegenden Straßen. Mit Mühe schaffte ich es, bis zum stellvertretenden Arbeitsamtsdirektor vorzudrin-

Kordons Postenketten

gen, und erhielt die Zusage, dass Henryk noch vor Einbruch der Dunkelheit wieder zu Hause sein würde.

Und so geschah es dann auch, nur – und das kam für mich völlig unerwartet – dass Henryk wütend auf mich war! Seiner Meinung nach hätte ich mich nicht so weit erniedrigen dürfen, als Bittsteller vor solchen Lumpen wie die von Polizei und Arbeitsamt zu erscheinen.

»Es wäre also besser gewesen, wenn sie dich abtransportiert hätten?!«

»Das geht dich gar nichts an!«, knurrte er zurück. »Mich wollten sie verfrachten und nicht dich, warum mischst du dich in fremde Angelegenheiten ...«

Ich zuckte die Achseln. Wie sollte man sich mit einem Verrückten streiten?

Abends wurde eine Verschiebung der Polizeistunde auf Mitternacht verkündet, damit die Familien der »zur Arbeit Geschickten« Zeit hatten, ihnen Decken, Wäsche zum Wechseln und Wegzehrung hinzubringen. Wahrhaft rührend war diese »Großzügigkeit« der Deutschen, und die jüdischen Polizisten hoben sie hervor, um unser Vertrauen zu gewinnen.

Erst bedeutend später erfuhr ich, dass man die eingefangenen tausend Männer aus dem Getto direkt ins Lager Treblinka gebracht hat, um an ihnen die Wirkkraft der frisch erbauten Gaskammern und Krematoriumsöfen auszuprobieren.

Gaskammern und Krematoriumsöfen
→ Seite 269

Wieder verging ein Monat völligen Friedens bis zu jenem Abend mit dem Junigemetzel im Getto. Wir waren zu weit entfernt, um zu ahnen, was dann eintreten sollte. Es war heiß, und nach dem Abendbrot zogen wir die Schatten spendenden Rouleaus im Esszimmer hoch und öffneten weit die Fenster, um ein wenig kühlere Abendluft zu atmen. Das Fahrzeug der Gestapo war so schnell beim Haus gegenüber vorgefahren und so schnell fielen die Warnschüsse, dass, noch ehe wir es schafften, vom Tisch aufzuspringen und ans Fenster zu stür-

Rouleaus Rollvorhänge

zen, das Tor jenes Hauses bereits offen stand und das Gebrüll der SS-Männer aus seinem Inneren drang. Die Fenster dort waren ebenfalls geöffnet und dunkel, doch lebhafte Unruhe war dahinter zu vernehmen, verschreckte Gesichter tauchten aus der Dunkelheit auf und zogen sich rasch wieder zurück. Mit den Deutschen, die die Treppe hochstiefelten, ging das Licht an, Stockwerk für Stockwerk. Uns direkt gegenüber wohnte eine Kaufmannsfamilie, die wir vom Sehen gut kannten. Als auch dort das Licht aufflammte und SS-Männer in Helmen und mit schussbereiten Maschinenpistolen ins Zimmer stürmten, saßen die Bewohner, so wie auch wir vor einem Augenblick, um den Tisch, reglos vor Entsetzen. Der Unteroffizier, der die Abteilung anführte, nahm das als persönliche Beleidigung. Vor Entrüstung hatte es ihm die Sprache verschlagen. Stumm stand er da und ließ den Blick über die am Tisch Sitzenden schweifen, und erst nach einer Weile brüllte er wutschnaubend:

»Aufstehen!«

Sie erhoben sich, so schnell sie konnten, mit Ausnahme des Familienoberhauptes, eines Greises mit gelähmten Beinen. Der Unteroffizier kochte vor Wut. Er trat an den Tisch, stemmte sich mit den Armen darauf, heftete starr den Blick auf den Gelähmten und grölte zum zweiten Mal:

»Aufstehen!«

Der alte Mann stützte sich fest auf die Sessellehnen, unternahm verzweifelte Anstrengungen, doch vergeblich. Noch ehe wir fassen konnten, was da vor sich ging, waren die Deutschen über den Kranken hergefallen, hatten ihn mitsamt dem Sessel hochgerissen, trugen den Sessel auf den Balkon hinaus und warfen ihn aus dem dritten Stock auf die Straße hinunter.

Mutter schrie und hielt sich die Augen zu. Der Vater rannte vom Fenster weg weit ins Zimmer hinein. Halina eilte zu ihm, und Regina legte Mutter den Arm um die Schulter und sagte in befehlendem Ton ziemlich laut und sehr deutlich: »Ruhe!«

Henryk und ich konnten uns nicht vom Fenster losreißen. Wir sahen, wie der Greis noch Sekunden im Sessel hing, und dann kippte er heraus, und wir hörten den Sessel separat aufs Pflaster stürzen und das Aufklatschen eines menschlichen Körpers auf den Gehwegplatten. Wir standen stumm und starr, außer Stande, uns zurückzuziehen oder den Blick von dem, was dort geschah, abzuwenden.

Unterdessen hatte die SS schon ein paar Dutzend Männer auf die Straße hinausgeführt. Sie schalteten die Autoscheinwerfer ein, zwangen die Gefassten, in deren Schein Aufstellung zu nehmen, ließen den Motor an und befahlen diesen Menschen, in dem weißen Lichtkegel vor sich hin zu laufen. Aus den Fenstern des Hauses hörte man krampfhaftes Schreien, gleichzeitig eine Maschinengewehrsalve vom Auto her. Die vor dem Auto Herlaufenden fielen einer nach dem anderen, von den Kugeln in die Höhe gerissen, sich überschlagend, sich im Kreis drehend, als würde der Übergang vom Leben zum Tod in einem ungemein schwierigen und komplizierten Sprung bestehen. Nur einem von ihnen gelang es, aus dem Lichtkegel heraus zur Seite zu springen. Er rannte unter dem Aufgebot all seiner Kräfte, und es sah ganz so aus, als würde er die Querstraße erreichen. Doch das Auto hatte für solche Fälle einen weiter oben befestigten Drehscheinwerfer. Der grellte auf, tastete nach dem Flüchtling, erneut knatterte eine Salve, und jetzt war jener an der Reihe, in die Höhe zu springen: Er hob die Arme über den Kopf, bog sich im Sprung zurück und fiel auf den Rücken.

Die SS-Männer stiegen alle in den Wagen und fuhren los, über die toten Leiber hinweg, auf denen das Kraftfahrzeug ein wenig ins Schwanken geriet, wie bei geringfügigen Schlaglöchern.

Diese Nacht wurden im Getto an die hundert Menschen erschossen, doch diese Aktion machte längst nicht mehr den Eindruck wie die erste. Läden und Cafés waren anderntags wie üblich geöffnet.

Die Leute interessierte übrigens jetzt etwas anderes: Zur täglichen Beschäftigung der Deutschen war das Filmen geworden. Warum? Sie fielen in ein Restaurant ein, befahlen der Bedienung, die Tische mit den besten Speisen und Getränken vollzustellen, den Leuten im Lokal befahlen sie zu lachen, zu essen und zu trinken, und die sich so Amüsierenden bannten sie auf Zelluloid. Sie filmten Operettenaufführungen, die im Kino »Femina« in der Leszno-Straße stattfanden, und die ebenfalls dort einmal die Woche stattfindenden Sinfoniekonzerte unter der Leitung von Marian Neuteich. Dem Vorsteher der Gemeindeverwaltung legten sie nahe, einen luxuriösen Empfang zu geben und alle Notablen des Gettos einzuladen, und auch diesen Empfang filmten sie. Eines Tages schließlich trieben sie eine gewisse Anzahl Männer und Frauen ins Bad, befahlen ihnen, sich völlig zu entkleiden und sich in einem Raum zu waschen, und diese kuriose Szene filmten sie ebenfalls genau. Erst viel, viel später erfuhr ich, dass diese Filme für die deutsche Bevölkerung im Reich und im Ausland bestimmt waren. Am Vortag der Liquidierung des Gettos sollten diese Filme für den Fall, dass Nachrichten von der Aktion nach draußen durchsickerten, die beunruhigenden Gerüchte Lügen strafen. Sie sollten bestätigen, wie prächtig es den Juden in Warschau erging, und auch, wie unmoralisch und verachtenswert sie sind, sofern jüdische Männer und Frauen das Bad gemeinsam nutzen, wobei sie sich schamlos entblößen, die einen vor den Augen der anderen.

Notablen **angesehenen Bürger**

Liquidierung **Vernichtung, Zerstörung**

Mehr oder weniger zur selben Zeit begannen im Getto in immer kürzeren Abständen immer beunruhigendere Gerüchte zu kursieren, obwohl sie, wie üblich, haltlos waren und man niemanden ausmachen konnte, auf den sie zurückgingen oder der zumindest hätte bestätigen können, dass das Gerede auf Fakten basierte. Man begann ganz einfach eines Tages davon zu reden, wie schrecklich zum Beispiel die Lebensbedingungen im Getto von Łódź sind, wo man die Juden gezwungen hat, eigenes, eisernes Geld in Umlauf zu setzen, für das man außerhalb nichts kaufen kann, und nun sterben sie zu Tausenden am Hunger. Die einen nahmen sich diese Kunde sehr zu Herzen, andere – zum einen Ohr rein, zum anderen raus. Nach geraumer Zeit hörte man auf, von Łódź zu reden, und fing dafür mit Lublin und Tarnów an, wo man angeblich die Juden mit Gas vergiftete, was jedoch niemand glauben wollte. Glaubhafter erschien das Gerücht, dass in Polen die jüdischen Gettos bis auf vier Zentren beschränkt werden würden: auf Warschau, Lublin, Krakau und Radom. Dann begann man zur Abwechslung, von der Umsiedlung des Warschauer Gettos nach Osten zu faseln, in Transporten zu sechstausend Menschen täglich. Nach Meinung einiger hätte man diese Aktion längst in Angriff genommen, wenn es da nicht die mysteriöse Konferenz in der Verwaltung unserer Gemeinde gegeben hätte, bei der es gelungen war, die Gestapo dazu zu bewegen – bestimmt auf dem Wege der Bestechung –, auf unsere Umsiedlung zu verzichten. Am 18. Juli, einem Sonnabend, sollten Goldfeder und ich an einem Konzert im Café »Pod Fontanną« (»Zum Springbrunnen«) in der Leszno-Straße zu Gunsten des bekannten Pianisten Leon Boruński, Preisträger des Chopin-Wettbewerbs, teilnehmen, der tuberkulosekrank und ohne jeden Lebensunterhalt im Getto in Otwock daniederlag. Der Kaffeehausgarten war überfüllt. An die vierhundert Personen der gesellschaftlichen Elite und Pseudoelite waren zusammengekommen. An die letzte »Massenveranstaltung« erinnerte sich kaum noch jemand, und wenn Aufregung herrschte unter den Leuten, dann aus völlig anderem

mysteriöse **rätselhafte**

Plutokratie Geldherrschaft
Parvenüs Emporkömmlinge
Hauskomitees Ausschüsse

Grund: Die feinen Damen aus der Plutokratie und die schicken Parvenüs waren überaus gespannt, ob Frau L. heute Frau K. grüßen würde, beide Damen engagierten sich in der Wohltätigkeit. Lebhaft nahmen sie teil an den Aktionen der Hauskomitees, die in vielen wohlhabenderen Häusern entstanden waren, um den Armen zu helfen. Diese Wohltätigkeit war insofern besonders angenehm, da man sie mit Hilfe häufiger Bälle in Gang setzte, auf denen man tanzte, sich amüsierte und trank, und die erzielten Einnahmen zu wohltätigen Zwecken stiftete.

Anlass für die Missstimmung zwischen beiden Damen war ein Vorfall, der sich vor ein paar Tagen im »Sztuka« zugetragen hatte. Beide Damen waren sehr hübsch, doch jede auf eine andere Weise. Sie verabscheuten einander aus vollem Herzen und bemühten sich redlich, einander die Verehrer abspenstig zu machen, unter denen Maurycy Kohn, Straßenbahneigner und Gestapoagent, ein Mann mit dem attraktiven sensiblen Gesicht eines Schauspielers, der größte Leckerbissen war.

An jenem Abend im »Sztuka« hatten sich beide famos amüsiert. Sie saßen an der Bar, jede im kleinen Kreis ihrer Verehrer, und suchten sich bei der Bestellung der exquisitesten Getränke und der snobistischsten Schlager, die der Akkordeonspieler des Jazzorchesters an den Tischen spielte, zu überbieten. Frau L. brach als Erste auf. Sie ahnte nicht, dass unterdessen eine vom Hunger aufgedunsene Frau, die sich die Straße entlanggeschleppt hatte, direkt vor der Tür zur Bar hingestürzt und gestorben war. Vom Barlicht geblendet, stolperte L. beim Hinausgehen über die Tote. Als sie die Leiche sah, bekam sie Krämpfe und konnte sich nicht beruhigen. Ganz anders Frau K., die man inzwischen von dem Geschehnis hatte in Kenntnis setzen können. Als sie zur Tür hinaustrat, entfuhr ihr ein Schreckensschrei, doch unverzüglich, wie von der Tiefe ihres Mitleids überwältigt, trat sie zu der Toten, dann entnahm sie ihrem Handtäschchen 500 Złoty und reichte das Geld dem hinter ihr gehenden Kohn mit den Worten:

»Bitte, machen Sie das für mich. Und sorgen Sie dafür, dass sie beerdigt wird.«

Eine der Damen aus ihrer Gesellschaft flüsterte, dass alle es hören konnten:

»Ein Engel, wie immer!«

Frau L. konnte dies Frau K. nicht verzeihen. Sie nannte sie tags darauf »ein niederträchtiges Weibsstück« und erklärte, sie niemals mehr grüßen zu wollen. Heute sollte die eine wie die andere im Café »Pod Fontanną« erscheinen, und die Jeunesse dorée des Gettos hielt nun neugierig Ausschau, wie das jetzt werden würde mit dem Gruß.

Jeunesse dorée »Schicki-Micki«-Gesellschaft

Ein Teil des Konzerts war mittlerweile beendet, und Goldfeder und ich traten auf die Straße hinaus, um in aller Ruhe eine Zigarette zu rauchen. Wir hatten uns angefreundet, traten ein Jahr lang zu zweit auf, und heute gibt es auch ihn nicht mehr, obwohl er scheinbar größere Aussichten zu überleben hatte als ich! Er war sowohl ein ausgezeichneter Pianist als auch Jurist. Er hatte gleichzeitig das Konservatorium und die juristische Fakultät absolviert, doch, übermäßig streng gegen sich selbst, gelangte er zu dem Schluss, dass er kein Pianist der Höchstklasse werden konnte, und trat in den Advokatenstand ein; erst während des Krieges wurde er erneut Pianist.

Konservatorium Musikhochschule

Advokaten Rechtsanwälte

Er war ungewöhnlich populär und beliebt im Vorkriegswarschau, dank seiner Intelligenz, seines persönlichen Charmes und seiner Eleganz. Es gelang ihm später, aus dem Getto zu fliehen und zwei Jahre bei dem Literaten Gabriel Karski zu überleben, der ihn bei sich versteckte. Eine Woche vor Einmarsch der sowjetischen Armee wurde er in einem kleinen Städtchen unweit des zerstörten Warschau von Deutschen erschossen.

Wir rauchten und plauderten und fühlten uns mit jedem

Atemzug weniger erschöpft. Der Tag war so wunderschön! Die Sonne war bereits hinter den Häusern verschwunden, nur die Dächer und die Fenster der oberen Stockwerke glommen noch purpurn. Das satte Dunkelblau des Himmels erkaltete zu einem blässlichen Blau, aufgeschrammt vom Flug der Schwalben. Die Menschenmenge auf der Straße lichtete sich, und sie wirkte sogar weniger schmutzig und weniger unglücklich, wie sie da ging, eingetaucht in den blau-purpurn und mattgoldenen Schimmer dieses Abends.

Irgendwann erspähten wir Kramsztyk, der uns entgegenkam. Wir freuten uns beide: Kramsztyk musste hineingelotst werden zum zweiten Teil des Konzerts. Er hatte versprochen, mein Porträt zu malen, und ich wollte mit ihm die Einzelheiten besprechen.

Er ließ sich jedoch nicht überreden. Er war wie ausgelöscht, in sich zusammengekrümmt und von tiefschwarzen Gedanken erfüllt. Vor einer Weile hatte er aus zuverlässiger Quelle erfahren, dass die nahe bevorstehende Aussiedlung des Gettos diesmal unvermeidlich ist: Auf jener Seite der Mauer war bereits das deutsche »Vernichtungskommando«, aktionsbereit, zum Dienst angetreten.

8 Der bedrohte Ameisenhaufen

Zu dieser Zeit unternahmen Goldfeder und ich Anstrengungen, ein Mittagskonzert zum Jahrestag des Bestehens unseres Duos auf die Beine zu stellen. Es sollte am Sonnabend, dem 25. Juli 1942, im Garten des »Sztuka« stattfinden. Wir waren Optimisten. Uns lag sehr an dem Konzert, auf dessen Vorbereitung wir viel Mühe verwandt hatten. Jetzt, am Vortag des Ereignisses, konnten wir einfach nicht glauben, dass es nicht zu Stande kommen sollte. Wir vertrauten einfach darauf, dass sich die Gerüchte über eine Aussiedlung auch diesmal wieder als haltlos erweisen würden. Am Sonntag, dem 19. Juli, trat ich noch im Garten eines Cafés in der Nowolipki-Straße auf, ohne zu ahnen, dass dies mein letzter Auftritt im Getto sein würde. Das Gartenlokal war gefüllt bis an den Rand, doch die Stimmung eher bedrückt.

Nach dem Auftritt schaute ich beim »Sztuka« vorbei. Es war spät, niemand mehr im Lokal. Nur das Personal eilte noch geschäftig hin und her, um die restlichen Tagespflichten zu erledigen. Ich setzte mich für einen Augenblick zum Barchef. Er war niedergeschlagen und traf seine Anordnungen ohne Überzeugung, mehr der Form halber.

»Bereiten Sie das Lokal schon für unseren Sonnabendauftritt vor?«, sprach ich ihn an.

Er sah mich an, als wüsste er nicht, wovon ich redete, doch dann malte sich in seinen Zügen ironisches Mitleid mit meiner Unkenntnis von den Vorkommnissen, die längst eine ganz und gar andersartige Wendung des Gettogeschicks besiegelt hatten.

»Meinen Sie wirklich, dass wir am Sonnabend noch am Leben sind?«, fragte er mit Nachdruck und beugte sich über das Tischchen zu mir hinüber.

»Ich bin sicher!«, erwiderte ich.

Da, als habe meine Antwort ihm neue Perspektiven der Errettung eröffnet und als hinge diese Errettung jetzt von mir ab, ergriff er meine Hand und sagte mit Feuereifer:

»Wenn wir dann noch leben, dürfen Sie hier am Sonnabend auf meine Kosten ein Abendessen verzehren, wie Sie selber es wünschen, und …«, hier zögerte er eine Sekunde, doch dann entschied er sich wohl, aufs Ganze zu gehen, und fuhr fort: »Die besten Getränke, die der Keller des ›Sztuka‹ zu bieten hat, dürfen Sie auf meine Kosten bestellen, und auch so viel Sie wollen!«

Den Gerüchten nach sollte die Aussiedlungsaktion in der Nacht vom Sonntag auf den Montag anfangen. Die Nacht ging jedoch friedlich vorüber, und am Montagmorgen waren die Menschen schon wieder guten Mutes. Vielleicht stimmte ja doch wieder alles nicht?

Doch gegen Abend brach erneut Panik aus: Nach den neuesten Nachrichten sollte die Aktion diese Nacht mit der Aussiedlung des Kleinen Gettos beginnen, diesmal mit Bestimmtheit. Über die Brücke, die die Deutschen über die Chłodna errichtet hatten, um uns die letzten Möglichkeiten des Kontakts mit dem »arischen« Viertel zu nehmen, begannen aufgeregte Menschenmassen mit Bündeln, Riesenkoffern, mit Kindern aus dem Kleinen Getto ins Große zu wandern, um es noch vor der Polizeistunde zu schaffen, aus dem bedrohten Viertel herauszukommen. Wir blieben, unserer fatalistischen Einstellung gemäß, an Ort und Stelle. Am späten Abend erhielten die Nachbarn Nachricht aus dem Kommissariat der polnischen Polizei, dass Alarm angeordnet sei. Also bereitete sich in der Tat etwas Schlimmes vor. Bis vier Uhr morgens kriegte ich kein Auge zu, wachte beim offenen Fenster, doch auch diese Nacht ging friedlich vorüber.

fatalistischen **schicksalsergebenen**

Am Dienstagmorgen gingen Goldfeder und ich zur Gemeinde. Wir hatten immer noch nicht die Hoffnung verloren, dass sich alles irgendwie fügen würde. Wir wollten in der Gemeinde eine offizielle Information über das Vorhaben der Deutschen hinsichtlich des Gettos in den nächsten Tagen haben. Wir waren schon fast vor dem Gebäude, als ein Auto mit offenem Verdeck an uns vorbeifuhr, in dem, von Gendarmen umringt, blass und barhäuptig der Abteilungsleiter Gesundheit in der Gemeinde, Oberst Kon, saß. Gleichzeitig hatte man viele andere jüdische Funktionäre verhaftet. Zugleich hatte in den Straßen eine scharfe Menschenjagd eingesetzt.

An demselben Tag kam es nachmittags zu einem Vorfall,

der ganz Warschau, zu beiden Seiten der Mauer, erschütterte: Ein bekannter polnischer Chirurg, eine Kapazität auf seinem Gebiet, Dr. Raszeja, Professor an der Universität Poznań, war ins Getto gerufen worden, um eine schwierige Operation durchzuführen. Beim Eingang hatte er vom Kommando der deutschen Gendarmerie in Warschau einen Passierschein erhalten, doch als er dann an Ort und Stelle war und mit dem Eingriff begonnen hatte, drangen SS-Männer in die Wohnung ein, erschossen den Patienten, der unter Narkose auf dem Operationstisch lag, danach den Operateur und später alle in der Wohnung anwesenden Hausbewohner.

Am Mittwoch, dem 22. Juli, ging ich gegen zehn Uhr morgens in die Stadt. Die Stimmung auf der Straße war etwas weniger angespannt als am Abend zuvor. Es war nämlich das beruhigende Gerücht in Umlauf, dass die Gemeindefunktionäre, die man gestern verhaftet hatte, wieder auf freien Fuß gesetzt worden seien. Vorläufig hatten die Deutschen also nicht die Absicht, uns auszusiedeln, da sie in solchen Fällen, wie uns aus der Provinz zu Ohren gekommen war, wo man viel kleinere jüdische Ansammlungen längst ausgesiedelt hatte, stets mit der Liquidierung der Gemeindeämter begannen.

Es war elf, als ich bei der Brücke über der Chłodna angelangt war. In Gedanken versunken, schritt ich dahin und bemerkte anfänglich nicht, dass die Leute auf der Brücke stehen blieben, auf irgendetwas mit dem Finger deuteten und, aufgeregt, hastig auseinandergingen.

Ich war gerade im Begriff, die Stufen des hölzernen Bogens hinaufzugehen, als mich ein Bekannter, den ich ziemlich lange nicht gesehen hatte, am Arm packte.

»Was machen Sie hier?« Er war ganz aufgewühlt, und als er sprach, zuckte seine Unterlippe so komisch, wie ein Hasenmäulchen. »Gehen Sie sofort nach Hause zurück!«

»Was ist denn los?«

»In einer Stunde beginnt die Aktion.«

»Unmöglich!«

»Unmöglich?« Er kicherte nervös, mit Bitterkeit. Er drehte mich zum Geländer um und deutete mit der Hand die Chłodna entlang. »Sehen Sie doch!«

Über die Chłodna marschierte eine Abteilung Soldaten in gelben, mir unbekannten Uniformen, angeführt von einem deutschen Unteroffizier. Alle paar Schritte kam die Abteilung zum Stillstand, und einer der Soldaten postierte sich an der uns umzingelnden Mauer.

»Ukrainer ... Wir sind eingekreist!« Das Wort schluchzte er mehr hervor, als dass er es sprach, dann stürmte er, ohne sich zu verabschieden, die Treppe hinab.

Um zwölf begann tatsächlich die Räumung der Alters- und Invalidenheime, der Nachtasyle, in denen die ins Warschauer Getto geworfenen Juden aus der Umgebung von Warschau sowie die aus Deutschland, der Tschechoslowakei, Rumänien oder Ungarn Ausgesiedelten hausten. Nachmittags schon hingen in der Stadt Plakate, die den Beginn der Umsiedlungsaktion für alle arbeitsunfähigen Juden nach Osten bekanntgaben. Jeder durfte 20 kg Gepäck mitnehmen, Lebensmittel für zwei Tage und – Schmuck. Arbeitsfähige sollten an Ort und Stelle kaserniert und in den örtlichen deutschen Fabriken zur Arbeit eingesetzt werden. Befreit davon sollten nur die Angestellten jüdischer Sozialeinrichtungen und der Gemeinde sein. Zum ersten Mal trug eine Bekanntmachung nicht die Unterschrift des Vorsitzenden der Gemeindeverwaltung. Ing. Czerniaków hatte mittels Zyankali Selbstmord begangen.

Absurdum Widersinnigkeit

So hatte also das Schlimmste, die Aussiedlung eines Stadtteils der Halbmillionenstadt, ein scheinbares Absurdum, an das niemand glauben wollte, dennoch begonnen.

In den ersten Tagen fand die Aktion nach dem Lotteriesystem statt. Häuser wurden umzingelt, wie es sich gerade so traf, bald in dem einen, bald in einem anderen Teil des Gettos. Mit einem Pfiff trieb man alle Bewohner auf den Hof und verlud ausnahmslos alle, ganz egal, welchen Geschlechts oder Alters, vom Säugling angefangen bis hin zum Greis, auf Pferdefuhrwerke und transportierte sie zum »Umschlagplatz«. Dann wurden die Opfer in Waggons gepfercht und ins Unbekannte verschickt.

In diesen ersten Tagen führte ausschließlich jüdische Polizei die Aktion durch, mit drei Henkersknechten, Oberst Szeryński, Hauptmann Lejkin und Hauptmann Ehrlich, an der Spitze. Sie waren nicht minder bedrohlich und erbarmungslos als die Deutschen. Vielleicht nur noch infamer als sie: Wenn sie Leute aufstöberten, die sich, anstatt in den Hof hinunterzugehen, irgendwo versteckt hatten, ließen sie sich leicht bestechen, aber nur mit Geld. Tränen, Flehen, selbst das verzweifelte Schreien der Kinder waren nicht im Stande, sie zu rühren.

infamer niederträchtiger

Da man die Läden geschlossen hatte und das Getto von jeglicher Warenzufuhr abgeschnitten war, begann sich schon nach ein paar Tagen der Hunger breit zu machen, diesmal allgemein. Niemand hatte den Kopf dafür, sich davon besonders aus der Fassung bringen zu lassen, es ging um Wichtigeres als den Hunger, um das Auftreiben von Arbeitsnachweisen.

Um ein Bild von unserem Leben in jenen grauenvollen Tagen und Stunden zu geben, fällt mir nur ein einziger Vergleich ein: ein bedrohter Ameisenhaufen.

Wenn der brutale Fuß eines gedankenlosen Dummkopfs mit seinem beschlagenen Stiefelabsatz den Bau dieser Insekten zu vernichten beginnt, laufen die Ameisen nach allen Seiten auseinander und tummeln sich immer emsiger auf der Suche nach Wegen und Rettungsmöglichkeiten, doch, ob von der Plötzlichkeit der Attacke wie betäubt oder in Anspruch genommen vom Geschick ihrer Nachkommenschaft und den

Restchen noch geretteter Habe, drehen sie sich, wie unter dem Einfluss von Gift, statt geradeaus und aus seiner Reichweite zu gehen, im Kreis, kehren auf den immer selben Bahnen zurück, zu immer denselben Plätzen, nicht im Stande, den tödlichen Ring zu verlassen, und – gehen zu Grunde. Genauso auch wir …

Dieser für uns entsetzliche Zeitraum war der Zeitraum der glänzendsten Geschäfte für die Deutschen. Deutsche Firmen schossen im Getto empor wie Pilze nach dem Regen; und jede war bereit, eine Arbeitsbescheinigung auszustellen, natürlich für bestimmte Tausender. Doch die Höhe dieser Summen schreckte die Leute nicht ab. Vor den Firmen standen Schlangen, die vor den Geschäftsbüros der wirklich wichtigen und großen Fabriken, wie Toebbens oder Schultz, zu Riesenschlangen anwuchsen. Diejenigen, die glücklich Arbeitsbescheinigungen errungen hatten, hefteten sich kleine Pappen mit dem Namen der Einrichtung, bei der sie angeblich tätig werden sollten, an die Kleidung. Sie glaubten sich damit vor der Aussiedlung zu schützen.

Ich hätte mit Leichtigkeit an eine solche Bescheinigung herankommen können, doch wieder nur – wie das schon bei dem Impfstoff gegen Typhus der Fall gewesen war – für mich allein. Von einem Ausstellen der Bescheinigungen für meine ganze Familie wollte keiner meiner Bekannten, selbst die mit den besten Verbindungen nicht, etwas hören. Sechs kostenlose Bescheinigungen, das war tatsächlich viel, doch selbst die niedrigste Summe für alle zu bezahlen konnte ich mir nicht erlauben. Ich verdiente von einem Tag auf den anderen, und das, was ich verdiente, aßen wir auf. Der Beginn der Aktion im Getto hatte mich mit ein paar hundert Złoty in der Tasche überrascht. Ich war von meiner Hilflosigkeit völlig gebrochen, auch vom Zusehen, wie meine reicheren Freunde mit Leichtigkeit ihre Familien absicherten. Ungepflegt, unrasiert, ohne einen Bissen rannte ich von früh bis spät umher, von einer Firma zur anderen, bettelnd, dass man sich erbarmte. Erst nach sechs Tagen, unter Geltendmachung sämtlicher Beziehungen, gelang es mir irgendwie, die Bescheinigungen aufzutreiben.

Ungefähr in der Woche vor Beginn der Aktion traf ich Roman Kramsztyk zum letzten Mal. Er war abgemagert und nervös, obwohl er es zu kaschieren versuchte. Er freute sich, mich zu sehen.

kaschieren **verbergen**

»Sie sind noch nicht auf Tournee?«, versuchte er zu scherzen.

»Nein«, erwiderte ich kurz angebunden. Mir war nicht nach Scherzen zumute. Dann stellte ich auch ihm die Frage, die man sich damals gegenseitig zu stellen pflegte:

»Was denken Sie? Siedeln sie uns alle aus?«

Er antwortete nicht auf meine Frage, sondern bemerkte ausweichend:

»Schlecht sehen Sie aus!« Er sah mich voller Mitgefühl an. »Sie nehmen sich das alles zu sehr zu Herzen.«

»Wie auch nicht?« Ich zuckte die Achseln.

Er lächelte, zündete sich eine Zigarette an, schwieg eine Weile, dann sagte er:

»Sie werden sehen, eines schönen Tages ist das alles zu Ende, denn …«, er ruderte mit den Armen, »denn das hat doch schließlich keinen Sinn …«

Er sagte das mit komischer, ein wenig ratloser Überzeugung, als könnte die Sinnlosigkeit von Geschehnissen zur Not ein ausreichendes Argument dafür sein, dass sie aufhörten.

Sie hörten leider nicht auf. Alles wurde sogar noch schlimmer, als in den darauf folgenden Tagen Litauer und Ukrainer in die Aktion mit einbezogen wurden. Sie waren genauso bestechlich wie die jüdische Polizei, wenn auch auf eine andere Art. Sie nahmen Schmiergelder, aber gleich nachdem sie sie erhalten hatten, mordeten sie die Menschen, von denen sie das Geld genommen hatten. Sie mordeten überhaupt gern: aus Sport, um sich die Arbeit zu erleichtern, als Schießtraining oder auch nur einfach zum Spaß. Sie töteten Kinder vor den Augen ihrer Mütter und amüsierten sich über deren Verzweiflung. Sie schossen Menschen in den Bauch, um zu sehen, wie sie sich quälten, oder ein paar von ihnen schleuderten aus einiger Entfernung Handgranaten nach ihren in einer Reihe aufgestellten Opfern, um sich zu messen, wer besser traf. Jeder Krieg schwemmt Bruchteile von Volksgruppen an die Oberfläche, die zu feige sind, offen kämpfen zu wollen, zu armselig, irgendeine selbstständige politische Rolle spielen zu können, schändlich genug, die Funktion von bezahlten Henkern für eine der kämpfenden Mächte zu übernehmen. In diesem Krieg waren das die ukrainischen und litauischen Faschisten.

Faschisten
→ Seite 269

Als einer der Ersten nach ihrem Eingreifen in die Aussiedlungsaktion kam Roman Kramsztyk ums Leben. Nachdem das Haus, in dem er wohnte, umstellt war, ging er auf den Pfiff hin nicht auf den Hof hinunter. Er zog es vor, bei sich, inmitten seiner Bilder, erschossen zu werden.

Etwa zur gleichen Zeit fanden die Gestapoagenten Kon und Heller ihr Ende. Sie hatten sich nicht schlau genug etabliert oder vielleicht zu sparsam. Sie bezahlten nur eine der Warschauer SS-Zentralen, und ihr Pech war es, dass sie ausgerechnet Männern der anderen in die Hände fielen. Die vorgelegten Legitimationen, die von der konkurrierenden SS-Abteilung ausgestellt waren, versetzten die Rivalen in noch größere Wut. Sie beschränkten sich nicht darauf, Kon und Heller zu erschießen, sondern ließen Abfallwagen herbeischaffen. Und auf diesen, zwischen Müll und Unrat, absolvierten die beiden Potentaten ihre letzte Fahrt durchs Getto – in ein Massengrab.

Legitimationen
Ausweispapiere

Die Ukrainer und Litauer hörten auf, den Arbeitspapieren

Beachtung zu schenken. Meine ganze sechstägige Anstrengung zum Zwecke ihres Erwerbs war vergebens gewesen. Man musste wirklich arbeiten. Wie sollte man das anstellen? Ich verlor restlos den Mut. Jetzt lag ich ganze Tage auf dem Bett, lauschte auf die Geräusche, die von der Straße heraufdrangen. Jedes Rumpeln von Rädern übers Pflaster versetzte mich erneut in panische Furcht. Das da waren die Fuhrwerke, die die Menschen zum Umschlagplatz brachten, andere fuhren doch jetzt nicht durchs Getto, und jedes dieser Fuhrwerke wiederum konnte vor unserem Haus anhalten, und jeden Augenblick konnte auf dem Hof der Pfiff ertönen. Ich sprang aus dem Bett, hastete zum Fenster und legte mich wieder hin. Und sprang wieder auf.

Aus unserer ganzen Familie benahm nur ich mich so schändlich schwach. Vielleicht eben deshalb, weil ich allein wegen meiner Popularität uns noch irgendwie retten konnte, und ich fühlte mich dafür verantwortlich.

Eltern und Geschwister wussten, dass sie hilflos waren. Sie konzentrierten ihre ganze Anstrengung darauf, sich zu beherrschen und die Fiktion eines normalen Tagesablaufs aufrechtzuerhalten. Vater spielte von morgens bis abends Geige, Henryk studierte, Regina und Halina lasen, und Mutter flickte unsere Wäsche.

Fiktion **falsche Annahme**

Auch diesmal wieder hatten die Deutschen eine gute Idee, wie sie sich ihre Aufgabe erleichtern konnten. An den Mauern der Stadt tauchten Bekanntmachungen auf, die darüber informierten, dass alle, die sich freiwillig zur »Ausreise« mit ihren Familien auf dem Umschlagplatz einfanden, einen Laib Brot und 1 kg Marmelade pro Person erhielten und dass solche Freiwilligenfamilien nicht getrennt würden. Ein Massenansturm setzte ein, sowohl unter dem Einfluss des Hungers als auch in der Hoffnung, gemeinsam die unbekannten, schweren Schicksalswege zu gehen.

Uns kam unerwartet Goldfeder zu Hilfe. Er hatte die Möglichkeit, eine bestimmte Anzahl von Personen in der Sammelstelle beim Umschlagplatz unterzubringen, wo die Möbel und die Sachen aus den Wohnungen der bereits ausgesiedelten Juden sortiert wurden. Er brachte mich zusammen mit Vater und Henryk unter, und uns gelang es dann, die Schwestern und Mutter nachzuziehen, die allerdings nicht mit uns arbeitete, sondern unseren neuen »Haushalt« betreute in dem Gebäude, wo wir kaserniert waren. Ein ziemlich schlichter Haushalt: Wir erhielten jeder einen halben Laib Brot und einen Viertelliter Suppe täglich; es ging nur darum, geschickt dosiert zu essen, um den Hunger, so gut es eben ging, zu überlisten.

Meine erste Arbeit bei den Deutschen. Von morgens bis abends schleppte ich Möbel, Spiegel, Teppiche, Leib- und Bettwäsche oder auch Kleidungsstücke – Sachen, die noch vor wenigen Tagen jemandem gehört und das individuelle Gesicht eines Interieurs ausgemacht hatten, bewohnt von Menschen mit Geschmack oder ohne, vermögenden oder armen, guten oder bösen. Nunmehr waren es Niemandsdinge, herabgewürdigt zu Stapeln und Haufen, misshandelt, und nur manchmal, wenn ich einen Arm voll Wäsche wegtrug, stieg ganz zart wie eine Erinnerung der schwache Duft von einem Lieblingsparfum daraus auf, oder farbige Monogramme auf weißem Grund wurden eine Sekunde lang sichtbar. Damals hatte ich übrigens keine Zeit, darüber nachzugrübeln. Jeder Augenblick der Versonnenheit oder auch nur Unaufmerksamkeit brachte einen schmerzhaften Schlag oder Tritt ein, mit dem Gummiknüppel oder dem eisenbeschlagenen Stiefel eines Gendarms, und er konnte das Leben kosten, wie jene junge Leute, die man auf der Stelle erschoss, weil sie einen Salonspiegel fallen gelassen und zerschlagen hatten. Am 2. August in der Früh wurde angeordnet, dass die Juden bis sechs Uhr abends desselben Tages das Kleine Getto zu verlassen

Interieur Inneneinrichtung

Monogramme Anfangsbuchstaben

hatten. Mir gelang es, freizukriegen und mit Hilfe eines Handwagens, was sich als ziemliche Strapaze erwies, aus unserer Wohnung in der Śliska-Straße etwas Leib- und Bettwäsche, meine Kompositionen und eine Sammlung von Kritiken über mein Spiel und mein kompositorisches Schaffen sowie Vaters Geige zur Kaserne zu bringen. Es war unser ganzes Hab und Gut.

Eines Tages, um den fünften August, ich hatte mich kurz von der Arbeit losgerissen und ging die Gęsia entlang, wurde ich zufällig Zeuge des Abmarsches von Janusz Korczak und seinen Waisen aus dem Getto.

Evakuierung **Räumung**

Für jenen Morgen war die Evakuierung des jüdischen Waisenhauses, dessen Leiter Janusz Korczak war, befohlen worden. Die Kinder sollten allein abtransportiert werden; er selbst hatte die Möglichkeit, sich zu retten, und nur mit Mühe brachte er die Deutschen dazu, dass sie ihm erlaubten, die Kinder zu begleiten. Lange Jahre seines Lebens hatte er mit Kindern verbracht, und auch jetzt, auf dem letzten Weg, wollte er sie nicht allein lassen. Er wollte es ihnen leichter machen. Sie würden aufs Land fahren, ein Grund zur Freude, erklärte er den Waisenkindern. Endlich könnten sie die abscheulichen, stickigen Mauern gegen Wiesen eintauschen, auf denen Blumen wüchsen, gegen Bäche, in denen man würde baden können, gegen Wälder, wo es so viele Beeren und Pilze gäbe. Er ordnete an, sich festtäglich zu kleiden, und so, hübsch herausgeputzt, in fröhlicher Stimmung, traten sie paarweise auf dem Hof an.

Die kleine Kolonne führte ein SS-Mann an, der als Deutscher Kinder liebte, selbst solche, die er in Kürze ins Jenseits befördern würde. Besonders gefiel ihm ein zwölfjähriger Junge, ein Geiger, der sein Instrument unterm Arm trug. Er befahl ihm, an die Spitze des Kinderzuges vorzutreten und zu spielen – und so setzten sie sich in Bewegung.

Als ich ihnen in der Gęsia-Straße begegnete, sangen die

Kinder, strahlend, im Chor, der kleine Musikant spielte ihnen auf, und Korczak trug zwei der Kleinsten, die ebenfalls lächelten, auf dem Arm und erzählte ihnen etwas Lustiges.

Zyklon → Seite 269

Bestimmt hat der Alte Doktor noch in der Gaskammer, als das Zyklon schon die kindlichen Kehlen würgte und in den Herzen der Waisen Angst an die Stelle von Freude und Hoffnung trat, mit letzter Anstrengung geflüstert:

»Nichts, das ist nichts, Kinder …«, um wenigstens seinen kleinen Zöglingen den Schrecken des Übergangs vom Leben in den Tod zu ersparen.

Selektion → Seite 269

Am 16. August 1942 war schließlich die Reihe an uns. In der Sammelstelle hatte eine Selektion stattgefunden, und nur Henryk und Halina hatte man als weiterhin arbeitsfähig anerkannt. Vater, Regina und mir wurde befohlen, in die Kaserne zurückzukehren, und als wir dort auftauchten, wurde das Gebäude umstellt, und vom Hof ertönte der Pfiff.

Länger zu kämpfen lohnte nicht mehr. Ich hatte getan, was ich konnte, um die Meinen und mich zu retten. Eine Rettung war offenbar ohnehin unmöglich gewesen. Vielleicht würde es ja wenigstens Halina und Henryk besser als uns ergehen …

Eilig zogen wir uns an, während vom Hof Schreie und zur Eile antreibende Schüsse zu hören waren. Mutter packte zu einem Bündelchen, was bei der Hand war, und dann gingen wir die Treppe hinunter.

9 Der Umschlagplatz

obskuren fragwürdigen

Der Umschlagplatz lag am Rande des Gettos. Von einem Netz schmutziger Straßen, Gassen und Gässchen umgeben, hatte er vor dem Krieg trotz seines obskuren Aussehens Reichtümer beherbergt. Ein Nebengleis leitete aus der ganzen Welt Massen von Waren hierher, um die die jüdischen Kaufleute feilschten und die dann später von den Lagern in Nalewki und der Simonpassage aus die Warschauer Geschäfte versorgten. Der Platz bildete ein riesiges Oval, teilweise mit Häusern umstanden, teilweise eingezäunt, in das wie Bäche in einen Teich einige Querstraßen einmündeten, die ihn günstig mit der Stadt verbanden. An den Ausmündungen dieser Straßen mit Toren verschlossen, konnte jetzt seine Fläche bis zu achttausend Menschen fassen.

Als wir auf den Platz kamen, war er noch ziemlich leer. Leute liefen hin und her und suchten vergeblich nach Wasser. Es war ein wundervoller, heißer Spätsommertag. Der Himmel war blaugrau, als wollte er sich in Asche verwandeln durch die Glut, die der zerstampfte Boden und die blendenden Häuserwände ausspien, und die sengende Sonne presste aus den erschöpften Leibern das letzte Tröpfchen Schweiß.

Am Rande des Platzes, da, wo eine der Straßen einmündete, war es ganz leer. Alle umkreisten diese Stelle, ohne länger stehen zu bleiben, und blickten voller Entsetzen dorthin. Dort lagen die Leichen derer, die man gestern wegen irgendeines Vergehens, vielleicht sogar wegen Fluchtversuchs, ermordet hatte. Unter den Männerleichen waren die Leiche einer jungen Frau und zwei Mädchenleichen mit total zerschmetterten Schädeln. Man zeigte sich an der Mauer, unter der die Leichen lagen, deutliche Blutspuren und Gehirnspritzer. Die Kinder waren nach einer beliebten deutschen Methode ermordet worden: Man hatte sie an den Beinen gepackt und mit den Köpfen schwungvoll gegen die Mauer geschlagen. Über die Toten und die Fladen geronnenen Blutes auf der Erde spazierten große schwarze Fliegen, und fast sichtbar blähten sich die Leiber und verwesten in der Hitze.

Wir hatten uns in Erwartung des Zuges durchaus passabel etabliert. Mutter hatte auf dem Bündel mit Sachen Platz genommen, Regina kauerte neben ihr auf der Erde, ich stand, und Vater ging nervös, Hände auf dem Rücken, vier Schritte hin, vier Schritte zurück. Erst jetzt, im grellen Sonnenlicht, da es sinnlos geworden war, sich mit irgendwelchen trügerischen Rettungsplänen den Kopf zu beschweren, hatte ich Zeit, Mutter aufmerksam zu betrachten: Sie sah sehr schlecht aus, trotz ihrer scheinbar so vollkommenen Beherrschung. Ihr einstmals schönes, stets sorgfältig gepflegtes Haar, das unlängst noch kaum meliert war, hing ihr jetzt in Strähnen ins verhärmte, faltige Gesicht. Ihre schwarzen, strahlenden Augen waren wie von innen erloschen, und von der rechten Schläfe lief über die Wange bis zum Mundwinkel alle Augenblicke ein nervöses Zucken, das ich an Mutter zuvor nie bemerkt hatte und das verriet, wie verstört sie von allem war, was um uns herum vorging. Regina weinte mit vorgehaltenen Händen, und die Tränen liefen ihr durch die Finger.

An den Toren des Platzes fuhren in gewissen Abständen Wagen vor, und für die Umsiedlung bestimmte Menschenscharen wurden hier zusammengetrieben. Diese Ankömmlinge verbargen ihre Verzweiflung nicht: Die Männer redeten mit erhobenen Stimmen, und Frauen, denen man die Kinder genommen hatte, kreischten und schluchzten krampfhaft. Doch bald schon begann auch auf sie die Atmosphäre von Apathie und Stumpfheit zu wirken, die auf dem Umschlagplatz herrschte. Sie verstummten, und nur hier und da brach kurz eine Panik aus, wenn es einem vorübergehenden SS-Mann in den Sinn kam, auf jemanden zu schießen, der ihm nicht schnell genug aus dem Weg gegangen oder dessen Gesichtsausdruck nicht demütig genug gewesen war.

Unweit von uns saß eine junge Frau auf der Erde. Ihr Kleid war zerrissen, ihre Haare waren zerzaust, als wenn sie mit jemandem gekämpft hatte. Jetzt saß sie jedoch völlig ruhig, mit totenstarrem Gesicht und Augen, die unverwandt auf einen Punkt im Raum gerichtet waren. Mit gespreizten Fingern hielt sie sich an der Kehle und stieß von Zeit zu Zeit mit monotoner Regelmäßigkeit die Frage aus:

»Wozu hab' ich es erstickt?«

Ein junger Mann, der neben ihr stand, sicher ihr Ehemann, versuchte sie zu trösten und leise von etwas zu überzeugen, doch es schien nicht bis in ihr Bewusstsein vorzudringen.

Unter den auf den Platz Getriebenen trafen wir immer mehr Bekannte. Sie kamen zu uns, begrüßten uns, und aus Gewohnheit versuchten sie etwas wie Konversation zu machen, aber nicht lange, und das Gespräch brach ab. Man trat beiseite, um eher in Einsamkeit seine Unruhe zu bewältigen.

Konversation **gesellige Unterhaltung**

Die Sonne stieg höher und höher, brannte immer heißer, und immer empfindlicher quälten uns Hunger und Durst. Unsere letzte Portion Brot und Suppe hatten wir am Abend zuvor gegessen. Es fiel schwer, auf einer Stelle auszuharren, und ich beschloss, über den Platz zu gehen. Vielleicht war es besser so?

Mit dem Zustrom von Menschen wurde es immer enger, und man musste Gruppen von Stehenden und Liegenden ausweichen. Alle sprachen über dasselbe Thema: Wohin man uns bringen werde, und ob es wirklich zur Arbeit gehe, so wie das die jüdische Polizei allen einzureden versuchte.

An einer Stelle des Platzes lag eine Gruppe von Greisen, Männer und Frauen, hingebreitet, die man vermutlich aus einem Altenheim evakuiert hatte. Sie waren grauenhaft mager, erschöpft von Hunger und Hitze und ganz offensichtlich am Rande ihrer Kräfte. Einige lagen mit geschlossenen Augen, und man konnte nicht erkennen, ob sie schon tot waren oder erst im Sterben lagen. Wenn wir zur Arbeit verschickt werden sollten, was machten dann diese alten Leute hier?

Von einer Gruppe zur anderen schleppten sich Frauen mit Kindern auf den Armen. Sie bettelten um ein Tröpfchen Wasser, das auf dem Umschlagplatz von den Deutschen absichtlich abgedreht worden war. Die Kinder hatten tote Augen, über die die Lider halb herabgefallen waren; ihre Köpfchen schwankten auf dürren Hälschen, und ihre ausgedörrten Lippen standen offen wie die Mäulchen kleiner Fische, die Fischer als wertlos am Ufer weggeworfen hatten.

Als ich zu den Meinen zurückkehrte, waren sie nicht allein. Zu Mutter hatte sich eine gute Bekannte gesetzt, und ihr Mann, vormals Besitzer eines großen Geschäfts, hatte sich mit einem weiteren gemeinsamen Bekannten meinem Vater zugesellt. Der Kaufmann war im Allgemeinen guten Mutes. Dafür sah der andere Bekannte, ein Zahnarzt, der seine Praxis in der Śliska-Straße, nicht weit von unserer Wohnung, gehabt hatte, in allem schwarz. Er war nervös und verbittert.

»Das ist eine Schande für uns alle!«, schrie er beinah. »Wie Schafe lassen wir uns in den Tod führen! Wenn wir uns, eine halbe Million Menschen, auf die Deutschen stürzten, könnten wir das Getto sprengen oder wenigstens so sterben, dass wir nicht zum Schandfleck der Geschichte werden!«

Vater hörte zu. Halb schüchtern, halb gutmütig lächelnd, zuckte er leicht die Achseln und bemerkte:

»Und woher wollen Sie so genau wissen, dass sie uns alle in den Tod befördern?«

Der Zahnarzt klatschte in die Hände.

»Natürlich weiß ich das nicht! Woher auch! Die werden uns das gerade verraten, aber mit neunzigprozentiger Sicherheit kann man sagen, dass sie uns alle ausrotten wollen!« Vater lächelte wieder, als sei er nach dieser Antwort noch selbstsicherer.

»Sehen Sie«, sagte er und umfasste mit einer breiten Geste die Menge auf dem Umschlagplatz, »wir sind durchaus keine Helden! Wir sind ganz gewöhnliche Menschen, und deshalb ziehen wir das Risiko vor, auf die zehn Prozent Lebenschance zu hoffen ...«

Der Kaufmann pflichtete Vater bei. Völlig entgegengesetzt zu der des Zahnarztes war auch seine Sicht: Die Deutschen konnten nicht so dumm sein, ein riesiges Arbeitspotenzial zu vergeuden, wie es die Juden nun einmal darstellten. Er glaubte an Arbeitslager, sehr strenge vielleicht, aber mit Sicherheit würde man nicht umgebracht werden.

Arbeitspotenzial Arbeitskraft

Inzwischen erzählte die Kaufmannsgattin meiner Mutter und Regina von ihrem Silber, das sie im Keller eingemauert hatten. Das Silber war sehr schön und wertvoll, und sie rechneten damit, es nach ihrer Rückkehr von der Deportation wiederzufinden.

Deportation Zwangsverschickung, Verschleppung

Es war bereits Nachmittag, als man eine neue Gruppe Aussiedler auf den Platz trieb. Unter ihnen erblickten wir voller Schrecken Halina und Henryk. Also sollten auch sie unser Los teilen, wo es doch ein solcher Trost für uns gewesen war, dass wenigstens die beiden sich retten würden …

Ich stürzte Henryk entgegen: Bestimmt war seine idiotische Gradlinigkeit schuld gewesen, dass Halina und er sich nicht gerettet hatten. Ich überschüttete ihn mit Fragen und Vorwürfen, bevor er überhaupt ein Wort der Erklärung vorbringen konnte. Doch er würdigte mich ohnehin keiner Antwort. Er zuckte die Achseln, zog aus der Tasche eine kleine Oxford-Ausgabe von Shakespeare hervor, stellte sich abseits und fing an zu lesen.

Shakespeare William Shakespeare (1564–1616), englischer Dramatiker

Erst von Halina erfuhren wir, wie sie hierher gekommen waren: Bei der Arbeit hatten sie von unserem Abtransport erfahren und sich ganz einfach freiwillig für den Umschlagplatz gemeldet, weil sie mit uns zusammen sein wollten.

Das war ein törichter Gefühlsausbruch ihrerseits. Ich beschloss, sie um jeden Preis von hier wegzubringen, da sie ja nicht auf der Liste der Aussiedler standen und in Warschau bleiben konnten.

Der jüdische Polizist, der sie hierher geführt hatte, kannte mich vom »Sztuka« her, und ich zählte darauf, dass er sich leicht erweichen ließe, zumal keinerlei formale Notwendigkeit bestand, die beiden zu verschleppen. Leider hatte ich mich verrechnet: Er wollte von nichts hören. Wie jeder Polizist hatte er die Pflicht, täglich auf eigene Faust fünf Personen auf dem Umschlagplatz abzuliefern unter der Androhung, selber ausgesiedelt zu werden, wenn er diesem Befehl nicht nachkam. Halina und Henryk machten gerade die heutigen fünf voll. Er war müde und hatte nicht die Absicht, sie freizulassen, um dann wieder von Neuem auf Jagd gehen zu müssen. Weiß der Teufel, wohin. Solche Jagd war seiner Meinung nach durchaus keine leichte Sache, weil die Leute der Polizei nicht zur Hand gehen wollten und sich versteckten. Und überhaupt hatte er die Nase voll.

Ich kehrte zu den Meinen mit leeren Händen zurück. Auch dieser letzte Rettungsversuch wenigstens eines Teils unserer Familie war fehlgeschlagen wie alle anderen Versuche vorher. Niedergeschlagen ließ ich mich neben Mutter nieder. Es war schon fünf Uhr nachmittags, aber die Hitze hatte nicht nachgelassen, und die Menge wurde von Stunde zu Stunde dichter. Die Leute verloren einander im Gedränge und riefen sich zu – vergeblich. Aus den benachbarten Straßen drangen Schüsse und die Schreie der Razzien herüber. Die Erregung wuchs mit der herannahenden Stunde, zu der der Zug bereitgestellt werden sollte.

Unsere Nerven strapazierte vor allem die Frau in unserer unmittelbaren Nähe, die ununterbrochen ihre Frage »Wozu habe ich es erstickt?« vor sich hin sprach. Wir wussten jetzt, worauf sich die Frage bezog. Unser Kaufmann hatte es in Erfahrung gebracht. Als alle das Haus verlassen mussten, versteckte sich die Frau mit ihrem Mann und ihrem Kind in einem vorbereiteten Schlupfloch. Als die Polizei daran vorüberging, fing das Kind an zu weinen, und die Mutter erstickte es vor Angst mit den eigenen Händen. Leider hatte das nichts geholfen. Das Weinen und dann das Röcheln des Kindes waren gehört worden, und das Versteck wurde enttarnt.

Irgendwann quetschte sich in unsere Richtung ein Junge durch die Menge, der an einem Band um den Hals eine Schachtel mit Bonbons trug. Er verkaufte sie zu Wahnsinnspreisen, obwohl Gott allein wusste, was er später mit dem verdienten Geld anfangen wollte ... Für einen zusammengesuchten Rest Kleingeld kauften wir einen einzigen Sahnebonbon, den Vater mit dem Taschenmesser in sechs Teile teilte, unsere letzte gemeinsame Mahlzeit.

Gegen sechs erfasste nervöse Unruhe den Platz. Einige deutsche Autos waren eingetroffen, und die Gendarmen wählten aus den zum Abtransport Bestimmten nur junge, starke Leute aus. Diese Günstlinge des Schicksals sollten offenbar anderen Zwecken zugeführt werden. Eine vieltausendköpfige Menge begann nach dieser Seite hin zu drängen; man versuchte sich zu überschreien, nach vorn zu gelangen und seine physischen Vorzüge anzupreisen. Die Deutschen antworteten mit Schüssen. Der Zahnarzt, der sich weiterhin zu unserer Gruppe hielt, konnte sich vor Empörung kaum lassen. Wutschnaubend fuhr er auf meinen Vater los, als ob der an allem schuld sei.

»Nun werden Sie mir ja wohl endlich glauben, dass sie uns alle umbringen. Die Arbeitsfähigen bleiben hier. Dort ist der Tod!«

Seine Stimme überschlug sich, als er die Menge und die Schießerei zu übertönen versuchte. Seine Hand zeigte in die Richtung, in die wir abtransportiert werden sollten.

Vater, betreten und sorgenvoll, antwortete nicht. Der Kaufmann zuckte die Achseln und lächelte ironisch: Er war ungebrochen guten Mutes. Die Aussonderung von ein paar Hundert bewies seiner Meinung noch gar nichts.

Die Deutschen hatten endlich ihr Arbeitsmaterial ausgesucht und fuhren weg, aber die Erregung in der Menge ließ nicht nach. Kurz darauf hörte man aus der Ferne das Pfeifen einer Lokomotive und das näher kommende Rattern der Waggons über die Schienen. Noch ein paar Minuten vergingen, und der Zug wurde sichtbar: Mehr als ein Dutzend Vieh- und Güterwagen rollten langsam auf uns zu, und der aus derselben Richtung wehende Abendwind trug eine Welle würgenden Chlorgeruchs heran.

Chlor **stark riechendes Gas zur Desinfektion**

Gleichzeitig verdichtete sich die den Platz umringende Kette von jüdischer Polizei und SS-Männern, begann gegen die Mitte vorzudrängen, und wieder hörte man Schreckschüsse. Aus der dicht zusammengetriebenen Menge erhob sich lautes Klagen der Frauen und Weinen der Kinder.

Wir machten uns auf. Wozu warten? Je schneller wir in die Waggons kamen, umso besser. Einige Schritte von ihnen entfernt hatte sich eine Reihe Polizisten postiert, sodass ein breiter Weg für die Menge entstanden war, dessen einzige Ausmündung die offenen Türen der gechlorten Waggons bildeten.

Bevor wir uns zum Zug vorgeschoben hatten, waren die nächsten Wagen schon besetzt; die Menschen darin standen zusammengepresst einer neben dem anderen. SS-Männer stießen noch mit Gewehrkolben nach, obwohl von innen her Rufe laut wurden, dass die Menschen keine Luft mehr bekämen. In der Tat erschwerte der Chlorgeruch schon in einiger Entfernung von den Waggons das Atmen. Was musste sich da erst drinnen abspielen, wo der Fußboden dick mit Chlor bestreut war? Wir hatten etwa die Hälfte der Wagen hinter uns gebracht, als ich plötzlich jemanden rufen hörte: »Guck mal! Guck doch mal! Szpilman!« Eine Hand packte mich am Kragen, und ich wurde aus dem Polizeikordon hinausgeschleudert.

Wer wagte es, so mit mir umzugehen? Ich wollte nicht von meinen Lieben getrennt werden. Ich wollte bei ihnen sein!

Vor mir hatte ich jetzt die geschlossene Reihe der Polizisten, Rücken an Rücken. Ich warf mich dagegen, aber sie gaben nicht nach. Ich sah zwischen den Köpfen der Polizisten hindurch, wie Mutter und Regina, von Halina und Henryk hochgehoben, in die Waggons stiegen, während sich Vater nach mir umschaute.

»Papachen!«, schrie ich.

Er erblickte mich, machte ein paar Schritte auf mich zu; doch gleich darauf zögerte er und blieb stehen. Er war blass, seine Lippen zitterten nervös. Er versuchte zu lächeln, hilflos, schmerzlich, hob die Hand und winkte mir zum Abschied, als ob ich ins Leben reiste und er mich schon von einem anderen Ufer aus grüßte, dann wandte er sich um und ging zu den Waggons.

Wieder warf ich mich aus voller Kraft zwischen die Polizistenschultern.

»Papachen! Henryk! Halina …«

Ich schrie wie ein Besessener, vom Grauen erfasst, dass ich gerade jetzt, im wichtigsten, letzten Augenblick, nicht zu ihnen gelangen konnte, dass wir auf immer getrennt würden.

Einer der Polizisten drehte sich um und sah mich ärgerlich an:

»Was stellen Sie denn an? Retten Sie sich lieber!«

Retten? Wovor? In Sekundenschnelle ging mir ein Licht auf, was die in die Viehwagen Gepferchten erwartete. Die Haare standen mir zu Berge. Ich schaute hinter mich: Dort war der freie Raum der Eisenbahngeleise und Bahnsteige und dahinter Straßenmündungen. Ich flüchtete auf die Straßen zu, von ungehemmter, animalischer Angst getrieben. Ich schlüpfte in eine Arbeiterkolonne der Gemeinde, die gerade den Platz verließ, und so kam ich durchs Tor.

Als ich wieder Herr meiner Sinne war, stand ich bereits zwischen Häusern auf einem Gehweg. Aus einem der Häuser trat ein SS-Mann in Begleitung eines jüdischen Polizisten. Der SS-Mann hatte ein stumpfes, arrogantes Gesicht, der Polizist lag vor ihm förmlich auf dem Bauch, lächelte, erging sich in Artigkeiten und scharwenzelte um ihn herum. Er zeigte zum Zug auf dem Umschlagplatz und sagte zu dem Deutschen in kameradschaftlicher Vertraulichkeit, wobei in seiner Stimme spöttische Verachtung lag:

»Das alles geht auf Schmelz!«

Ich sah in die Richtung, in die sein Finger zeigte: Die Türen der Waggons waren bereits geschlossen, und der Zug setzte sich langsam und schwerfällig in Bewegung.

Ich wandte mich ab und wankte, laut weinend, mitten auf der menschenleeren Straße einher, verfolgt von dem immer leiser werdenden Schrei der in den Waggons Eingeschlossenen, der wie das Piepsen in Käfigen zusammengepferchter Vögel in Todesnot klang.

10 Lebenschance

Ich ging einfach drauflos. Mir war völlig egal, wohin. Hinter mir lagen der Umschlagplatz und die Waggons, die die Meinen davontrugen. Den Zug konnte ich nicht mehr hören: Er war schon viele Kilometer jenseits der Stadt. Und dennoch spürte ich in mir, wie er sich entfernte. Mit jedem Schritt, den ich auf dem Gehsteig machte, wurde ich einsamer. Über mich kam unwiderruflich das Losgerissensein von allem, was bislang mein Leben ausgemacht hatte. Ich wusste nicht, was mich erwartete, oder doch so viel, dass es nur das Allerschlimmste sein konnte. In das Haus, wo unsere Familie kaserniert gewesen war, durfte ich unter keinen Umständen zurück. Die SS-Wache dort würde mich auf der Stelle umbringen oder mich auf den Umschlagplatz zurückschicken als einen, den man versehentlich vom Aussiedlungstransport ausgenommen hatte. Ich hatte keine Ahnung, wo ich die Nacht zubringen würde, doch im Augenblick war mir das gleichgültig. Es war eher so, dass in meinem Unterbewusstsein eine Furcht vor der hereinbrechenden Dämmerung lauerte.

Die Straße war wie leergefegt, die Tore fest zugesperrt oder sperrangelweit offen in den Häusern, aus denen man alle Bewohner abtransportiert hatte. Ein jüdischer Polizist kam mir entgegen. Er kümmerte mich nicht, und ich hätte ihm keinerlei Aufmerksamkeit geschenkt, wenn er nicht stehen geblieben wäre und ausgerufen hätte:

»Władek!«

Als auch ich stehen blieb, fügte er verblüfft hinzu:

»Was machst du denn um diese Zeit hier?«

Jetzt erst erkannte ich ihn. Es war ein Verwandter von mir, der in der Familie nicht eben gern gesehen war. Als einem Menschen von zweifelhafter Moral versuchte man ihm aus dem Weg zu gehen. Aus jeder Situation vermochte er sich irgendwie herauszuwinden und fiel immer wieder auf die Füße, wenn auch durch Mittel, die in den Augen anderer Menschen unstatthaft waren. Als er Polizist wurde, verfestigte sich nur noch sein schlechter Ruf.

Sobald ich ihn in seiner Uniform erkannte, gingen mir all diese Überlegungen durch den Kopf, doch gleich im nächsten Augenblick wurde mir klar, dass er ja jetzt mein nächster Angehöriger, mein einziger Verwandter war. Ein Mensch, der sich irgendwie mit der Erinnerung an meine Familie verband.

»Weißt du, eigentlich …«, ich wollte ihm vom Abtransport der Eltern und Geschwister berichten, aber ich bekam kein Wort mehr heraus. Doch er verstand. Er trat dicht an mich heran und nahm mich beim Arm.

»Vielleicht ist es besser so«, flüsterte er. Er winkte resigniert ab. »Je schneller, umso besser. Uns alle erwartet das …«

Nach einer Weile Schweigen sagte er:

»Komm auf jeden Fall mit zu uns. Das heitert ein bisschen auf.«

Kasino Speiseraum für Offiziere

Offerte Angebot

Ich war einverstanden und verbrachte die erste einsame Nacht bei diesen Verwandten. In der Frühe ging ich zum Sohn des Gemeindevorstehers, Mieczysław Lichtenbaum, den ich von den Zeiten her gut kannte, da ich noch in den Cafés des Gettos auftrat. Er schlug mir vor, im Kasino des deutschen Vernichtungskommandos zu spielen, wo sich die Herren von Gestapo und SS, ermattet von des Tages Judenmorden, am Abend dem Amüsement hingaben. Dabei wurden sie von Juden bedient, die sie früher oder später ebenfalls ermorden werden. Natürlich wollte ich eine solche Offerte nicht annehmen, obgleich Lichtenbaum nicht verstehen konnte, weshalb sie mir nicht zusagte, und gekränkt war, als ich ablehnte. Ohne weitere Diskussion ließ er mich in eine Arbeiterkolonne einschreiben, die die Mauern des einstigen Großen Gettos, das man inzwischen dem »arischen« Teil der Stadt zugeschlagen hatte, abtrug.

Anderntags verließ ich zum ersten Mal seit zwei Jahren das jüdische Viertel. Es war ein schöner, heißer Tag, um den 20. August herum. Genauso schön wie die vielen Tage zuvor, wie auch der Tag, den ich als letzten mit den Meinen auf dem Umschlagplatz verbracht hatte. Wir gingen in der Kolonne, in Viererreihen, unter dem Kommando jüdischer Vorarbeiter und von zwei SS-Männern bewacht. Auf dem Platz der »Żelazna Brama« machten wir halt. Es gab also irgendwo noch Leben, das so aussah!

Vor der geschlossenen Markthalle, die die Deutschen vermutlich in irgendwelche Magazine umgewandelt hatten, standen Kleinhändler mit Körben voller Ware. Das gleißende Sonnenlicht ließ die Farben von Obst und Gemüse erglühen, die Schuppen der feilgebotenen Fische funkeln und die Blechdeckel der Dosen mit Eingewecktem aufblitzen. Um die Händler kreisten Frauen, feilschten, wanderten von Korb zu Korb; sie machten ihre Einkäufe und gingen Richtung Stadtzentrum davon. Die Gold- und Valutahändler riefen monoton ihr:

Valuta ausländische Zahlungsmittel

»Gold, kaufe Gold. Dollar, Rubelchen …«

Irgendwann hupte ein Auto tief in einer Seitenstraße, und in Sichtweite tauchte die graugrüne Silhouette eines Polizeilastwagens auf. Die Händler gerieten in Panik, packten hastig ihre Ware zusammen und stürzten sich in die Flucht. Auf dem ganzen Platz Geschrei und ein heilloses Durcheinander. Also war auch hier nicht alles in Ordnung …

Wir bemühten uns beim Abriss der Mauer, so langsam wie möglich zu arbeiten, damit die Arbeit recht lange vorhielt. Die jüdischen Vorarbeiter trieben uns nicht an, und auch die SS-Männer verhielten sich hier anders als im Getto. Sie standen abseits, in ein Gespräch vertieft, ließen die Blicke schweifen.

Der Lastwagen passierte den Platz und verschwand. Die Händler kehrten an ihre alten Standorte zurück, und der Platz sah aus, als ob nichts vorgefallen wäre. Unsere Kameraden gingen einer nach dem anderen von unserer Gruppe weg, um dort bei den Ständen etwas zu kaufen und es in mitgebrachte Säckchen, in die Hosenbeine oder Arbeitsjacken zu stopfen. Ich besaß leider kein Geld und konnte nur zuschauen, obwohl mir vor Hunger schwindelig war.

Vom Ogród Saski her näherte sich ein junges Paar unserer Gruppe. Beide waren bestens gekleidet. Die junge Frau sah reizend aus. Ich konnte meine Augen nicht losreißen von ihr. Ihr geschminkter Mund lachte, sie wiegte sich leicht in den Hüften, und die Sonne zerschmolz das Blond ihrer Haare zu Gold, einer schimmernden Aureole um ihren Kopf. Als sie an uns vorbeigingen, verhielt die Frau den Schritt und rief aus:

Aureole Strahlenkranz

»Guck mal, guck doch mal!«

Der Mann begriff nicht. Er sah sie fragend an. Sie zeigte mit dem Finger auf uns:

»Juden!«

Er wunderte sich.

»Ja und?« Er zuckte die Achseln. »Sind das die ersten, die du siehst?«

Die Frau lachte verlegen, schmiegte sich an ihren Partner, und sie setzten ihren Weg Richtung Markt fort.

Nachmittags gelang es mir, von einem Kameraden 50 Złoty zu borgen. Ich kaufte Brot dafür, von dem ich ein Teil aufaß, und Kartoffeln. Das übrig gelassene Brot und die Kartoffeln nahm ich mit ins Getto. Noch am selben Abend machte ich das erste »Handelsgeschäft« meines Lebens. Für das Brot, das ich für 20 Złoty gekauft hatte, bekam ich im Getto 50. Die für 3 Złoty das Kilo erworbenen Kartoffeln verkaufte ich für 18. Ich war zum ersten Mal seit Langem satt und hatte darüber hinaus ein kleines Betriebskapital in der Hand für die Einkäufe am nächsten Tag.

Manipulationen Machenschaften

Die Abrissarbeiten waren reichlich monoton. Man verließ morgens früh das Getto und stand bis fünf Uhr nachmittags bei einem Haufen Ziegel herum, wo man so tat, als arbeitete man. Den Kameraden verkürzten allerhand Manipulationen rund um den Warenerwerb die Zeit sowie die Spekulationen darüber, was man kaufen, wie man es ins Getto schmuggeln und dort am günstigsten verkaufen sollte. Ich besorgte die einfachsten Dinge, gerade so viel, um mein Essen zu verdienen. Wenn ich mir Gedanken machte, dann über die Meinen: wo sie jetzt waren, in welches Lager man sie gebracht hatte und wie es ihnen dort erging.

Eines Tages kam ein alter Freund von mir bei unserer Gruppe vorbei. Es war Tadeusz Blumental, ein Jude, der jedoch so weit »arische« Gesichtszüge aufwies, um sich nicht zu seiner Abkunft bekennen zu müssen und außerhalb der

Gettomauern leben zu können. Er freute sich, als er mich sah, und zugleich war er bekümmert, dass er mich in einer so schwierigen Lage fand. Er gab mir etwas Geld und versprach, dass er sich bemühen werde, mir zu helfen, dass am folgenden Tag eine Frau kommt, die mich, wenn ich unbemerkt entwische, an einen Ort bringt, wo ich mich würde verstecken können. Jene Frau kam tatsächlich, aber leider mit der Nachricht, dass die Leute, bei denen ich wohnen sollte, nicht einverstanden gewesen waren, einen Juden zu verstecken.

An einem anderen Tag erblickte mich, als er über den Platz ging, der Konzertmeister der Warschauer Philharmonie, Jan Dworakowski. Er war ehrlich ergriffen, als er meiner ansichtig wurde. Er küsste mich und begann mich nach meinem und meiner Angehörigen Ergehen auszufragen. Als ich ihm sagte, dass sie aus Warschau abtransportiert worden waren, sah er mich, wie mir schien, mit besonders mitleidigen Augen an und machte den Mund auf, als wollte er etwas sagen. Doch im letzten Augenblick hielt er sich zurück.

»Was halten Sie davon?«, fragte ich mit inständiger Besorgnis.

»Herr Władysław!« Er umfasste voller Wärme meine Hände. »Vielleicht ist es besser, dass Sie Bescheid wissen … dass Sie auf sich aufpassen«, er zögerte einen Moment, drückte mir die Hand und fuhr dann leise, beinah flüsternd, fort: »Sie werden sie nie mehr wiedersehen.«

Er wandte sich rasch um und eilte davon. Nach ein paar Schritten machte er kehrt und kam noch einmal zu mir, um mich zum Abschied zu küssen, doch ich hatte nicht die Kraft, um mit Herzlichkeit seine Herzlichkeit zu erwidern. Unbewusst stand vom ersten Augenblick für mich fest, dass die deutschen Märchen von den Lagern für Juden mit »guten Arbeitsbedingungen«, die die Ausgesiedelten dort erwarteten, Lüge waren – dass unser nur der Tod von deutscher Hand harrte. Doch ich, wie übrigens auch die anderen Juden im Getto, gab mich der Illusion hin, dass es dennoch anders sein konnte, dass diesmal die Versprechen der Deutschen nicht trogen. Wenn ich an meine Familie dachte, versuchte ich sie mir lebendig vorzustellen, wenn auch unter den schlimmsten Bedingungen, auf jeden Fall lebendig, und dass wir uns nichtsdestotrotz eines Tages wiedersehen würden. Dworakowski hatte dieses mühselige Aufrechterhalten der Täuschung in mir zerstört. Erst viel später sollte ich mich davon überzeugen, dass er recht daran getan hatte: Im entscheidenden Augenblick gab mir jene Gewissheit des sicheren Todes die Energie, um mich zu retten.

Die nächsten Tage verbrachte ich wie im Halbschlaf, mechanisch erhob ich mich in der Früh, mechanisch bewegte ich mich, mechanisch legte ich mich abends auf die Pritsche im Magazin für ehemals jüdisches Mobiliar, das der Gemeinde beigeordnet war und wo ich meinen bestimmten Platz zur Nacht hatte. Irgendwie musste ich innerlich fertig werden mit dem nunmehr gewissen Tod von Mutter, Vater, Halina, Regina und Henryk. Ein sowjetischer Fliegerangriff auf Warschau fand statt. Alle gingen in die Bunker. Die Deutschen waren entsetzt und wütend, die Juden hocherfreut, obwohl sie das nicht zeigen durften. Jedes Bombengedröhn heiterte unsere Gesichter auf; für uns war es der Widerhall der nahenden Hilfe und Niederlage Deutschlands, die allein unsere Rettung bedeuten konnte. Ich ging in keinen Bunker – mir war alles einerlei, ob ich lebte oder zu Grunde ging.

Unterdessen hatten sich die Arbeitsbedingungen beim Abriss der Mauern mehr und mehr verschlechtert. Die zugeteilten Litauer passten jetzt auf, dass wir auf dem Markt keine Einkäufe machten, und auf der Hauptwache und beim Zurückkommen ins Getto unterzog man uns einer immer gründlicheren Revision. Eines Nachmittags wurde absolut

Revision
Prüfung

unerwartet in unserer Gruppe eine Selektion durchgeführt. Vor der Hauptwache hatte sich ein junger Gendarm mit aufgekrempelten Ärmeln aufgebaut und begann uns nun nach dem Lotteriesystem, nach eigenem Gutdünken, einzuteilen: links – Tod, rechts – Leben. Mich befahl er auf die rechte Seite. Die auf der linken mussten sich mit dem Gesicht auf die Erde legen, und dann erschoss er sie mit dem Revolver. Nach etwa einer Woche wurden Ankündigungen einer neuen, allgemeinen Selektion der übrig gebliebenen Juden an die Gettomauern geklebt. Von den damals noch rund hunderttausend (dreihunderttausend hatte man bereits »ausgesiedelt«) sollten nur fünfundzwanzigtausend bleiben, alles Fachleute und Arbeiter, die für die Deutschen unentbehrlich waren.

Die Gemeindefunktionäre hatten sich am festgesetzten Tag im Hof des Gemeindegebäudes einzufinden, der Rest der Bevölkerung im Gettoabschnitt zwischen den Straßen Nowolipki und Gęsia. Zur Sicherheit stand einer der jüdischen Polizisten, Offizier Blaupapier, eine Peitsche in der Hand, vor dem Gemeindegebäude. Er prügelte eigenhändig diejenigen davon, die versuchten hineinzukommen.

Unter den zum Verbleib im Getto Bestimmten teilte man Nummern auf entsprechend abgestempelten Zetteln aus. Die Gemeinde hatte das Recht, unter ihren Funktionären fünftausend Personen zurückzubehalten. Am ersten Tag bekam ich keine Nummer. Trotzdem schlief ich, resigniert, die Nacht durch, obwohl meine Gefährten fast durchdrehten vor Sorge. Anderntags hatte ich dann meine Nummer, schon von morgens an. Man stellte uns in Viererreihen auf, und so aufgestellt warteten wir, bis die deutsche SS-Kontrollkommission mit dem Untersturmführer Brandt einzutreffen geruhte, um nachzurechnen, ob nicht zufällig allzu viele von uns dem Tod entwischen würden.

Zu viert, im Gleichschritt, von Polizei umringt, marschierten wir Richtung Tor des Gemeindegebäudes, um uns zur Gęsia zu begeben, wo wir kaserniert werden sollten. Hinter uns die Menge der zum Tode Verurteilten warf sich hin und her, schrie, heulte, verfluchte uns dafür, dass wir wie durch ein Wunder davongekommen waren, und die Litauer, die den Übergang zwischen Leben und Tod überwachten, schossen in diese Menge, um sie auf diese üblich gewordene Art und Weise zu beruhigen.

Ich hatte auch diesmal wieder eine Lebenschance bekommen. Leben – für wie lange?

11 »Hej, Schützen, auf!«

Ich hatte also wieder einmal die Wohnung gewechselt. Das wievielte Mal eigentlich, seit wir in der Śliska gewohnt hatten und dieser Krieg ausgebrochen war? Diesmal erhielten wir einen Gemeinschaftsraum (oder eher eine Zelle, wo es nur das allernotwendigste Hausgerät und Pritschen gab) mit der Familie P., die aus drei Personen bestand, und Frau A., einer wortkargen Person, die, obwohl mit uns in einem Zimmer, ihr ganz eigenes Leben lebte. Sofort in der ersten Nacht dort hatte ich einen Traum, der mich restlos entmutigte. Er schien die letzte Bestätigung meiner Mutmaßungen hinsichtlich des Schicksals meiner Familie zu sein. Ich träumte von meinem Bruder Henryk. Er trat zu mir, beugte sich über meine Pritsche und sagte: »Wir leben nicht mehr.«

Um sechs Uhr früh weckte uns das Hin und Her auf dem Flur. Laute Gespräche und Betriebsamkeit. Zur Arbeit ging die Gruppe der »privilegierten« Arbeiter, die beim Umbau des Palais für den SS-Chef von Warschau, in der Aleje Ujazdowskie, helfen sollten. Ihr Privilegiertsein bestand darin, dass sie vor dem Abmarsch eine nahrhafte, fleischhaltige Sup-

privilegierten bevorrechtigten
Palais kleines Schloss

pe erhielten, die sättigte und ein paar Stunden vorhielt. Wir brachen kurz nach ihnen auf, mit fast leeren Mägen nach der Wasserplempe, die so wenig inhaltsreich war wie unsere Arbeit wichtig. Wir sollten den Hof des Gemeindegebäudes vom Kehricht säubern.

Anderntags schickten sie mich und P. mit seinem halbwüchsigen Sohn zu dem Gebäude, wo die Lagerräume der Gemeinde sowie Wohnungen von Gemeindefunktionären untergebracht waren. Es war zwei Uhr nachmittags, als der bekannte Pfiff der Deutschen und ihr übliches Gebrüll ertönten, das alle in den Hof hinuntertrieb. Obwohl wir von den Deutschen schon das Allerschlimmste erlebt hatten, erstarrten wir regelrecht zur Salzsäule. Es war ja gerade zwei Tage her, dass wir die Lebensnummern erhalten hatten. Alle in diesem Haus hatten sie, folglich konnte es sich diesmal doch wohl nicht um eine Blockade handeln. Also was war es diesmal? Wir hasteten hinunter: Doch, das war eine Blockade! Wieder brachen die Menschen in Verzweiflung aus, wieder brüllten die von der SS, wüteten beim Auseinanderreißen der Familien, beim Sortieren der Menschen nach links und nach rechts, fluchend, prügelnd. Unsere Arbeitsgruppe wurde, von geringen Ausnahmen abgesehen, auch diesmal noch fürs Leben bestimmt. Unter den Ausnahmen befand sich der Sohn von P., ein so lieber Junge, mit dem ich mich schon angefreundet und den ich bereits ins Herz geschlossen hatte, obgleich wir erst seit zwei Tagen Mitbewohner waren. Ich werde die Verzweiflung seiner Eltern nicht schildern. So wie sie verzweifelten in diesen Monaten Tausende von Vätern und Müttern im Getto. Charakteristischer war etwas anderes: Die Familien von wichtigen Persönlichkeiten der Gemeinde kauften sich gleich auf der Stelle aus den Händen der »unbestechlichen« Gestapobeamten frei. An ihrer statt, damit die Zahlen stimmten, gingen Tischler, Kellner, Friseure und andere Fach-

erstarrten ... zur Salzsäule
➔ Seite 269

arbeiter, die den Deutschen tatsächlich hätten von Nutzen sein können, auf den Umschlagplatz und wurden abtransportiert in den Tod. Der kleine P. floh übrigens später vom Umschlagplatz und blieb so noch eine kleine Weile am Leben.

An einem der nachfolgenden Tage rief mich der Gruppenführer und teilte mir die Neuigkeit mit, dass es ihm gelungen sei, mich in der Gruppe unterzubringen, die beim Bau der SS-Kaserne im entlegenen Mokotów tätig war. Ich sollte aus diesem Grunde bessere Verpflegung erhalten, und überhaupt sollte es mir viel besser gehen.

Die Wirklichkeit sah ganz anders aus. Ich musste zwei Stunden früher aufstehen und, um pünktlich bei der Arbeit zu sein, die ganze Stadt durchquerend, ein gutes Dutzend Kilometer zurücklegen. Wenn ich, vom Marsch erschöpft, ankam, hieß es: sofort an die Arbeit, die meine Kräfte bei Weitem überstieg. Ich musste Ziegel hinaufschleppen, die übereinandergestapelt auf einem Brett lagen, das ich auf dem Rücken hatte. In den Pausen trug ich Eimer mit Kalk und Eisenschienen. Vielleicht wäre ich auch damit fertig geworden, wenn nicht die Aufseher von der SS gewesen wären, die künftigen Bewohner dieser Kaserne, die der Ansicht waren, dass wir zu langsam arbeiteten. Sie befahlen uns, die Ziegelstapel oder Eisenschienen im Dauerlauf zu befördern, und wenn einer einen Schwächeanfall hatte und stehen blieb, schlugen sie mit Karbatschen, in deren Leder Bleikugeln eingeflochten waren, auf ihn ein.

Karbatschen Riemenpeitschen

Ich weiß nicht, wie das mit mir bereits in dieser ersten Etappe körperlicher Arbeit ausgegangen wäre, wenn ich nicht jenen selben Gruppenführer erfolgreich darum angebettelt hätte, mich zur Arbeitsgruppe zu versetzen, die beim Bau des Schlösschens des SS-Hauptführers in der Aleje Ujazdowskie beschäftigt war. Hier war es in der Tat erträglicher, und es ließ sich irgendwie aushalten. Die Erträglichkeit beruhte hauptsächlich darauf, dass wir gemeinsam mit deutschen Meistern und polnischen Facharbeitern arbeiteten, die zum Teil zwangsweise, zum Teil auf Kontrakt hier bauten. Infolgedessen stachen wir nicht so sehr ins Auge und konnten uns jeder für sich, da wir ja nun nicht die ganze Zeit als geschlossene jüdische Gruppe auftraten, irgendwie drücken. Dabei halfen uns übrigens die Polen, die mit uns gemeinsam Front machten gegen die deutschen Aufseher. Es half auch, dass der faktische Bauleiter ein Jude war, Ingenieur Blum, mit einem ihm unterstellten Stab jüdischer Ingenieure, allesamt hervorragende Fachleute. Formal erkannten die Deutschen das nicht an, und Meister Schultke, der Form halber Bauleiter, der typische deutsche Sadist, hatte das Recht, die Ingenieure zu schlagen, sooft es ihm gefiel. Doch ohne die jüdischen Fachleute ging in Wirklichkeit nichts. In diesem Zusammenhang wurden wir alle verhältnismäßig sanft angefasst, von der erwähnten Prügel natürlich zu schweigen, doch so etwas zählte in den damaligen Zeiten überhaupt nicht.

auf Kontrakt **auf Vertragsbasis**

faktische **tatsächliche**

Sadist **jemand, der Lust am Quälen hat**

Ich wurde der Handlanger von Maurer Bartczak, einem Polen, der im Grunde ein anständiger Kerl war. Ganz klar, dass es trotz allem zwischen uns zu Reibereien kommen musste. Es gab Augenblicke, da saßen uns die Deutschen im Nacken, und man musste versuchen, ordentlich zu arbeiten. Dann tat auch ich, was ich konnte, doch was sollte dabei schon herauskommen?! Ich warf die Leiter um, vergoss den Kalk, stieß Ziegelsteine vom Gerüst, wofür zusammen mit mir Bartczak Beschimpfungen erntete. Dann war er wütend auf mich. Feuerrot im Gesicht, knurrte er vor sich hin und wartete nur, dass die Deutschen verschwanden. Dann schob er sich die Mütze aus der Stirn, stemmte die Fäuste in die Seiten, schüttelte verächtlich den Kopf über meine Unbeholfenheit in der Maurerbranche und begann mit der Ansprache:

»Wie willst du denn in diesem Radio gespielt haben, Szpilman?«, wunderte er sich. »Bei so ’nem Musikus, was nicht mal mit der Schippe Kalk von ’nem Brett kratzen kann, müssen ja alle eingepennt sein.«

Er zuckte die Achseln, betrachtete mich misstrauisch, worauf er ausspuckte und, um seiner Wut zum Schluss noch einmal freien Lauf zu lassen, lauthals ausrief:

»Tölpel!«

Wenn ich jedoch über meine Angelegenheiten ins Grübeln geriet und zu arbeiten aufhörte, vergessen hatte, wo ich mich befand, versäumte Bartczak niemals, mich rechtzeitig zu warnen, wenn einer der deutschen Aufseher im Anmarsch war.

»Mörtel!«, brüllte er, dass es nur so übers Gelände schallte, und dann stürzte ich mich auf den ersten besten Eimer oder eine Maurerkelle und gab vor, eifrigst tätig zu sein.

Am meisten beunruhigten mich bei dem allen die Aussichten auf den Winter, der bereits vor der Tür stand. Ich hatte nichts anzuziehen, hatte, natürlich, keine Handschuhe. Ich bin immer ziemlich kälteempfindlich gewesen, und wenn ich mir die Hände erfror, noch dazu bei so schwerer körperlicher Arbeit, konnte ich in der Zukunft meinen Beruf als Pianist abschreiben. Mit wachsender Niedergeschlagenheit beobachtete ich, wie die Blätter an den Bäumen in der Aleje Ujazdowskie mehr und mehr vergilbten und der Wind von Tag zu Tag kühler blies.

In dieser Zeit tauschten sie unsere einstweiligen »Lebensnummern« in solche auf Dauer um, und gleichzeitig wurde ich an einen neuen Kasernierungsplatz im Getto verlegt, in der Kurza-Straße. Auf der »arischen« Seite wechselten wir auch unseren Arbeitsplatz. Die Arbeiten an dem kleinen Palais in der Aleje gingen zu Ende und bedurften keiner so großen Zahl von Arbeitern mehr. Einen Teil von uns hatte man zur Narbutt-Straße 8 versetzt, wo wir Wohnungen für eine SS-Offiziersformation zurüsteten. Es wurde immer kühler, und immer häufiger starben mir bei der Arbeit die Finger ab. Ich weiß nicht, wie das ausgegangen wäre, wenn mir nicht der Zufall zu Hilfe gekommen wäre, eine Art Glück im Unglück. Eines Tages stolperte ich beim Kalktragen und verstauchte mir den Knöchel. Als Arbeiter auf dem Bau war ich unbrauchbar geworden. Damals teilte mich Ingenieur Blum dem Lagerhaus zu. Es war Ende November und der letzte Augenblick, um noch meine Hände retten zu können. In den Lagerräumen war es auf jeden Fall wärmer als unter freiem Himmel.

Immer mehr Arbeiter von denen aus der Aleje Ujazdowskie versetzte man jetzt zu uns. Auch SS-Männer, die dort Aufseher gewesen waren, gingen in immer größerer Anzahl auf das Gelände Narbutt-Straße über. Eines Morgens tauchte auch der Schrecken der Arbeiter auf, ein Sadist, dessen Nachnamen wir nicht kannten und den wir »Zickzack« nannten. Eine nahezu erotische Annehmlichkeit bedeutete es für ihn, Menschen auf eine bestimmte Art und Weise zu misshandeln: Er befahl dem Delinquenten, sich zu bücken, nahm dessen Kopf zwischen die Schenkel, drückte zu und schlug auf das Gesäß des Unglückseligen mit einer Karbatsche ein, bleich vor Wut und durch die zusammengebissenen Zähne zischend: »Zickzack, zick-zack!« Er ließ nie eher von seinem Opfer ab, als bis dieses vor Schmerz ohnmächtig wurde.

Und wieder kursierten im Getto Gerüchte von einer erneuten »Aussiedlung«. Falls die Gerüchte wahr waren, lag es klar auf der Hand, dass die Deutschen uns mit Stumpf und Stiel ausrotten wollten. Wir waren schließlich nur noch an die Sechzigtausend, und zu welchem anderen Zweck konnte ihnen sonst daran gelegen sein, dieses Häuflein aus der Stadt zu entfernen? Immer häufiger wurde erwogen, den Deutschen Widerstand zu leisten. Besonders die jüdische Jugend war entschlossen zu kämpfen, und es wurde sogar hier und da damit begonnen, Häuser im Getto insgeheim zu befestigen, um sich im Fall der Fälle darin verteidigen zu können. Offenbar hatten auch die Deutschen Wind davon bekommen, denn an den Mauern des Gettos zeigten sich Bekanntmachungen, die uns in warmen Worten versicherten, dass von einer weiteren Aussiedlung keine Rede sein konnte. Die Bewacher unserer Gruppe versicherten uns das von sich aus täglich, und um ihre Worte noch überzeugender zu machen, erlaubte man uns weiterhin offiziell den Kauf von 5 kg Kartoffeln und einem Laib Brot pro Kopf und deren Mitnahme von der »arischen« Seite ins Getto. Ihr »Wohlwollen« trieben die Deutschen so weit, dass sie einen Delegierten aus unserer Gruppe zuließen, der sich täglich frei in der Stadt bewegen und für die gesamte Gruppe die Einkäufe tätigen konnte. Wir suchten einen tapferen jungen Burschen aus, »Majorek«, kleiner Major, gerufen. Die Deutschen ahnten nur nicht, dass »Majorek« – unseren Instruktionen gemäß – zum Bindeglied zwischen der Organisation des Untergrundkampfes im Getto und vergleichbaren polnischen Organisationen werden würde.

Delegierten Abgesandten

Instruktionen Anweisungen

Die offizielle Erlaubnis, die wir für das Einführen einer gewissen Menge von Lebensmitteln ins Getto hatten, entfesselte ein wahres Markttreiben rund um unsere Gruppe. Täglich, wenn wir das Getto verließen, wartete jenseits der Mauer ein Schwarm Händler auf uns, die bei meinen Kameraden »ciuchy«, das heißt alte abgetragene Kleidungsstücke, gegen Proviant eintauschten. Mich interessierte dieser Handel nicht so sehr wie die Nachrichten, die uns bei dieser Gelegenheit die Händler mitbrachten. Die Alliierten waren in Afrika gelandet. Stalingrad verteidigte sich schon den dritten Monat, in Warschau war ein neuer Anschlag verübt worden: Man hatte Granaten in den deutschen »Café-Club« geworfen. Eine jede von diesen Nachrichten hob unseren Mut, stärkte das Durchhaltevermögen und den Glauben an die nahe Niederlage Deutschlands. Bald schon begannen auch im Getto die ersten

Akte bewaffneter Vergeltung, die zuerst gegen die käuflichen Elemente gerichtet waren. Ermordet wurde einer der schlimmsten Lumpenhunde der jüdischen Polizei, der berüchtigte Menschenfänger und Kontingentlieferer für den Umschlagplatz Lejkin. Kurz nach ihm fand der Verbindungsmann zwischen Gestapo und Gemeinde, ein gewisser First, von der Hand unserer jüdischen Attentäter den Tod. Angst überkam zum ersten Mal die Spitzel im Getto.

bewaffneter Vergeltung
→ Seite 270

Kontingent
Menge

Allmählich fasste ich wieder Mut, und mein Wille, zu überleben, wuchs. Ich wandte mich daher eines Tages an »Majorek« mit der Bitte, von der Stadt aus Bekannte von mir anzurufen: Sie möchten mich doch irgendwie herausholen und verstecken. Nachmittags wartete ich mit klopfendem Herzen auf seine Rückkehr. Er kam, brachte jedoch keine guten Nachrichten: Die Bekannten hatten erklärt, dass sie das Risiko, einen Juden zu verstecken, nicht auf sich nehmen konnten. Dafür drohte schließlich der Tod!, erklärten sie, voller Entrüstung darüber, dass ich ihnen so etwas überhaupt hatte vorschlagen können. Tja, da konnte man nichts machen. Die hatten nein gesagt, vielleicht erwiesen sich andere als menschlicher. Auf keinen Fall durfte man die Hoffnung aufgeben.

Neujahr stand bevor. Am 31. Dezember 1942 traf unerwartet ein großer Kohletransport ein. Den gesamten Transport mussten wir noch am selben Tag entladen und in die Keller des Hauses in der Narbutt-Straße schaffen. Die Arbeit war schwer und zog sich unvermutet lange hin. Statt um sechs Uhr abends Richtung Getto aufzubrechen, war es beinah nachts, als wir uns aufmachten.

Wir gingen immer zu dritt die übliche Strecke: von der Polna- zur Chałubiński-Straße und weiter die Żelazna entlang zum Gettotor. Wir waren bereits in der Chałubiński-Straße angelangt, als an der Spitze der Kolonne wilde Schreie ertönten. Wir verhielten den Schritt. Und gleich darauf wussten wir, was los war: Wir waren rein zufällig auf zwei stockbetrunkene SS-Männer geraten. Einer von beiden war »Zickzack«. Die fielen nun über uns her und schlugen mit den Karbatschen drauflos, von denen sie sich nicht einmal während ihrer Besäufnisse trennten. Sie taten das Ihre systematisch, prügelten Dreiergruppe um Dreiergruppe durch, von der Spitze der Kolonne angefangen. Nachdem sie ihr Werk vollbracht hatten, bauten sie sich ein paar Schritte entfernt auf dem Bürgersteig auf, zogen die Pistolen, und »Zickzack« schrie:

»Intelligenzler raustreten!«

Es bestand kein Zweifel, sie wollten uns an Ort und Stelle umlegen. Ich konnte mich schwer entschließen. Allerdings konnte das Nichtvortreten sie noch rabiater machen. Schließlich zerrten sie uns selber aus der Kolonne, um uns vor der Ermordung noch zu massakrieren, zur Strafe, dass wir nicht freiwillig vorgetreten waren. Der Historiker Dr. Zajczyk, ein Universitätsdozent, der neben mir stand, zitterte am ganzen Leibe genau wie ich und genau wie ich unentschlossen. Doch beim zweiten Befehlsgebrüll traten wir aus der Kolonne. Zusammen waren wir sieben. Ich fand mich Auge in Auge mit »Zickzack« wieder, und an mich richtete er sein weiteres Gegröle: »Ich werde euch schon noch Ordnung beibringen! Was habt ihr so lange gemacht?« Er fuchtelte mir mit seiner Pistole unter der Nase herum. »Um sechs solltet ihr hier vorbeikommen, und jetzt ist es zehn!«

Ich erwiderte nichts, sicher, dass er mich ohnehin jeden Moment erschießen würde. Mit trübem Blick sah er mir in die Augen, schwankte unter der Laterne, doch dann sagte er unvermutet mit völlig ruhiger Stimme: »Ihr sieben seid persönlich dafür verantwortlich, dass die Kolonne ins Getto marschiert. Ihr könnt gehen.«

Wir hatten uns schon umgedreht, als er plötzlich brüllte: »Zurück!«

Jetzt hatte er Dr. Zajczyk direkt vor sich. Er schnappte ihn beim Kragen, schüttelte ihn und schnarrte:

»Wisst ihr, wofür wir euch geschlagen haben?«

Der Doktor schwieg.

»Wisst ihr das?«, wiederholte er.

Einer, der etwas weiter weg stand, offenbar erschrocken, fragte schüchtern:

»Wofür?«

»Damit ihr dran denkt, dass heute Neujahr ist!«

Als wir schon in der Kolonne waren, hörten wir den zusätzlichen Befehl:

»Singen!«

Verblüfft starrten wir »Zickzack« an. Der schwankte wieder, rülpste und setzte hinzu:

». . . lustig!«

Er lachte laut über seinen Witz, drehte sich um und torkelte die Straße hinunter. Nach ein paar Schritten blieb er stehen und rief uns drohend hinterher:

»Aber laut!«

Ich weiß nicht mehr, wer als Erster die Melodie anstimmte, und ich weiß nicht, weshalb ihm ausgerechnet dieses Soldatenlied in den Sinn gekommen war. Wir stimmten mit ein. Uns war es letzten Endes einerlei, was wir sangen.

Erst heute wird mir bewusst, wenn ich an jenen Augenblick denke, wie viel Tragik sich da mit Lächerlichkeit verband. Mitten auf den Straßen der Stadt, in der Bekundungen von polnischem Patriotismus seit Jahren mit dem Tode bestraft wurden, gingen wir – ein Häuflein restlos ausgepumpter Juden – und schmetterten lauthals und ungestraft in jene Silvesternacht:

»Hej, strzelcy wraz!«

»Hej, strzelcy wraz!«
»Hej, Schützen, auf!«

Der 1. Januar 1943! Das Jahr, für das Roosevelt den Deutschen die Niederlage angekündigt hatte. Und tatsächlich begann entlang der Fronten ihr Erfolg ganz deutlich nachzulassen. Wenn diese Fronten doch nur näher dran gewesen wären! Die Nachricht von der Niederlage bei Stalingrad traf ein, die allzu große Dimensionen angenommen hatte, als dass sie hätte vertuscht oder auf die leichte Schulter genommen werden können mit der üblichen Pressebehauptung, dass auch das »keinerlei Bedeutung für den siegreichen Verlauf des Krieges« habe. Diesmal musste man sich bekennen: Die Deutschen riefen eine dreitägige Trauer aus, die ersten frohen Tage für uns seit vielen Monaten. Die Optimisten rieben sich die Hände, fest davon überzeugt, dass der Krieg in Bälde aus sein würde. Die Pessimisten waren anderer Ansicht: Der Krieg würde noch lange dauern, doch gab es jetzt wenigstens bezüglich seines Ausgangs nicht den leisesten Zweifel mehr.

Parallel zu den immer erfreulicher werdenden politischen Nachrichten intensivierte sich die Arbeit der Untergrundorganisationen im Getto. Wir wurden mit hineingezogen. »Majorek«, der für unsere Gruppe täglich aus der Stadt die Kartoffelsäcke lieferte, schmuggelte unter den Kartoffeln Munition, die wir dann untereinander aufteilten und in den Hosenbeinen versteckt ins Getto brachten. Keine ungefährliche Sache, und eines Tages wäre sie um ein Haar für uns alle tragisch ausgegangen.

Magazin Warenlager

»Majorek« hatte wie gewöhnlich die Säcke in mein Magazin geschleppt. Ich sollte sie jetzt ausleeren, die Munition verstecken und abends auf die Kollegen verteilen. Doch kaum hatte »Majorek« die Säcke abgestellt und war aus dem Magazin verschwunden, als die Tür aufgerissen wurde und Untersturmführer Young hereinstürmte. Er sah sich um, bemerkte die Säcke und ging raschen Schritts auf sie zu. Die Knie wurden mir weich. Wenn der ihren Inhalt überprüft, sind wir geliefert. Ich kriege als Erster eine Kugel in den Kopf. Young blieb bei den Säcken stehen und versuchte, einen aufzubinden. Die Schnur hatte sich jedoch verheddert, das Aufbinden ging nur mühsam vonstatten. Ungeduldig fluchte der SS-Mann und blickte sich nach mir um.

»Aufbinden!«, knurrte er.

Ich trat zu ihm und versuchte dabei, meiner Nerven Herr zu werden. Absichtlich langsam machte ich mich an der Schnur zu schaffen, scheinbar ganz ruhig. Die Hände in die Seiten gestützt, stand der Deutsche daneben.

»Was ist da drin?«, wollte er wissen.

»Kartoffeln. Man hat uns doch erlaubt, täglich welche mit ins Getto zu nehmen.«

Der Sack war jetzt offen. Und nun erfolgte der nächste Befehl:

»Fass rein und zeig!«

Ich griff in den Sack. Keine Kartoffeln. »Majorek« hatte an diesem Tag ausgerechnet für einen Teil Kartoffeln eine kleine Menge Grütze und Bohnen gekauft. Die lagen obenauf, die Kartoffeln weiter unten. Ich zeigte eine Hand voll länglicher gelblicher Kerne vor.

»Kartoffeln?!« Young lachte ironisch. Dann kommandierte er:

»Greif tiefer!«

Diesmal förderte ich eine Hand voll Grütze zutage. Jeden Moment würde mich der Deutsche verprügeln, weil ich ihn betrog. Ich wollte verprügelt werden: Vielleicht lenkte das ja die Aufmerksamkeit des SS-Mannes von dem restlichen Inhalt der Säcke ab. Doch er ohrfeigte mich nicht einmal. Er machte auf dem Absatz kehrt und ging. Kurz darauf stürmte er erneut herein, so als wollte er mich auf frischer Tat ertappen. Ich stand mitten im Magazin und schnaufte die ganze

Aufregung aus mir heraus. Ich musste mich erst ein wenig fassen. Erst als sich Youngs Schritte auf dem Flur entfernten und dann ganz und gar verstummten, leerte ich hastig die Säcke und versteckte die Munition unter einem Haufen Kalk, der in eine Ecke des Lagerraums geschüttet worden war. An diesem Abend warfen wir wie gewöhnlich, dicht an der Gettomauer angekommen, den neuen Transport an Patronen und Handgranaten hinüber. Wir kamen mit heiler Haut davon.

Am 14. Januar, einem Freitag, nahmen die Deutschen, aufgebracht wegen der Misserfolge an der Front und der aus diesem Grund allzu offen gezeigten Freude der polnischen Gesellschaft, die Menschenjagd wieder auf; diesmal fand sie auf dem gesamten Terrain von Warschau gleichzeitig statt. Sie sollte ohne Unterbrechung drei Tage dauern. Täglich sahen wir, wenn wir zur Arbeit gingen oder von ihr zurückkehrten, verfolgte und eingefangene Menschen auf den Straßen. Richtung Gefängnis bewegten sich in Reihe die »Buden«, Polizeilastkraftwagen, voll beladen mit Geschnappten. Von den Gefängnissen kamen sie leer zurück, aufnahmebereit für neue Heerscharen künftiger KZ-Häftlinge. Eine Menge »Arier« suchten im Getto Zuflucht. In diesen schweren Tagen kam es zu einem weiteren Paradox der Okkupationszeit: Die Armbinde mit dem Stern, das bedrohlichste Merkmal, wurde urplötzlich, von einem Tag zum anderen, zum Schutzzeichen, zur Assekuranz, denn die Juden jagte man ja nicht.

Terrain Gebiet

Paradox Widersinn

Assekuranz Versicherung

Doch nach zwei Tagen sollten auch wir an die Reihe kommen. Als ich Montagmorgen aus dem Haus ging, traf ich vor dem Tor statt unserer ganzen Gruppe nur ein paar Arbeitskräfte an, die offenbar für unersetzlich angesehen worden waren. Auch mich als »Lagerverwalter« hatte man dazu gezählt. Von zwei Gendarmen eskortiert, setzten wir uns Richtung Gettotor in Bewegung. Üblicherweise wurde es nur von jüdischer Polizei bewacht, heute steckte dort ein ganzes Gendar-

eskortiert begleitet

meriekommando, das sorgfältig die Papiere derjenigen, die zur Arbeit das Getto verließen, kontrollierte. Über den Gehsteig huschte ein vielleicht zehnjähriges Bengelchen. Es war bleich und so verschreckt, dass es vergaß, vor einem ihm entgegenkommenden Gendarmen die Mütze abzunehmen. Der Deutsche hielt inne, zog wortlos den Revolver, setzte ihn dem Jungen an die Schläfe und schoss. Das Kind glitt zu Boden, schlug mit den Armen, straffte sich und starb. Der Gendarm steckte seelenruhig den Revolver zurück ins Futteral und setzte seinen Weg fort. Ich beguckte ihn mir: Er hatte nicht einmal besonders brutale Gesichtszüge und wirkte nicht gereizt. Er war ein normaler, ruhiger Mann, der eine seiner kleineren, zahlreichen täglichen Pflichten erfüllt und sie danach sofort vergessen hatte, beschäftigt mit anderen, wichtigeren Angelegenheiten, die auf ihn warteten. Unsere Gruppe war bereits auf der »arischen« Seite, als wir hinter uns Schüsse hörten. Das waren die anderen, im Getto umzingelten Gruppen jüdischer Arbeiter, die zum ersten Mal mit Schüssen auf den deutschen Terror antworteten.

Niedergeschlagen legten wir unseren Weg zur Arbeit zurück; jeder dachte an das, was im Getto passieren würde. Es unterlag keinem Zweifel, dass eine neue Etappe seiner Liquidierung eingesetzt hatte. Neben mir ging der kleine P. und machte sich Sorgen darüber, ob es seinen Eltern, die in der Wohnung geblieben waren, rechtzeitig gelingen würde, sich irgendwo zu verstecken, um der »Aussiedlung« zu entgehen. Ich selber hatte eigene Sorgen ziemlich spezifischer Art: Ich hatte in unserem Zimmer Füllfederhalter und Uhr auf dem Tisch liegen lassen, alles, was ich besaß, mein gesamtes Hab und Gut. Mein Plan sah vor, die Sachen zu Geld zu machen und von diesem Geld ein paar Tage zu leben, wenn mir die Flucht gelänge, so lange, bis es mir mit Hilfe von Freunden gelingen würde, mich irgendwie einzurichten.

spezifischer kennzeichnender

An diesem Abend kehrten wir nicht ins Getto zurück. Wir blieben einstweilig in der Narbutt-Straße kaserniert. Erst später sollten wir erfahren, was unterdessen hinter den Mauern geschehen war: Die Menschen wehrten sich, so gut sie konnten, vor dem Abtransport in den Tod. Sie versteckten sich in vorher ausgetüftelten Verstecken, die Frauen gossen Wasser auf die Treppenstufen, das gefror und den Deutschen das Eindringen in die höher gelegenen Wohnungen erschwerte. Einige Häuser hatte man schlichtweg verbarrikadiert, und die Bewohner ließen sich mit der SS auf einen Schusswechsel ein, entschlossen, mit der Waffe in der Hand, im Kampf, zu sterben, anstatt in der Gaskammer zu verrecken. Die Kranken aus dem jüdischen Spital hatten die Deutschen in Unterkleidung evakuiert und in Eiseskälte in offene Waggons verladen und nach Treblinka abtransportiert. Doch dank des zum ersten Mal von den Juden geleisteten Widerstands transportierten die Deutschen im Laufe von fünf Tagen nur rund fünftausend Personen statt der vorgesehenen zehntausend ab.

Am fünften Abend informierte uns »Zickzack«, dass die Aktion zur »Säuberung des Gettos von nichtarbeitenden Elementen« abgeschlossen sei und wir nunmehr in die Häuser zurückkehren könnten. Unsere Herzen hämmerten. Die Straßen des Gettos boten einen erschütternden Anblick. Die Gehsteige waren mit den Glasscherben eingeschlagener Fenster übersät. Im Rinnstein ballten sich die Federn aus den aufgetrennten Kissen. Überall Federn. Jeder Windstoß hob ganze Wolken auf und wirbelte sie in der Luft herum, als fiele dichter Schnee, nur in umgekehrter Richtung – von der Erde zum Himmel. Alle paar Schritte die Körper Ermordeter. Ringsum herrschte eine solche Stille, dass unsere Schritte von den Häuserwänden widerhallten, als durchquerten wir eine Felsschlucht in den Bergen. Im Zimmer trafen wir keinen mehr an, es war jedoch nicht geplündert worden. Alles war so wie zu dem Zeitpunkt, da es die Eltern von Prożański, die zum Abtransport bestimmt worden waren, verlassen hatten. Die Pritschen waren von der letzten Nacht ihres Aufenthalts hier noch ungemacht, und auf dem erkalteten Öfchen stand ein Töpfchen mit Kaffee, das sie nicht mehr hatten austrinken können. Auf dem Tisch, so wie ich sie zurückgelassen hatte, lagen Füllfederhalter und Uhr.

Jetzt hieß es handeln, mit größter Energie und in höchster Eile. Bei der nächsten Aussiedlung, die vermutlich schon sehr bald stattfinden würde, konnte auch ich unter den Abtransportierten sein. Über »Majorek« verständigte ich mich mit Freunden, einem jungen Künstlerehepaar. Er, Andrzej Bogucki, war Schauspieler, sie Sängerin, die weiterhin unter ihrem Mädchennamen, Janina Godlewska, auftrat. Eines Tages ließ »Majorek« mich wissen, dass sie heute um sechs Uhr abends kämen. Ich nutzte den Augenblick, wo die »arischen« Arbeiter nach Hause gingen, und schlüpfte heimlich vors Tor. Die beiden waren da. Wir wechselten kaum ein paar Worte. Ich händigte ihnen die Kompositionen, Füllfederhalter und Uhr aus, alles, was ich mitnehmen wollte und was ich zuvor aus dem Getto gebracht und im Magazin versteckt hatte. Wir kamen überein, dass mich Bogucki Sonnabend um fünf Uhr holen kommen sollte. Eine Gebäudeinspektion durch einen SS-General sollte stattfinden. Ich rechnete damit, dass ich in dem aus jenem Ereignis resultierenden Getümmel leichter würde entwischen können.

Die Atmosphäre im Getto war inzwischen immer nervöser geworden, unruhig und voll böser Erwartung. Der Kommandant der jüdischen Polizei, Oberst Szeryński, beging Selbstmord. Er musste ganz offensichtlich definitiv schlechte Nachrichten erhalten haben, wenn sogar er, der Mann, der den Deutschen am nächsten stand und von ihnen am dringendsten gebraucht wurde und der in jedem Fall als Letzter ausgesiedelt worden wäre, keinen anderen Ausweg mehr für sich sah als den Tod. Täglich mischten sich fremde Juden unter uns Arbeiter, um dann jenseits der Mauer die Flucht zu ergreifen. Nicht allen gelang das. Auf der »arischen« Seite warteten Spitzel auf die Flüchtigen, bezahlte Agenten und Freiwillige, solche aus Neigung, die später in einer Seitenstraße über den beobachteten Juden herfielen und ihn zwangen, unter der Androhung, ihn den Deutschen auszuliefern, Geld und Schmuck, die er bei sich hatte, an sie auszuhändigen. Nicht selten lieferten sie den so Beraubten trotz allem an die Deutschen aus.

An jenem Samstag war ich von früh an halb tot vor Nervosität. Ob alles gutging? Jeder falsche Schritt konnte den sofortigen Tod bedeuten. Nachmittags erschien tatsächlich der General zur Inspektion. Die höchst beanspruchten SS-Männer ließen uns zeitweilig außer Acht. Gegen fünf machten die »arischen« Arbeiter Feierabend. Ich zog den Mantel an, nahm zum ersten Mal seit drei Jahren die Armbinde mit dem hellblauen Stern ab und schlüpfte mit ihnen zum Tor hinaus.

Ecke Wiśniowa stand Bogucki. Also war bisher alles glattgegangen. Als er meiner gewahr wurde, setzte er sich rasch in Bewegung. Ich ging ein paar Schritte hinter ihm, mit hochgeschlagenem Mantelkragen, versuchte, ihn in der Dunkelheit nicht aus den Augen zu verlieren. Die Straßen waren leer, von Laternen nur spärlich erhellt, wie seit Kriegsausbruch angeordnet. Man musste nur aufpassen, dass man nicht mit einem Deutschen zusammen in den Lichtschein einer Laterne geriet, wo dieser mein Gesicht hätte sehen können. Wir nahmen den kürzesten Weg, gingen sehr schnell, dennoch schien dieser Weg endlos. Schließlich gelangten wir dennoch ans Ziel, zur Noakowski-Straße Nummer 10, wo ich mich im fünften Stock in einem Maleratelier verstecken sollte, über das damals einer der führenden Köpfe der musikalischen Konspiration, Piotr Perkowski, verfügte. Wir hasteten die Treppen hinauf,

Maleratelier
Künstlerwerkstatt

nahmen drei Stufen auf einmal. Im Atelier erwartete uns, nervös und besorgt, die Godlewska. Bei unserem Anblick seufzte sie erleichtert auf.

»Na endlich! Da seid ihr ja!« Sie schlug die Hände überm Kopf zusammen. Und zu mir: »Erst als Andrzej schon unterwegs zu dir war, fiel mir ein, dass heute der 13. Februar ist: Die Dreizehn – eine Unglückszahl.«

13 Gezänk hinter der Wand

Das Maleratelier, in dem ich mich jetzt befand und nun eine Zeit lang bleiben musste, war ein ziemlich großer Raum, eine Art Saal mit verglaster Decke. Zu beiden Seiten besaß er fensterlose Alkoven, die mit Türen verschlossen wurden. Die Boguckis hatten für mich ein Feldbett vorbereitet. Mir kam es nach den Kasernenpritschen, auf denen ich bislang genächtigt hatte, unerhört bequem vor. Ich war überhaupt glücklich, schon allein durch die Tatsache, dass ich keine Deutschen zu Gesicht bekam, nicht ihr Gebrüll hörte und nicht befürchten musste, dass ich jeden Augenblick von einem SS-Mann geschlagen, ja erschlagen werden konnte. Ich versuchte während dieser Tage, nicht daran zu denken, was mich noch erwartete, ehe der Krieg vorbei war, und ob ich überhaupt so lange leben würde. Auftrieb gab mir die Nachricht, die Frau Bogucka eines Tages mitbrachte, dass nämlich sowjetische Truppen Charkow zurückerobert hatten. Dennoch – was sollte aus mir werden? Ich musste damit rechnen, dass mein Aufenthalt in dem Atelier nicht von langer Dauer sein konnte. Perkowski musste in den nächsten Tagen einen Mieter finden, schon aus dem Grunde, weil die Deutschen eine Volkszählung angekündigt hatten, während der die Polizei die Wohnungen durchsuchen und überprüfen sollte, ob deren

Alkoven **kleine Nebenräume, Bettnischen**

Bewohner entsprechend angemeldet und wohnberechtigt waren. Beinah täglich erschienen neue Mietkandidaten, um sich den Raum anzusehen. Ich musste dann in einem der Alkoven verschwinden und die Tür von innen zuschließen.

Nach zwei Wochen setzte sich Bogucki mit dem ehemaligen musikalischen Direktor des Polnischen Rundfunks, meinem Chef aus der Vorkriegszeit, Edmund Rudnicki, ins Einvernehmen, und der erschien eines Abends in Begleitung von Herrn Ingenieur Gębczyński. Ich sollte ins Hofgebäude desselben Hauses, in die Wohnung des Ingenieursehepaars umziehen. Am selben Abend sollte ich zum ersten Mal seit sieben Monaten eine Klaviatur berühren. Sieben Monate, in denen ich alle meine Lieben verloren, die Liquidierung des Gettos überlebt und dann die Gettomauer abgetragen, Kalk und Ziegel geschleppt hatte. Lange wehrte ich mich gegen die Überredungskünste von Frau Gębczyńska, bis ich schließlich doch nachgab. Die steifen Finger bewegten sich nur widerstrebend über die Tasten, der Klang irritierte wie etwas ganz Fremdes, für die Nerven schwer Erträgliches.

Am gleichen Abend wurde mir noch eine andere Sensation zuteil. Gębczyński erhielt von einem gewöhnlich gutinformierten Freund einen Anruf, dass tags darauf eine Menschenjagd, über die ganze Stadt verteilt, stattfinden würde. Wir alle waren furchtbar beunruhigt. Doch die Meldung erwies sich als falscher Alarm, wie das damals oft der Fall war. Am nächsten Tag kam ein früherer Kollege aus dem Rundfunk, der später ein enger Freund von mir wurde, der Dirigent Czesław Lewicki. Er hatte sich einverstanden erklärt, mich in seiner Junggesellenbehausung Puławska-Straße 83 wohnen zu lassen, über die er verfügte, doch nicht persönlich nutzte.

Es war sieben Uhr abends, Samstag, der 27. Februar, als wir die Wohnung des Ehepaares Gębczyński verließen. Es herrschte, Gott sei Dank, schwärzeste Finsternis. Auf dem

Plac Unii nahmen wir eine Rikscha, gelangten ungehindert in die Puławska-Straße, erstürmten den vierten Stock, damit wir niemandem im Treppenhaus begegneten.

Die Behausung erwies sich als komfortable, elegant möblierte Garçonnière, nicht groß, mit einer Diele, von der man in die Toilette kam. Auf der gegenüberliegenden Seite der Diele befand sich ein großer Wandschrank und daneben ein Gaskocher. Im Zimmer standen eine bequeme Couch, ein Kleiderschrank, ein kleines Bücherregal, ein Tischchen und Polsterstühle. Die kleine Bibliothek war reich an Noten und Partituren und wies auch ein paar wissenschaftliche Bücher auf. Ich fühlte mich wie im Paradies. Die erste Nacht schlief ich lange nicht, ich wollte ganz einfach die Annehmlichkeit genießen, auf einer richtigen Couch mit ausgezeichneten Sprungfedern zu liegen.

Garçonnière Einzimmerwohnung

Partituren mehrstimmige Notenschriften

Anderntags kam Lewicki mit seiner Bekannten Frau Doktor Malczewska und brachte mir meine Sachen, und bei dieser Gelegenheit besprachen wir meine Ernährung und wie ich mich zu verhalten hätte während der Volkszählung, die anderntags stattfinden sollte: Ich müsste den ganzen Tag in der Toilette zubringen, die Tür von innen abgeschlossen, so wie zuvor im Alkoven des Malerateliers. Selbst wenn sie während der Zählung in die Wohnung einbrächen, würden sie ja wohl kaum die kleine Tür, hinter der ich saß, bemerken, schlussfolgerten wir. Zur Not würden sie sie für eine Tür des verschlossenen Wandschranks halten.

Ich hielt mich strikt an unsere strategische Planung. Mit Büchern beladen, begab ich mich gleich früh zu jener Örtlichkeit, die für einen längeren Aufenthalt nicht eben bequem war, und harrte dort geduldig bis zum Abend aus, wobei ich schon seit den Mittagsstunden nur davon träumte, die Beine ausstrecken zu können. Das ganze Manöver erwies sich als überflüssig: Niemand kam, außer Lewicki, der gegen Abend vorbeischaute, neugierig und auch in Sorge, was mit mir los sei. Er brachte Wodka mit, Wurst, Brot und Butter. Wir speisten wie die Könige. Die Volkszählung sollte durchgeführt werden, damit die Deutschen auf einen Schlag sämtliche Juden aufspüren konnten, die sich in Warschau versteckt hielten. Mich fanden sie nicht, und neue Zuversicht erfüllte mich.

Lewicki, der ziemlich weit weg wohnte, kam mit mir überein, dass er mich nur zweimal die Woche besuchen würde, um mich mit Nahrungsmitteln zu versorgen. Die Zeit zwischen den so sehnsüchtig erwarteten Visiten musste ich irgendwie ausfüllen. Ich las viel und lernte die leckersten Gerichte zuzubereiten, indem ich den kulinarischen Ratschlägen der Doktorsgattin folgte. Ich musste alles geräuschlos machen, mich auf Zehenspitzen bewegen, alles in Zeitlupentempo, um, Gott behüte, nirgendwo mit Hand oder Fuß anzustoßen. Die Wände waren dünn, und jede unvorsichtige Bewegung konnte meine Anwesenheit meinen Nachbarn verraten. Ich hörte nur allzu genau, was bei denen vor sich ging, besonders in der Wohnung links. Dort wohnte ein junges (der Stimme nach zu urteilen) Ehepaar, das sein allabendliches Geplauder mit zärtlichen »Kätzchen« und »Hündchen« begann. Nach etwa einer Viertelstunde dann fing die Harmonie zwischen ihnen an, sich zu trüben, die Stimmen hoben sich, und die Epitheta durchliefen die gesamte Skala des Haustierbereichs, um beim Borstenvieh zu enden. Danach erfolgte vermutlich ein Akt der Versöhnung. Die Stimmen schwiegen für längere Zeit, schließlich ließ sich eine dritte Stimme vernehmen – ein Klavier, auf dem die junge Ehefrau falsche, aber gefühlvolle Töne anschlug. Doch auch das Geklimper dauerte meist nicht lange. Der Ton brach ab, und eine irritierte Frauenstimme nahm das Gezänk wieder auf:

Visiten Besuchen

kulinarischen die feine Küche betreffenden

Epitheta Beiwörter

»Ich werde nicht mehr spielen! Immer drehst du dich weg, wenn ich spiele …«

Und aufs Neue setzte die Tierserie ein.

Während ich das hörte, dachte ich so bei mir, nicht selten mit Wehmut, wie viel ich doch darum gäbe und wie glücklich ich wäre, wenn ich auch nur ihren verstimmten Klimperkasten hätte, der da jenseits der Wand ein solches Gezänk hervorrief.

Die Tage gingen dahin. Regelmäßig zweimal die Woche besuchten mich Frau Malczewska oder Lewicki, brachten Lebensmittel und informierten mich über die letzten politischen Ereignisse. Die waren nicht ermutigend: Die sowjetischen Truppen hatten sich leider aus Charkow zurückgezogen. Die Alliierten zogen sich aus Afrika zurück. Zur Untätigkeit verurteilt, die meisten Tage mit einsamem Grübeln zubringend, in einem fort und immer aufs Neue das grauenvolle Geschick erinnernd, das meine Familie ereilt hatte, wurden mein Zweifel und meine Niedergeschlagenheit immer schlimmer. Wenn ich aus dem Fenster auf den stets gleichen Straßenverkehr, auf die stets gleich ruhig sich bewegenden Deutschen hinabschaute, kam es mir wieder durchaus glaubhaft vor, dass das alles so bleiben könnte, ein für allemal. Und was würde dann aus mir? Nach Jahren vergeblichen Leidens würde man mich eines Tages entdecken und ermorden. Bestenfalls würde ich Selbstmord begehen können, damit ich den Deutschen nicht lebend in die Hände fiele.

Meine Stimmung begann sich erst zu bessern, als die Großoffensive der Alliierten in Afrika in Gang kam, von einem Erfolg nach dem anderen gekrönt. Es war ein heißer Tag im Mai. Ich war gerade dabei, mir zum Mittagessen eine Suppe zu kochen, als unerwartet Lewicki auftauchte. Atemlos vom schnellen Treppensteigen bis hinauf in den vierten Stock, schnaufte er eine Weile nur, bis er die Neuigkeit, wegen der er gekommen war, herauskeuchen konnte: Der deutsch-italienische Widerstand in Afrika war endgültig zusammengebrochen.

der Aufstand → Seite 270

Wenn das doch alles früher angefangen hätte! Wenn die Alliiertentruppen die Deutschen jetzt nicht in Afrika besiegten, sondern in Europa, vielleicht brächte ich dann Freude auf. Vielleicht hätte dann auch der Aufstand, den der kleine Überrest von Juden im Getto von Warschau organisiert und angezettelt hat, zumindest eine winzig kleine Aussicht auf Erfolg. Parallel zu den immer besseren Nachrichten, die Lewicki mitbrachte, liefen seine immer schrecklicheren Details über den Verlauf jener tragischen Reaktion meiner Mitbrüder, dieser Hand voll, die beschlossen hatte, wenigstens in der letzten, hoffnungslosen Etappe den aktiven Kampf gegen die Deutschen aufzunehmen, um ihren Protest gegen die deutsche Barbarei unter Beweis zu stellen. Aus den Untergrundzeitungen, die ich erhielt, erfuhr ich von dem jüdischen Widerstand, den Kämpfen um jedes Haus und jeden Straßenabschnitt, und von den großen Verlusten der Deutschen, die wochenlang die so viel schwächeren Aufständischen nicht besiegen konnten, obwohl bei der Kampfaktion im Getto Artillerie, Panzer und die Luftwaffe eingesetzt wurden. Keiner der Juden wollte sich lebend gefangen nehmen lassen. Hatten die Deutschen ein Haus erobert, trugen die darin verbliebenen Frauen die Kinder ins oberste Stockwerk hinauf und warfen sich zusammen mit den Kindern über die Balkons auf die Straße hinab. Abends, zur Schlafenszeit, konnte ich, wenn ich mich aus dem Fenster lehnte, im Norden Warschaus den Feuerschein und schwere Rauchmassen beobachten, die den klaren Sternenhimmel überzogen.

Es war Anfang Juni, als Lewicki eines Tages wieder einmal überraschend bei mir auftauchte, zu ungewöhnlicher Stunde, denn direkt zum Mittag. Doch gute Nachrichten brachte er diesmal nicht. Er war unrasiert, hatte tiefgeränderte Augen wie nach einer durchwachten Nacht und zeigte eine sichtlich verstörte Miene.

»Zieh dich an!«, kommandierte er flüsternd.

»Was ist passiert?«

»Gestern Abend hat die Gestapo mein Zimmer bei Doktor Malczewski und Frau versiegelt, sie können jeden Augenblick hier sein. Wir müssen sofort weg.«

Weg? Am helllichten Tage, zur Mittagszeit? Das kam, wenigstens soweit es mich betraf, einem Selbstmord gleich. Lewicki wurde ungeduldig.

»Na mach schon, mach!«, drängte er, während ich bloß dastand, statt, wie er das erwartete, eine Tasche zu packen. Er beschloss, mich zu ermutigen und aufzumuntern.

»Keine Angst«, begann er nervös zu erklären. »Alles ist vorbereitet: Nicht weit von hier wartet jemand auf dich, der dich an einen sicheren Ort bringt.«

Dennoch war ich nicht willens, mich vom Fleck zu rühren. Was passieren soll, passiert! Lewicki würde ohnehin türmen, ihn würde die Gestapo sowieso nicht finden. Und ich zog es vor, im Fall der Fälle an Ort und Stelle Schluss zu machen, als ein weiteres Umherirren zu riskieren, für das mir einfach die Kräfte fehlten. Irgendwie machte ich das alles meinem Freund klar, wir umarmten uns, beinah sicher, dass wir uns im Leben nie mehr wiedersehen würden, worauf Lewicki die Wohnung verließ.

Ich begann durchs Zimmer zu tigern, das mir bisher einer der sichersten Plätze auf der Welt gewesen war, und jetzt – jetzt kam es mir wie ein Käfig vor. Ich war darin gefangen wie ein Tier, und es war nur eine Frage der Zeit, wann die Schlächter kamen, um mich zu finden und umzulegen, hocherfreut über ihren Fang. Ich, der ich nie geraucht hatte, rauchte an diesem Tag die ganze Hunderterpackung, die Lewicki dagelassen hatte, in Erwartung des Todes, der sein Kommen Stunde um Stunde hinauszögerte. Ich wusste, dass die Gestapo für gewöhnlich abends oder in den frühen Morgenstunden kam.

Ich zog mich nicht aus und machte kein Licht, starrte auf das durch die Scheiben sichtbare Balkongitter und lauschte auf das leiseste Geräusch von der Straße oder vom Treppenflur her. Ich hatte noch immer Lewickis Worte im Ohr. Seine Hand lag schon auf der Türklinke, als er sich noch einmal umdrehte, zu mir trat, mich erneut umarmte und sagte:

»Sollten sie kommen und die Wohnung stürmen, wirf dich vom Balkon. Sie dürfen dich nicht lebend kriegen!«

Dann fügte er hinzu, um mir die Entscheidung für diesen Tod zu erleichtern: »Ich habe Gift bei mir, mich kriegen die auch nicht.«

Inzwischen war es schon spät. Der Straßenverkehr war völlig zum Erliegen gekommen, und die Fenster im Haus gegenüber wurden nach und nach alle dunkel. Und die Deutschen rückten noch immer nicht an. Mit meinen Nerven war ich fast am Ende. Zuzeiten verspürte ich den Wunsch, dass sie, wenn sie schon kommen mussten, so schnell wie möglich kamen. Ich wollte nicht mehr so lange auf die Folter gespannt sein. Irgendwann änderte ich meinen Entschluss, was die Art und Weise des Selbstmords anging. Mir war plötzlich in den Sinn gekommen, dass ich mich ja doch erhängen könnte, statt übers Balkongitter zu springen, und diese Todesart kam mir, schwer zu sagen warum, leichter und schneller vor. Ich machte noch immer kein Licht, begann aber das Zimmer nach Schnur zu durchstöbern. Endlich fand ich ein langes und ziemlich stabiles Stück Schnur im Bücherschrank hinter den Büchern.

Ich nahm das Bild über dem Bücherschrank herunter, überprüfte, wie fest der Haken saß, machte die Schlinge fertig und – wartete. Die Gestapo kam nicht.

Sie kam auch nicht in den Morgenstunden, und sie blieb die nächsten paar Tage ebenfalls aus. Erst am Freitag um elf Uhr vormittags, als ich nach einer beinah schlaflos zugebrachten Nacht angezogen auf der Couch lag, hörte ich von der Straße herauf eine Schießerei. Rasch trat ich ans Fenster. Über die ganze Straßenbreite mitsamt der Bürgersteige rückte die Schwarmlinie der Gendarmen vor, die chaotisch und ohne Plan auf die fliehenden Menschen schossen. Nach einer Weile fuhren Lastkraftwagen der SS vor, und ein großer Straßenabschnitt, auf dem auch mein Haus stand, wurde umstellt. Die Gestapobeamten gingen in Gruppen nacheinander in alle Hauser und führten danach jeweils Männer heraus. Sie betraten auch das Haus, in dem ich lebte.

Nunmehr konnte kein Zweifel mehr darüber bestehen, dass sie mein Versteck ausfindig machen würden. Ich schob den Stuhl vor den Bücherschrank, um leichter an den Bilderhaken heranzukommen, bereitete die Schnur vor und ging zur Tür, um zu lauschen. Man hörte die Deutschen im Treppenhaus brüllen, doch ein paar Stockwerke tiefer. Nach einer halben Stunde war alles wieder still. Ich schaute aus dem Fenster: Die Blockade war aufgehoben, die Lastwagen der SS abgefahren.

Sie waren nicht gekommen.

Nach diesem Zeitraum der Angst sollte ein neuer für mich beginnen – der eines solchen Hungerns, wie ich ihn nicht einmal im Getto während der größten Lebensmittelknappheit erlitten hatte.

14 Szałas' Betrug

Seit Lewickis Flucht war eine Woche vergangen. Die Gestapo tauchte auch weiterhin nicht auf. Allmählich beruhigte ich mich. Etwas anderes fing an, bedrohlich zu werden: Die Lebensmittelvorräte gingen zur Neige. Ich hatte nur noch eine kleine Menge Bohnen und Grütze. Ich schränkte das Essen auf zweimal täglich ein, kochte mir Suppe, für die ich jedes

Mal zehn Bohnen und einen Löffel Grütze abmaß, doch auch so portioniert, konnte mein Vorrat gerade noch für ein paar Tage reichen. Eines Morgens fuhr wieder ein Auto der Gestapo vor dem Haus vor, in dem ich lebte. Zwei SS-Männer mit einem Zettel in der Hand stiegen aus und betraten das Gebäude. Ich war überzeugt, dass sie mich holen wollten, und machte mich bereit für den Tod. Doch auch dieses Mal handelte es sich nicht um mich.

Mit meinen Vorräten war es nun endgültig aus und vorbei. Seit zwei Tagen hatte ich außer Wasser nichts im Magen. Blieben zwei Auswege: Hungers sterben oder das Risiko eingehen und bei der nächsten Straßenhändlerin ein Brot kaufen. Ich wählte den zweiten. Ich rasierte mich sorgfältig, kleidete mich an und verließ um acht Uhr morgens, um ein legeres Auftreten bemüht, das Haus. Niemand schenkte mir Beachtung, trotz meiner so offensichtlich »nichtarischen« Gesichtszüge; ich kaufte das Brot und kehrte in die Wohnung zurück. Es war der 18. Juli 1943. Von diesem einen Brot, denn für mehr hatte mein Geld nicht gereicht, lebte ich bis zum 28. Juli, also zehn Tage lang.

legeres **ungezwungenes**

Am 29. Juli, zum frühen Nachmittag, ertönte leises Klopfen an der Tür. Ich reagierte nicht. Nach einer Weile wurde behutsam ein Schlüssel ins Schlüsselloch gesteckt und herumgedreht, die Tür ging auf, und ein mir unbekannter junger Mann trat ein. Schnell schloss er die Tür hinter sich und fragte flüsternd:

»Nichts Verdächtiges?«

»Nein.«

Erst jetzt wandte er mir seine Aufmerksamkeit zu; er musterte mich von oben bis unten, und in seinen Augen malte sich Erstaunen:

»Sie leben?«

Ich zuckte die Achseln. Ich sah doch wohl lebendig genug

aus, um nicht antworten zu müssen. Der Fremde lächelte und stellte sich, ein wenig verspätet, vor: Er war Lewickis Bruder und gekommen, um mir anzukündigen, dass anderntags Lebensmittel geliefert würden und man mich in den nächsten Tagen anderswo unterbringen würde, da die Gestapo weiter nach Lewicki suchte und doch noch hier auftauchen konnte.

Tags darauf erschien tatsächlich Ingenieur Gębczyński mit einem anderen Mann, den er mir als Funktechniker Szałas, einen vertrauenswürdigen Aktivisten des Untergrundes, vorstellte. Gębczyński warf sich mir in die Arme; er war felsenfest überzeugt gewesen, dass ich inzwischen an Entkräftung gestorben war. Er erzählte mir, wie sich alle gemeinsamen Freunde um mich gesorgt hatten, wie man sich nicht dem Haus hatte nähern können, das ständig von Geheimagenten observiert worden war, und wie er, gleich nachdem die Observierung aufgehört hatte, ausgeschickt worden war, damit er sich um meine sterblichen Überreste und ein anständiges Begräbnis für mich kümmerte.

observiert **beobachtet**

Von nun an sollte sich Szałas ständig meiner annehmen, dem unsere Untergrundorganisation diese Funktion zugeteilt hatte.

Szałas jedoch erwies sich als reichlich merkwürdiger Beschützer: Er schaute alle zehn Tage mit einer winzigen Menge Lebensmittel vorbei, die er damit erklärte, dass er für mehr das Geld nicht hatte aufbringen können. Ich gab ihm deshalb ein paar Reste meiner Sachen zu verkaufen, aber fast jedes Mal trug es sich zu, dass man ihm diese Sachen stahl und er wieder nur mit einer verschwindend geringen Menge Lebensmittel erschien, die für zwei, drei Tage reichten, manchmal jedoch für zwei Wochen reichen mussten. Als ich schließlich vom Hunger restlos erschöpft im Bett lag, überzeugt, dass ich nunmehr mit Sicherheit sterben würde, erschien Szałas und brachte mir wieder ein bisschen was zu essen, gerade so viel, dass ich nicht starb und die Kraft hatte, mich weiter zu quälen. Stets strahlend und mit den Gedanken abwesend, warf er mir immer die Frage hin:

»Na, wie steht's, noch am Leben?«

Am Leben war ich, auch wenn ich infolge von Hunger und Gram Gelbsucht bekam. Szałas nahm sich das wenig zu Herzen. Er erzählte mir die fröhliche Geschichte von seinem Großvater, der aufgrund einer überraschenden Gelbsucht von seiner Liebsten einen Korb bekam. Gelbsucht war nach Szałas' Ansicht nur eine Lächerlichkeit. Zum Trost übermittelte er mir die Nachricht, dass die Alliierten auf Sizilien gelandet waren, worauf er sich verabschiedete und verschwand. Das war unser letztes Zusammentreffen, denn er zeigte sich nicht weiter, obwohl zehn Tage vergingen, und zwölf Tage, und zwei Wochen …

Ich aß nichts, hatte nicht einmal mehr die Kraft, aufzustehen und mich zum Wasserhahn zu schleppen. Wäre jetzt die Gestapo gekommen, ich wäre außer Stande gewesen, mich zu erhängen. Den größten Teil des Tages dämmerte ich vor mich hin, doch wenn ich wach wurde, dann nur, um unerträgliche Hungerkrämpfe zu erleiden. Gesicht, Arme und Beine begannen mir bereits anzuschwellen, als unverhofft die Frau von Dr. Malczewski kam, von der ich wusste, dass sie gemeinsam mit ihrem Ehemann und Lewicki aus Warschau hatte fliehen und sich verstecken müssen. Sie war im festen Glauben, dass es mir bestens erging, und wollte einfach nur mal so vorbeischauen, mit mir ein Schwätzchen halten und Tee mit mir trinken. Szałas, das erfuhr ich jetzt von ihr, hatte in ganz Warschau Geld für mich gesammelt, und weil niemand geizte, wenn es um die Rettung eines Menschenlebens ging, bekam er eine ordentliche Summe zusammen. Er hatte meinen Freunden versichert, dass er mich beinah täglich besuche und es mir an nichts fehle.

Die Frau Doktor reiste nach ein paar Tagen wieder aus Warschau ab, doch zuvor versorgte sie mich üppigst mit Nahrungsmitteln und sagte mir eine solidere Betreuung zu. Doch die war leider nicht von Dauer.

Am 12. August zur Mittagszeit, als ich gerade wie üblich meine Suppe kochte, schien urplötzlich jemand die Wohnung stürmen zu wollen. Es war kein Klopfen diesmal wie in den Fällen, da mich meine Freunde besuchten, sondern ein Hämmern. Die Deutschen also. Doch die Stimmen, die das Gepoltere begleiteten, identifizierte ich nach einer Weile als weiblich. Eine rief:

»Machen Sie sofort auf, sonst rufen wir die Polizei!«

Das Gehämmer wurde immer zudringlicher. Es konnte gar keinen Zweifel geben, meine Mitbewohner hatten entdeckt, dass ich hier versteckt war, und, um nicht den Vorwurf zu riskieren, einen Juden zu verstecken, beschlossen, mich auszuliefern.

Hastig zog ich mich an, packte meine Kompositionen und ein paar Sachen in eine Tasche. Das Poltern hörte für einen Moment auf. Bestimmt waren die von meinem Schweigen erbosten Frauen nunmehr bereit, ihre Drohung wahr zu machen, und vermutlich bereits unterwegs zur nächsten Polizeistation. Leise machte ich die Tür auf und schlüpfte ins Treppenhaus, um mich hier Auge in Auge mit einem der Weibsbilder wiederzusehen, die offenbar Posten bezogen hatte, damit ich nicht türmte.

Sie stellte sich mir in den Weg.

»Sind Sie aus dieser Wohnung da?« Sie zeigte auf die Tür. »Sie sind nicht angemeldet!«

Ich erwiderte, dass hier nebenan mein Kollege wohne, den ich gerade verpasst hätte. Eine sinnlose Erklärung, und dem kriegerischen Weib genügte sie natürlich auch nicht.

»Bitte, weisen Sie sich aus! Sofort den Ausweis her!«,

schrie sie immer lauter. Hier und da steckten bereits, von dem Geschrei alarmiert, Hausbewohner die Köpfe aus den Türen.

Ich stieß das Weib beiseite und rannte die Treppen hinunter. Hinter mir hörte ich sie kreischen:

»Die Tür zu! Lasst ihn nicht raus!«

Im Parterre stürmte ich an der Hausmeisterin vorbei, die gottlob nichts von dem verstanden hatte, was die andere von oben heruntergeschrien hatte. Ich erreichte das Tor und stürzte auf die Straße hinaus.

Wieder einmal war ich dem Tod entronnen, doch schon lauerte er erneut auf mich: Es war ein Uhr mittags, ich befand mich auf der Straße – unrasiert, das Haar seit Monaten ungeschnitten, in zerknittertem, schmuddeligem Anzug. Damit musste ich die allgemeine Aufmerksamkeit auf mich lenken, von meinen Gesichtszügen gar nicht zu reden. Ich bog in die erste Seitenstraße ein und hastete drauflos. Wohin sollte ich gehen? Die einzigen Bekannten, die ich hier in der Nähe hatte, waren die Bołdoks, die in der Narbutt-Straße wohnten. Ich war jedoch dermaßen nervös, dass ich mich, obwohl ich die Gegend gut kannte, verlief. Beinah eine Stunde irrte ich durch allerlei Gassen, bis ich endlich ans Ziel gelangte. Ich zögerte lange, bis ich mich zu klingeln entschloss, um hinter jener Tür Schutz zu finden, wusste ich doch nur zu gut, in welch eine Gefahr ich diese Menschen durch meine Anwesenheit brachte. Fände man mich bei ihnen, würde man sie zusammen mit mir erschießen. Ich hatte jedoch keine andere Wahl. Man hatte mir kaum geöffnet, als ich auch schon gleich versicherte, ich sei nur auf dem Sprung, wolle mich bloß telefonisch kundig machen, wo ich einen neuen, beständigen Unterschlupf finden könnte. Meine Telefonate erbrachten jedoch nichts. Etliche meiner Freunde konnten mich nicht aufnehmen, andere wiederum nicht das Haus verlassen, weil an diesem Tag unseren Organisationen ein Überfall auf eine der größten Warschauer Banken gelungen und die ganze Innenstadt von Gendarmerie umstellt war. Angesichts dessen beschloss das Ingenieursehepaar Bołdok, mich in der leeren Wohnung einen Stock tiefer, zu der sie die Schlüssel hatten, schlafen zu lassen. Erst am nächsten Tag kam mein früherer Kollege vom Funk, Zbigniew Jaworski, der mich für ein paar Tage bei sich behalten wollte. Also wieder einmal gerettet, auf ein paar Tage, in der Wohnung von lieben Menschen, die mir wohl wollten! Gleich am ersten Abend nahm ich ein Bad, wonach wir ein schmackhaftes Abendessen verzehrten, mit einem Schnäpschen begossen, was mir meine Leber leider verübelte. Dennoch – trotz der angenehmen Atmosphäre und vor allem der Möglichkeit, nach Herzenslust zu reden nach all den Monaten erzwungenen Schweigens, wollte ich so schnell wie möglich meine Gastgeber verlassen, um sie nicht zu gefährden, obwohl Frau Zofia Jaworska und ihre couragierte Mutter, Frau Bobrownicka, eine alte Dame von siebzig Jahren, mir herzlich zuredeten, doch nur ja so lange bei ihnen zu bleiben, wie es nottat.

couragierte **mutige, beherzte**

Alle Bemühungen um ein neues Versteck für mich liefen unterdessen ins Leere: Von allen Seiten gingen Absagen ein. Die Menschen hatten Angst, einen Juden aufzunehmen, dafür drohte schließlich einzig und allein die Todesstrafe. Ich war so niedergeschlagen wie kaum je zuvor, als mir die Vorsehung im letzten Augenblick erneut die Rettung schickte, diesmal in Gestalt von Frau Helena Lewicka, der Schwägerin von Frau Jaworska. Wir waren uns nie zuvor begegnet, jetzt sah sie mich zum ersten Mal, doch als sie von meinen bisherigen Erlebnissen erfuhr, erklärte sie sich sofort einverstanden, mich aufzunehmen. Sie vergoss Tränen meinetwegen, obgleich auch ihr Leben nicht leicht war und sie selber genug Gründe hatte, das Geschick vieler ihrer Angehörigen und Freunde zu beweinen.

Am 21. August, nach meiner letzten Nacht bei den Jaworskis, während der sich die Gestapo in der Gegend herumtrieb und uns alle vor Angst und Sorgen auf den Beinen hielt, siedelte ich in einen großen Wohnblock in der Aleja Niepodległości über. Das sollte mein letztes Versteck vor dem Aufstand und der völligen Zerstörung Warschaus werden – ein geräumiges Junggesellenzimmer im vierten Stock, mit dem Eingang direkt vom Treppenhaus. Es gab Licht und Gas, allerdings kein Wasser, das von einer gemeinsamen Leitung auf dem Flur bezogen wurde. Auf dem Flur war auch das Gemeinschafts-WC. Neben mir wohnten gutbürgerliche Leute, Menschen von anderer, höherer Klasse als meine Nachbarn in der Puławska, die sich zankten hinter der Wand, auf einem verstimmten Klavier klimperten und mich dann an die Deutschen ausliefern wollten. Meine unmittelbare Nachbarschaft hier bestand aus einem Ehepaar, das im Untergrund aktiv war, das verfolgt wurde und deshalb nicht zu Hause schlief. Das war auch für mich nicht ungefährlich, doch ich zog eine solche Nachbarschaft der von loyalen Halbgebildeten vor, die mich vor Angst ausliefern mochten. In den anderen Häusern nebenan wohnten überwiegend Deutsche, waren verschiedenerlei Militärbehörden untergebracht. Meinen Fenstern vis-à-vis befand sich das unfertige große Krankenhausgebäude, in dem Magazine, irgendwelche Lager untergebracht waren. Ich sah täglich bolschewistische Kriegsgefangene dort schwere Kisten hinein- und heraustragen. Diesmal war ich also im Herzen eines der deutschesten Stadtteile Warschaus gelandet, in der Höhle des Löwen sozusagen. Vielleicht war das gar besser und sicherer so.

loyalen **regierungstreuen**

vis-à-vis **gegenüber**

bolschewistische **→ Seite 270**

Ich hätte mich in diesem meinem neuen Versteck ziemlich wohl gefühlt, wenn es mit meiner Gesundheit nicht so rapide bergab gegangen wäre. Die Leber machte mir immer ärger zu schaffen, bis ich schließlich Anfang Dezember eine solche

Schmerzattacke erlitt, dass es mich große Anstrengung kostete, nicht zu schreien. Der Anfall dauerte die ganze Nacht. Der Arzt, den Frau Helena Lewicka holte, stellte eine akute Gallenblasenentzündung fest und empfahl strenge Diät. Gottlob war ich zu dieser Zeit nicht auf die »Fürsorge« eines Szałas angewiesen, sondern wurde von der besten, aufopferndsten der Frauen, von Frau Helena, betreut. Mit ihrer Hilfe wurde ich allmählich wieder gesund.

So trat ich ins Jahr 1944 ein.

Ich unternahm alle Anstrengungen, um ein möglichst geregeltes Leben zu führen. Von neun bis elf Uhr morgens lernte ich Englisch, von elf bis eins las ich, bereitete mir dann mein Mittagessen, um mich von drei bis sieben erneut dem Englischen und der Lektüre zuzuwenden.

Unterdessen hagelten die Niederlagen nur so auf die Deutschen herab. Längst war von irgendwelchen Gegenangriffen keine Rede mehr. An allen Fronten »zogen sie sich planmäßig zurück«, was in der Presse so dargestellt wurde, dass man Gebiete ohne Bedeutung aufgäbe, um so vorteilhaft die Frontlinie zu verkürzen. Doch mit ihren Niederlagen an der Front wuchs der Terror, den sie innerhalb der noch von ihnen okkupierten Länder verbreiteten. Öffentliche Exekutionen, mit denen sie in den Straßen Warschaus im Herbst begonnen hatten, fanden jetzt beinah täglich statt. Wie immer und in allem systematisch, hatten sie dabei noch Zeit, das von Menschen gründlich »gesäuberte« Getto nunmehr von seinem Mauerwerk zu befreien. Sie zerstörten Haus um Haus, Straße um Straße und ließen mit der Kleinbahn den Schutt aus der Stadt hinaustransportieren. Die durch den Widerstand der Juden in ihrer Ehre gekränkten »Herren der Welt« hatten beschlossen, dort keinen Stein auf dem anderen zu lassen.

okkupierten **besetzten**

In die Eintönigkeit meiner Tage stahl sich zu Beginn des Jahres eine Begebenheit, die ich am allerwenigsten erwartete.

Eines Tages machte sich wer an meiner Tür zu schaffen – leise, lange und angestrengt, mit Pausen dazwischen. Mir war anfangs nicht klar, was das sein konnte. Erst nach langem Grübeln kam ich dahinter: Das war ein – Dieb! Was ein Problem aufwarf. Vor dem Gesetz waren wir beide Verbrecher, ich allein durch das biologische Faktum, ein Jude zu sein, er als Dieb. Sollte ich ihm also, wenn er drin war, damit drohen, dass ich die Polizei riefe? Oder war es wahrscheinlicher, dass er mir damit drohte? Sollten wir uns besser gegenseitig auf der Wache abliefern? Oder sollten wir miteinander lieber den Nichtangriffspakt der Kriminellen schließen? Letzten Endes brach er jedoch nicht ein, ein Mieter aus dem Haus hatte ihn verschreckt.

Am 6. Juni 1944 nachmittags erschien Frau Helena bei mir mit strahlender Miene und brachte mir die Nachricht, dass die Amerikaner und die Engländer in der Normandie gelandet seien; sie hatten den deutschen Widerstand gebrochen und befanden sich nun auf dem Vormarsch. Die schönsten Schreckensmeldungen häuften sich jetzt mit Blitzgeschwindigkeit: die Einnahme Frankreichs, die Kapitulation Italiens, die Rote Armee an den Grenzen Polens, die Befreiung Lublins.

Über Warschau immer häufiger sowjetische Fliegerangriffe, deren Feuerwerkseffekte ich von meinem Fenster aus beobachte. Von Osten Grollen. Zuerst kaum wahrnehmbar, dann immer gewaltiger: die sowjetische Artillerie. Die Deutschen evakuieren Warschau, evakuieren ebenfalls das unfertige Krankenhausgebäude vis-à-vis. Ich sehe das mit Hoffnung, mit einer in meinem Herzen wachsenden Gewissheit: Ich werde leben! Ich werde frei sein! Am 29. Juli stürzt Lewicki herein: Der Aufstand in Warschau muss jeden Tag losbrechen! Unsere Organisationen kaufen eilends Waffen von den auf dem Rückzug befindlichen und demoralisierten Deutschen zusammen. Den Ankauf von einer Partie Maschinenpistolen

Aufstand in Warschau
→ Seite 270

hatte man meinem unvergessenen Gastgeber aus der Fałat-Straße, Zbigniew Jaworski, übertragen. Leider traf er auf solche, die schlimmer als die Deutschen waren – auf Ukrainer. Unter dem Vorwand, ihm die gekauften Waffen herauszugeben, führten sie ihn auf den Hof der Hauptlandwirtschaftsschule, und dort erschossen sie ihn.

Am 1. August platzte Frau Helena um vier Uhr nachmittags herein. Sie war nur rasch gekommen, um mich in den Keller zu bringen: Der Aufstand sollte in einer Stunde losbrechen! Von einem Instinkt geleitet, der mich schon vielfach gerettet hat, beschließe ich, oben zu bleiben. Meine Beschützerin verabschiedet sich von mir wie von einem Sohn, mit Tränen in den Augen. Mit erstickter Stimme sagt sie: »Ob wir uns noch einmal wiedersehen, Władek?«

15 In einem brennenden Haus

Trotz der Versicherungen von Frau Helena, dass der Aufstand um fünf Uhr losbrechen sollte, also bereits in ein paar Minuten, wollte ich es einfach nicht glauben. Wahrend der Okkupationsjahre hatten immer wieder politische Gerüchte in der Stadt kursiert, Ankündigungen von Ereignissen, die dann jedoch nicht eintraten. Die Evakuierung Warschaus durch die Deutschen, die auch ich von meinem Fenster aus hatte beobachten können, die panische Flucht überladener Lastautos und Privatwagen gen Westen waren in diesen Tagen zum Stillstand gekommen. Und das Dröhnen der sowjetischen Artillerie, so nah noch ein paar Nächte zuvor, entfernte sich jetzt deutlich von der Stadt und wurde immer schwächer.

Ich trat ans Fenster: Auf der Straße herrschten Ruhe und der normale Fußgängerverkehr, der vielleicht etwas weniger intensiv war als üblich, allerdings war dieser Teil der Aleja

Niepodległości nie sehr belebt gewesen. Von der technischen Hochschule her näherte sich eine Straßenbahn und hielt an der Haltestelle. Sie war fast leer. Ein paar Personen stiegen aus: Frauen, ein alter Mann mit Krückstock. Sie gingen in verschiedene Richtungen auseinander. Außerdem stiegen dann noch drei junge Männer mit länglichen, in Zeitungen eingepackten Gegenständen aus. Sie blieben vor dem ersten Wagen stehen, einer warf einen Blick auf die Uhr, dann schaute er in die Runde, plötzlich kniete er sich auf der Fahrbahn hin, legte sein Paket an die Schulter, und eine Serie schnellen Geknatters ertönte. Das Papier am Paketrand begann zu glimmen und legte einen Maschinengewehrlauf bloß. Gleichzeitig packten die beiden anderen nervös ihre Waffen aus.

Die Schüsse des jungen Mannes waren wie ein Signal für diese Gegend: Kurz darauf wurde überall geschossen, und als die Schussexplosionen in nächster Nähe verstummten, hörte man Schüsse vom Stadtzentrum, ungezählte, dicht aufeinander folgende, ununterbrochene, als brodelte Wasser in einem riesigen zugedeckten Kochkessel. Die Straße war wie leergefegt. Nur der ältere Herr rannte noch, unter Zuhilfenahme seines Stockes; er hastete unbeholfen dahin, rang sichtlich nach Luft, das Rennen fiel ihm schwer. Schließlich hatte auch er ein Haustor erreicht und verschwand in seinem Inneren.

Ich ging zur Tür und legte mein Ohr ans Holz. Auf dem Flur und im Treppenhaus herrschten Tumult und Bewegung. Türen wurden aufgerissen und schlugen wieder zu. Chaotisches Hin-und-her-Gerenne. Eine Frau schrie: »Jesus, Maria!« Eine andere rief Richtung Treppe: »Pass bloß auf dich auf. Jerzy!« Und von unteren Stockwerken herauf ertönte zur Antwort: »Ja, schon gut!« Jetzt weinten die Frauen; eine von ihnen, die sich offenbar nicht beherrschen konnte, schluchzte nervös. Ein Männerbass beruhigte halblaut: »Das wird nicht lange dauern. Schließlich haben alle darauf gewartet …«

Frau Helena hatte dieses Mal die richtige Voraussage getroffen: Der Aufstand war ausgebrochen.

Ich ließ mich auf dem Sofa nieder, um darüber nachzudenken, was zu tun war.

Als Frau Helena gegangen war, hatte sie mich wie üblich eingeschlossen, mit Wohnungsschlüssel und Vorhängeschloss. Ich ging wieder zum Fenster: In den Haustüren standen Deutsche in Gruppen. Weitere kamen hinzu, näherten sich von Pole Mokotowskie her. Alle waren sie mit Selbstladern bewaffnet, trugen Helme und Handgranaten im Koppel. Auf unserem Straßenabschnitt gab es keine Kämpfe. Wenn die Deutschen von Zeit zu Zeit Schüsse abgaben, dann nur auf die Fenster, auf Leute, die dort hinausschauten. Von den Fenstern wurde nicht zurückgeschossen. Erst als sie an der Ecke der Straße des 6. August vorbeikamen, eröffneten sie das Feuer Richtung technische Hochschule und in die entgegengesetzte, zu den »Filtern« – Städtischen Wasserwerken – hin. Vielleicht könnte ich mich von der Rückseite des Hauses aus zum Stadtzentrum durchschlagen, indem ich gerade Richtung Filter ging, doch ich hatte keine Waffe, und darüber hinaus war ich eingesperrt. Würde ich anfangen, gegen die Tür zu hämmern, wer weiß, ob die Nachbarn dem überhaupt Beachtung schenkten, beschäftigt mit ihren eigenen Angelegenheiten. Außerdem müsste ich sie auch noch darum bitten, zu Frau Helenas Freundin hinunterzugehen, die Einzige im Haus, die wusste, dass ich mich in diesem Zimmer versteckte, und die die Schlüssel hatte, um mir im Fall der Fälle aufschließen zu können. Ich beschloss, den nächsten Morgen abzuwarten und erst dann eine Entscheidung zu treffen, je nachdem, wie sich die Ereignisse bis dahin entwickelt hatten.

Selbstladern **halbautomatischen Waffen**
Koppel **Militärgürtel**

Die Schießerei hatte unterdessen gewaltig zugenommen. Ins Gewehrfeuer mischten sich die stärkeren Explosionen der Handgranaten, oder vielleicht war es auch die Artillerie, falls man es bereits geschafft hatte, sie in die Aktion mit einzubeziehen. Abends, mit dem Dunkelwerden, sah man den ersten Feuerschein. Der Widerschein der Flammen, noch spärlich, glühte hier und dort am Himmel auf, leuchtete hell und verlosch dann wieder. Mit dem Eintreten der Dunkelheit wurde die Schießerei schwächer. Es waren nur noch einzelne Explosionen zu hören sowie kurze ratternde Maschinengewehrsalven. Auch die Betriebsamkeit im Treppenhaus hatte sich gelegt; die Hausbewohner hatten sich offensichtlich in ihren Wohnungen verbarrikadiert, um jeder für sich die ersten Eindrücke dieses ersten Aufstandstages zu verdauen. Es war spät, als ich plötzlich einschlief, ohne mich ausgezogen zu haben, und ich schlief den tiefen Schlaf der nervlichen Erschöpfung.

Ebenso plötzlich wachte ich morgens auf. Es war sehr früh am Tag, die Morgendämmerung war gerade erst hereingebrochen. Das erste Geräusch, das an mein Ohr drang, war das Rumpeln einer Pferdedroschke. Ich trat ans Fenster: Sie fuhr mit hochgeklapptem Verdeck, in gemächlichem Trott, als wenn nie etwas geschehen wäre. Die Straße war außerdem leer, nur ein Paar, ein Mann und eine Frau, ging mit erhobenen Händen unter meinen Fenstern den Bürgersteig entlang. Von meinem Beobachtungspunkt aus konnte ich die sie eskortierenden Deutschen nicht ausmachen. Irgendwann machten beide einen Satz nach vorn und begannen zu rennen. Die Frau schrie: »Nach links, nach links!« Der Mann bog als Erster ab und verschwand aus meinem Gesichtsfeld. In diesem Augenblick knatterte eine Salve los, die Frau blieb stehen, fasste sich an den Bauch, dann sank sie weich, in einer sackartigen Bewegung mit eingeknickten Knien zu Boden. Es war nicht so sehr ein Fallen als ein Auf-die-Knie-Sinken, während die rechte Wange auf dem Asphalt der Fahrbahn Halt fand, und in dieser künstlichen komplizierten Stellung blieb sie. Je heller es wurde, desto dichter wurde der Beschuss. Als die Sonne an dem in jenen Tagen sehr klaren Himmel hervortrat, brodelte erneut ganz Warschau vom Gewehrfeuer, worunter sich immer häufiger schweres Artilleriefeuer zu mischen begann.

Gegen Mittag kam Frau Helenas Freundin von unten herauf; sie brachte mir ein paar Lebensmittel und Neuigkeiten. Keine günstigen, was unser Viertel betraf: Von Anfang an war es fast ganz in deutscher Hand, und die Zeit hatte gerade dafür ausgereicht, dass sich die Jugend aus den Kampforganisationen in den ersten Augenblicken Richtung Innenstadt durchschlagen konnte. Jetzt war keine Rede davon, sich auch nur aus dem Haus zu wagen. Man musste abwarten, bis uns Abteilungen aus der Innenstadt Entsatz brachten.

»Aber vielleicht würde es mir ja doch gelingen, irgendwie durchzuschlüpfen«, wandte ich ein.

Sie warf mir einen mitleidigen Blick zu.

»Sie haben immerhin seit anderthalb Jahren nicht das Zimmer verlassen! Die Beine würden Ihnen den Dienst versagen, ehe Sie die Hälfte des Weges zurückgelegt hätten.« Sie schüttelte den Kopf, nahm mich bei der Hand und fügte beruhigend hinzu:

»Sie bleiben besser hier. Gemeinsam werden wir es schon irgendwie durchstehen.«

Sie war, trotz allem, guten Mutes. Sie nahm mich mit zum Fenster im Treppenhaus, das den Blick auf die meinem Fenster entgegengesetzte Seite freigab: Der ganze Komplex einstöckiger Villen in der Staszic-Siedlung, bis hin zu den Filtern, stand in Flammen. Man hörte das Prasseln brennender Sparren, das Poltern einstürzender Decken, hörte Menschen schreien und Schüsse. Eine rotbraune Rauchwand verdeckte den Himmel. Wenn der Wind sie kurz verschob, konnte man am fernen Horizont die weißrote Fahne flattern sehen.

Die Tage vergingen. Hilfe aus der Innenstadt traf nicht ein. Seit Jahren daran gewöhnt, mich vor allen zu verstecken, eine

Sparren **tragende Holzteile im Dachaufbau**

die weißrote Fahne **die polnische Nationalflagge**

Gruppe von Freunden ausgenommen, die wusste, dass ich lebte und wo ich war, konnte ich es nicht über mich bringen, das Zimmer zu verlassen, den Mitbewohnern zu verraten, dass ich hier wohnte, um ein Gemeinschaftsleben mit ihnen anzufangen in diesem unserem belagerten Mietshaus. Das Wissen darum, dass ich hier war, hätte nur ihr Selbstgefühl verschlechtert: Würden die Deutschen entdecken, dass sich im Haus zu allem Überfluss auch noch ein »Nichtarier« versteckte, man würde sie doppelt streng bestrafen. Meine Anwesenheit zu offenbaren, bedeutete also keinerlei Erleichterung für ihre Lage. Ich würde mich folglich auch fernerhin darauf beschränken, den Unterhaltungen im Treppenhaus durch die Tür zu lauschen. Die Nachrichten wurden nicht besser: In der Innenstadt wurden schwere Kämpfe ausgefochten, Unterstützung von außerhalb der Stadt traf nicht ein, und auf dem Gebiet unseres Stadtteils verschärfte sich der deutsche Terror. In der Langiewicz-Straße ließen Ukrainer die Bewohner eines Hauses lebendig in dessen Flammen umkommen, die Bewohner eines anderen Hauses erschossen sie, ganz in der Nähe wurde der bekannte Schauspieler Mariusz Maszyński ermordet.

Die Nachbarin von unten hörte auf, mich zu besuchen, vielleicht hatte sie meine Existenz infolge einer Familientragödie vergessen. Meine Vorräte gingen zur Neige, sie bestanden jetzt nur noch aus einer kleinen Menge Zwieback.

Am 11. August waren Spannung und Nervosität im Haus spürbar gestiegen. Beim Lauschen an der Tür konnte ich nicht herausbekommen, worum es da ging: Alle Mieter waren in den unteren Etagen, und dort berieten sie sich mit erhobenen, dann plötzlich wieder gedämpften Stimmen. Vom Fenster aus beobachtete ich, wie aus den umliegenden Häusern von Zeit zu Zeit kleine Grüppchen von Leuten schlüpften und sich heimlich zu unserem Haus stahlen, später das Haus wieder verließen und weitergingen. Gegen Abend stürzten die Mieter der unteren Stockwerke unvermutet im Treppenhaus aufwärts. Ein Teil von ihnen befand sich auf meiner Etage. Ihrem bangen Geflüster entnahm ich, dass Ukrainer im Haus waren. In diesem Fall waren sie jedoch nicht gekommen, um uns zu ermorden. Sie machten sich eine Zeit lang in den Kellerräumen zu schaffen, ließen die dort gelagerten Lebensmittelvorräte mitgehen und verschwanden wieder. Abends hörte ich Tür- und Vorhängeschloss knirschen: Jemand schloss auf, nahm das Vorhängeschloss ab, kam aber nicht zu mir herein, sondern rannte schnell die Treppe hinunter. Was hatte das zu bedeuten? Die Straßen waren an diesem Tag mit Flugblättern übersät, die abgeworfen worden waren, aber von wem?

Am 12. August brach gegen Mittag auf der Treppe erneut Panik aus. Verstört rannten Menschen die Treppe rauf und runter. Aus Gesprächsfetzen folgerte ich, dass das Haus von Deutschen umzingelt sei und unverzüglich verlassen werden solle, weil es von Artillerie zerstört würde. Meine erste Reaktion war, mich anzuziehen, doch im nächsten Moment wurde mir bewusst, dass ich ja doch nicht auf die Straße hinaus und mich den SS-Männern zeigen konnte, wenn ich nicht auf der Stelle umgebracht werden wollte. Ich beschloss zu bleiben. Von der Straße hörte man Schüsse und eine schneidende Stimme, die in unnatürlichem Diskant rief:

Diskant **hohe Tonlage**

»Bitte alle raus! Bitte sofort die Wohnungen verlassen!«

Ich warf einen Blick ins Treppenhaus: Es war leer und still. Ich stieg die halbe Treppe hinab und trat ans Fenster, das auf die Sędziowska hinausging. Ein Panzer richtete das Rohr auf unser Haus, in meiner Höhe. Kurz darauf ein Feuerstoß, das Rohr zog sich zurück. Ein Dröhnen, und nebenan stürzte eine Mauer um. Soldaten mit aufgekrempelten Ärmeln und Blechkannen in den Händen liefen umher. Vom Parterre hinauf hoch zu meinem vierten Stock begannen von außen an der

Hauswand und von innen das Treppenhaus empor Wolken schwarzen Rauchs aufzusteigen. Ein paar von der SS stürmten ins Haus und hasteten die Treppen herauf. Ich schloss mich im Zimmer ein, schüttete mir das Röhrchen starker Schlaftabletten auf die Hand, die ich während der Leberattacken eingenommen hatte, und stellte mir das Fläschchen Opium in Reichweite. Ich wollte die Tabletten schlucken und das Opium trinken, sobald sich die Deutschen an meiner Tür zu schaffen machten. Doch kurz darauf änderte ich, geleitet von einem Instinkt, der sich schwerlich vernunftgemäß hätte analysieren lassen, mein Vorhaben: Ich glitt aus dem Zimmer, eilte zu der Leiter, die vom Treppenabsatz zum Dachboden führte, stieg auf den Boden, stieß die Leiter weg und warf die Bodenklappe zu. Unterdessen schlugen die Deutschen mit Gewehrkolben bereits die Wohnungstüren im dritten Stock ein. Einer von ihnen rannte in den vierten hinauf und betrat mein Zimmer. Doch seine Kameraden waren wohl der Ansicht, dass es gefährlich wäre, sich länger im Haus aufzuhalten, und fingen an, nach ihm zu rufen:

»Schneller, Fischke!«

Als sich ihr Getrampel nach unten entfernte, kroch ich vom Boden, wo ich fast erstickt wäre an dem Rauch, der aus den Ventilationsöffnungen aus den unteren Wohnungen drang, und kehrte in mein Zimmer zurück. Ich gab mich der Hoffnung hin, nur die Parterrewohnungen würden brennen, angezündet zur Abschreckung, und die Mieter würden zurückkehren, sobald man ihre Papiere überprüft hatte. Ich nahm ein Buch zur Hand, machte es mir auf dem Sofa bequem und fing an zu lesen, doch ich erfasste kein einziges Wort von dem, was ich las. Ich legte das Buch weg, schloss die Augen, und so wollte ich verharren, bis ich in meiner Nähe menschliche Stimmen vernahm.

Erneut in den Flur hinauszugehen, entschied ich mich erst,

als die Dämmerung hereingebrochen war. Mein Zimmer füllte sich mehr und mehr mit Schwaden und Rauch, den der Feuerschein, der von außen durchs Fenster fiel, rot färbte. Im Treppenhaus war der Rauch so dicht, dass man das Treppengeländer nicht sehen konnte. Aus den unteren Stockwerken drang das laute, knallende Prasseln des heftiger werdenden Brandes herauf, das krachende Bersten von Holz und das Poltern umstürzender Gegenstände. Von einer Benutzung der Treppen konnte keine Rede mehr sein. Ich ging ans Fenster. Das Haus war in einem gewissen Abstand von einem SS-Kordon umgeben. Von der Zivilbevölkerung war in der Nähe keiner zu sehen. Das gesamte Gebäude war offensichtlich bereits vom Feuer erfasst, und die Deutschen warteten nur darauf, dass es die letzten Stockwerke und den Dachstuhl erreichte.

So also sollte letztendlich mein Tod aussehen, auf den ich seit fünf Jahren wartete, dem ich Tag um Tag entschlüpft war, bis er mich heute schließlich erwischen würde. Ich hatte oft versucht, ihn mir vorzustellen. Ich erwartete, gefasst und misshandelt zu werden, dann erschossen oder in der Gaskammer erstickt. Doch niemals wäre mir in den Sinn gekommen, dass ich lebendigen Leibes verbrennen würde.

Ich musste lachen, wie erfinderisch doch das Schicksal war. Ich war jetzt völlig ruhig. Es war eine Ruhe, die aus der Überzeugung resultierte, dass am Verlauf der Ereignisse nun nichts mehr zu ändern war. Ich ließ den Blick durchs Zimmer schweifen: Seine Konturen verschwammen im dichter werdenden Rauch und in der wachsenden Dämmerung, es wirkte fremd und unheimlich. Das Atmen fiel mir zunehmend schwer, mir war schwindelig, und in meinem Kopf rauschte es – die ersten Auswirkungen des Kohlenmonoxyds.

Ich legte mich aufs Sofa zurück. Wozu sollte ich mich bei lebendigem Leibe verbrennen lassen, wenn ich das mit der Einnahme der Schlaftabletten vermeiden konnte?! Um wie vieles leichter würde mein Tod als der der Eltern und Geschwister sein, die man in Treblinka vergast hatte! In diesen letzten Augenblicken versuchte ich nur an sie zu denken.

Ich holte das Tablettenröhrchen hervor, schüttete mir den Inhalt in den Mund und schluckte ihn hinunter. Ich wollte auch noch nach dem Opium greifen, um ganz sicherzugehen. Doch ich schaffte es nicht mehr: Die Tabletten auf leeren und ausgehungerten Magen wirkten blitzschnell. Ich fiel in Schlaf.

16 Tod einer Stadt

Ich bin nicht gestorben. Offensichtlich waren die Tabletten dennoch nicht stark genug. Ich erwachte um sieben Uhr morgens. Mir war übel. Mein Kopf dröhnte, der Puls in den Schläfen hämmerte schmerzhaft, die Augen traten mir aus den Höhlen, Arme und Beine fühlten sich an wie gelähmt. Geweckt hatte mich eigentlich ein Kitzeln am Hals. Eine Fliege krabbelte über ihn hinweg, auch sie betäubt von den Erlebnissen der Nacht, und wie ich halb tot. Ich musste mich konzentrieren und all meine Kräfte anspannen, um die Hand nach hinten zu bewegen und sie zu verscheuchen.

Meine erste Gefühlsregung war nicht Enttäuschung, dass ich nicht gestorben war, sondern Freude, dass ich lebte. Eine hemmungslose, animalische Lust zu leben, um jeden Preis. Die Hauptsache war jetzt, sich irgendwie zu retten, da ich schon diese Nacht im brennenden Haus durchgestanden hatte.

Eine Weile lag ich noch so da, um ein bisschen zu mir zu kommen, dann rutschte ich vom Sofa und kroch zur Tür. Das Zimmer war immer noch voller Rauch, und die Klinke war, als ich nach ihr griff, dermaßen heiß, dass ich sie sofort losließ, um erst beim zweiten Mal den Schmerz zu überwinden und die Tür zu öffnen. Auf der Treppe war jetzt weniger

Rauch als in meinem Zimmer. Er konnte leicht durch die ausgebrannten Öffnungen der hohen Flurfenster entweichen. Die Stufen waren zu sehen, sodass man sie hinabsteigen konnte.

Unter dem Aufgebot meines ganzen Willens zwang ich mich zum Aufstehen, klammerte mich ans Geländer und begann mit dem Abstieg. Das Stockwerk unter mir war bereits ausgebrannt: Dort war das Feuer zum Erliegen gekommen. Die Türrahmen brannten noch, und in den Innenräumen vibrierte die Luft von der Glut. Auf den Fußböden glommen noch die Überreste von Möbeln und Sachen und hinterließen weiß verglühende Haufen an der Stelle, wo sie sich befunden hatten.

Auf der Höhe des ersten Stocks lag auf den Treppenstufen eine verbrannte Männerleiche, ohne Bekleidung, die an ihr verkohlt war, braun und scheußlich aufgedunsen. Sie versperrte mir den Weg. Ich musste irgendwie über sie hinweg, um weitergehen zu können. Ich glaubte, ich würde im Stande sein, die Beine, auf denen ich mich gerade mal so fortschleppte, hoch genug heben zu können, um darüber wegsteigen zu können. Doch schon bei der ersten Anstrengung stieß ich mit dem Fuß gegen den Bauch der Leiche, stolperte, verlor das Gleichgewicht, stürzte und rollte zusammen mit dem verbrannten Körper eine halbe Etage tiefer, doch immerhin so glücklich, dass jetzt der Tote hinter mir war, ich mich erheben und ungehindert ins Parterre hinabsteigen konnte. Ich gelangte in den Hof hinaus, den ein weinumranktes Mäuerchen umgab. Zu diesem Mäuerchen kroch ich hin und verbarg mich in einer Ecknische, zwei Meter von dem brennenden Haus entfernt, tarnte mich mit Weinranken und dem Schnittkraut von Tomatenstauden, die auf einem Beet zwischen Mäuerchen und Haus wuchsen.

Die Schießerei ging ununterbrochen weiter, Kugeln flogen über mich hinweg, ich hörte deutsche Stimmen dicht neben mir auf der anderen Seite der Mauer, den Gehsteig der Straße entlang. Gegen Abend bekam die Wand des brennenden Gebäudes Risse. Wenn sie einstürzte, würde ich darunter begraben werden. Ich beschloss jedoch, mich nicht zu rühren, ehe es nicht dunkel wurde und ehe ich nach der gestrigen Vergiftung nicht wieder ganz beisammen war. In der Dunkelheit kehrte ich ins Treppenhaus zurück, wagte es aber nicht, nach oben zu gehen. Das Innere der Wohnungen brannte noch genauso wie am Morgen, und jeden Augenblick konnte das Feuer auch noch mein Stockwerk erfassen. Lange überlegte ich und kam zu einem anderen Entschluss: Drüben auf der anderen Seite der Aleja Niepodległości stand das riesige, unfertige Krankenhausgebäude, wo die Magazine der Wehrmacht untergebracht waren. Ich wollte versuchen, dorthin zu gelangen. Ich ging durch den zweiten Hauseingang auf die Straße hinaus. Obwohl es Abend war, war es nicht völlig dunkel. Die breite, mit Leichen dicht übersäte Fahrbahn, unter denen noch immer die am zweiten Tag des Aufstands getötete Frau lag, wurde von dem roten Schein der Feuerbrände erhellt. Ich legte mich auf den Bauch und begann Richtung Krankenhaus zu robben. Alle Augenblicke kamen Deutsche vorbei, einzeln oder in Gruppen. Dann rührte ich mich nicht und gab vor, noch eine weitere Leiche zu sein. Von den toten Leibern stieg Verwesungsgeruch auf, der sich mit dem Brandgeruch in der Luft mischte. Ich bemühte mich, so schnell zu kriechen, wie ich nur konnte, dennoch kam mir die Fahrbahn unendlich breit vor, und sie zu überqueren dauerte unendlich lange. Schließlich und endlich hatte ich es bis zu dem finsteren Krankenhausgebäude geschafft. Ich stürzte in den erstbesten Eingang, warf mich auf den Boden und war sofort eingeschlafen.

Am anderen Morgen beschloss ich, das Gelände zu erkunden. Zu meinem Schrecken stellte ich fest, dass das Gebäude voll war mit Sofas, Matratzen, Blechgefäßen und Porzellan,

Gegenstände des täglichen Bedarfs, wegen denen die Deutschen mit Sicherheit oft vorbeikommen würden. Dagegen fand ich nichts zu essen. In einem abgelegenen Winkel entdeckte ich eine Rumpelkammer: altes Eisenzeug, Rohre und Öfchen. Dort legte ich mich hin und blieb die nächsten zwei Tage.

Am 15. August, nach dem Taschenkalender, den ich bei mir trug und in dem ich dann später sorgfältig Tag für Tag ausstrich, fühlte ich einen so unerträglichen Hunger, dass ich beschloss, auf Gedeih und Verderb irgendein Nahrungsmittel aufzutreiben. Vergeblich. Ich kroch aufs Fensterbrett eines der mit Brettern vernagelten Fenster und begann, durch einen kleinen Ausschnitt die Straße zu beobachten. Über den Leichen auf der Fahrbahn Fliegenschwärme. Nicht weit entfernt, Ecke Filtrowa-Straße, war eine Villa, deren Bewohner man noch nicht hinausgeworfen hatte und die ein merkwürdig normales Leben führten. Sie saßen auf der Terrasse und tranken Tee. Von der 6.-August-Straße rückte eine Abteilung von der SS unterstellten Wlassow-Soldaten an. Die sammelten die Leichen von der Straße, legten sie auf einen Haufen, begossen sie mit Benzin und zündeten sie an. Irgendwann hörte ich Schritte auf dem Krankenhausflur, die sich auf mich zubewegten. Ich sprang vom Fensterbrett und versteckte mich hinter einer Kiste. In den separaten Raum, in dem ich war, kam ein SS-Mann. Er sah sich um und ging wieder. Ich lief hinaus auf den Flur, stürzte zur Treppe, rannte nach oben und versteckte mich in meiner Rumpelkammer. Kurz darauf betrat eine ganze Abteilung das Krankenhausgebäude und durchsuchte nacheinander sämtliche Räume. Auf mein Versteck stießen sie nicht, obwohl ich sie lachen, vor sich hin summen, pfeifen und auch drängendes Fragen hörte: »Haben wir alles sorgfältig durchsucht?«

Wlassow-Soldaten
→ Seite 270

Zwei Tage später – und fünf seit dem Augenblick, da ich

zum letzten Mal gegessen hatte – machte ich mich erneut auf die Suche nach Lebensmitteln und Wasser. Im Gebäude war keine Wasserleitung, aber Fässchen mit Löschwasser standen da. Das Wasser war mit einem opalisierenden Film bedeckt und voller toter Fliegen, Mücken und Spinnen. Dennoch trank ich gierig davon, musste aber sehr bald aufhören, das Wasser stank, und es war unvermeidlich, dass man tote Insekten mit hinunterschluckte. In der Tischlerwerkstatt fand ich Brotrinden. Sie waren verschimmelt, staubig und mit Mäusekot bedeckt, doch für mich waren sie ein Schatz. Jener zahnlose Tischler wird nie erfahren, dass er, als er sie abschnitt, mir das Leben rettete.

opalisierenden in vielen Farben schimmernden

Am 19. August warfen die Deutschen unter Gebrüll und Schießerei die Bewohner der Villa Ecke Filtrowa hinaus. Ich blieb im Stadtteil allein. Das Gebäude, das mir Unterschlupf bot, wurde jetzt immer häufiger von SS aufgesucht. Wie lange würde es noch gutgehen unter diesen Bedingungen? Eine Woche, zwei? Danach blieb mir wieder nur der Selbstmord als einziger Ausweg. Diesmal stand mir bloß eine Rasierklinge zur Verfügung, ich müsste mir die Pulsadern aufschneiden. In einem der Einzelzimmer fand ich ein bisschen Gerste. Auf dem Öfchen in der Tischlerei, das ich nachts heizte, kochte ich mir die Gerste und hatte auf diese Weise wieder für ein paar Tage etwas zu essen.

Am 30. August beschloss ich, in die Ruinen zurückzukehren, das Haus schien jetzt endgültig ausgebrannt. Ich nahm einen Krug Wasser aus dem Krankenhaus mit, und mit dem schlich ich mich um ein Uhr nachts über die Straße. Anfangs wollte ich in den Keller gehen, doch das dort befindliche Brennmaterial, Koks und Kohle, schwelte noch, von den Deutschen immer wieder aufs Neue angezündet. Aus diesem Grunde versteckte ich mich in den Trümmern einer Wohnung im dritten Stock. Die Badewanne war bis an den Rand mit Wasser gefüllt; wenn auch schmutzig, so war es doch immerhin Wasser. In der Speisekammer, die vom Feuer verschont geblieben war, fand ich ein Säckchen mit Zwieback.

Nach einer Woche, von einer schlimmen Vorahnung getroffen, wechselte ich noch einmal meinen Unterschlupf und siedelte auf den Dachboden um, oder besser gesagt, auf den bloßen Boden, denn das Dach darüber war ein Opfer der Flammen geworden. Am gleichen Tag tauchten dreimal Ukrainer im Haus auf, um in den unversehrten Teilen der Wohnungen nach Beute Ausschau zu halten. Nachdem sie fort waren, ging ich in die ausgebrannte Wohnung hinunter, in der ich mich während der letzten Woche versteckt gehalten hatte. Vom Feuer unversehrt waren dort nur die Öfen gewesen. Die Ukrainer zerschlugen diese Öfen, Kachel um Kachel, vermutlich auf der Suche nach Gold.

Am anderen Morgen wurde die Aleja Niepodległości in ganzer Länge vom Militär umstellt. In den Kordon trieb man Menschen mit Bündeln auf dem Rücken, mit Kindern, die sich an die Mütter klammerten. Viele Männer wurden von der SS oder von den Ukrainern aus dem Kordon geholt und vor den Augen aller, ohne jeglichen Grund, ermordet, wie sie das zuvor im Getto gemacht hatten, solange es existierte. Hatte also der Aufstand mit unserer Niederlage geendet?

Nein! Weiter, Tag für Tag zerrissen schwere Geschosse die Luft, was ein Geräusch gab wie der Flug einer Bremse, und für mich, aus der Nähe, hörte es sich an, als würden alte Uhren aufgezogen, worauf sich von der Innenstadt her Serien rhythmisch miteinander verbundener schwerer Explosionen vernehmen ließen.

Bremse Stechfliege

Später, noch am 18. September, flogen Flugzeuggeschwader die Stadt an, die über ihr Fallschirme mit Nachschub für die Aufständischen abwarfen – ich weiß nicht, ob an Menschen oder Kriegsmaterial. Dann bombardierten Flugzeuge die von Deutschen beherrschten Stadtteile Warschaus, nächtens führten sie Abwürfe über der Innenstadt durch, währenddessen sich gleichzeitig der Artilleriebeschuss von Osten gewaltig verstärkte.

Erst am 5. Oktober begannen, von Wehrmacht eingekreist, Abteilungen der Aufständischen teilweise in Uniform, teilweise ohne und nur mit weißroten Armbinden um den Ärmel, aus der Stadt zu marschieren. Sie bildeten einen kuriosen Kontrast zu den sie eskortierenden deutschen Abteilungen; die waren ausgezeichnet uniformiert, wohlgenährt und selbstbewusst, sie feixten, spotteten über den missglückten Aufstand, fotografierten und filmten ihre neuen Gefangenen. Die Aufständischen waren dagegen abgemagert, schmutzig, oft zerlumpt und hielten sich nur mühsam auf den Beinen. Den Deutschen schenkten sie keinerlei Beachtung, so als gäbe es die gar nicht und als hätten sie selber aus freien Stücken die Marschroute entlang der Aleja Niepodległości gewählt. Beschäftigt waren sie nur mit sich selbst. Sie achteten auf Ordnung in den eigenen Reihen, stützten diejenigen, die Schwierigkeiten mit dem Laufen hatten. Sie gönnten den Trümmern keinen Blick. Marschierten mit dem Blick geradeaus. Und obwohl sie so jämmerlich aussahen neben den Siegern, fühlte man die Niederlagen nicht auf ihrer Seite.

Danach dauerte der Auszug der restlichen Zivilbevölkerung aus der Stadt in immer kleineren Gruppen noch acht Tage, es war wie der Blutstrom aus dem Körper eines Erschlagenen, der erst heftig fließt und dann allmählich versiegt. Am 14. Oktober gingen die Letzten. Die Dämmerung war längst hereingebrochen, als ein verspätetes Häuflein, von den eskortierenden SS-Männern zur Eile angetrieben, an dem Haus vorbeikam, in dem ich zurückblieb. Ich beugte mich aus der ausgebrannten Fensterhöhle und schaute ihnen nach, bis die dahinhastenden Gestalten, unter der Last ihrer Bündel gebeugt, von der Dunkelheit aufgesogen worden waren. Ich war jetzt allein, mit einem winzigen Rest Zwieback auf dem Boden des Säckchens und etlichen Wannen schmutzigen Wassers als gesamten Lebensmittelvorrat zum Durchhalten. Blieb die Frage, wie lange ich es unter diesen Gegebenheiten, angesichts der kürzer werdenden Herbsttage und dem bedrohlich näher kommenden Winter, noch aushielt …

17 Leben gegen Sprit

Ich war allein. Auf dem Terrain nicht nur eines einzigen Hauses oder selbst Stadtteils, sondern einer Stadt, die noch vor zwei Monaten anderthalb Millionen Menschen gezählt hatte, die eine der reicheren Städte Europas gewesen war und jetzt mit den Schornsteinen verbrannter Häuser gen Himmel ragte, mit Wänden, die die Bomben übrig gelassen hatten, einer Stadt, die nun in Schutt und Asche lag, unter denen die jahrhundertealten Kulturgüter meines Volkes und die Leiber Hunderttausender Ermordeter begraben lagen, die in der Wärme dieser letzten Herbsttage verwesten und die Luft mit üblem Gestank erfüllten.

Allein bei Tag tauchten Leute in den Ruinen auf, die von auswärts kamen. Vorstadtkroppzeug. Sie schlichen heimlich umher mit geschulterten Schaufeln und verstreuten sich über die Keller, um zu plündern. Einer von ihnen hatte sich mein Ruinendomizil ausgesucht. Er durfte mich hier nicht finden. Keiner durfte wissen, dass ich hier war. Als er die Treppe heraufkam und nur noch zwei Stock unter mir war, brüllte ich brutal und drohend:

Vorstadtkroppzeug abwertend: Gesindel

Ruinendomizil Trümmerherberge

»Was ist los? Rrrraus!«

Er flitzte davon wie eine aufgescheuchte Ratte; der Letzte der Elenden, der sich vor meiner – des letzten armen Teufels – Stimme erschrocken hat.

Es war gegen Ende Oktober, als ich von oben herab, von meinem Boden sah, wie die Deutschen eines von diesen Hyänengrüppchen schnappten. Die Diebe versuchten sich herauszureden. Ich hörte sie andauernd wiederholen: »Aus Pruszków, aus Pruszków«, wobei sie mit den Händen nach Westen zeigten. Vier von ihnen, Männer, stellten die SS-Soldaten an die nächste Wand und erschossen sie, trotz ihres Gewinsels ums Leben, mit dem Revolver. Den Übrigen befahlen sie, im Gärtchen einer der Villen eine Grube auszuheben, die Leichen zu begraben und ihrer Wege zu gehen. Seitdem blieben sogar die Diebe aus dem Stadtteil weg, in dem ich nun die einzige lebende Seele war.

Hyänen **aasfressende Raubtiere**

Der erste November kam heran; es fing an, kühl zu werden, besonders nachts. Um nicht verrückt zu werden vor Einsamkeit, beschloss ich, ein möglichst geregeltes Leben zu führen. Ich hatte noch immer die Uhr, meine Vorkriegs-»Omega«, die ich zusammen mit dem Füllfederhalter als einzig persönliche Habe hütete wie meinen Augapfel. Nach dieser gewissenhaft aufgezogenen Uhr entwarf ich einen »Stundenplan«. Den Tag über lag ich reglos da, um die wenigen Kraftreserven zu schonen, die ich noch im Körper hatte. Nur einmal, gegen Mittag, streckte ich die Hand nach dem Zwieback und dem Becher Wasser aus und stärkte mich in sparsam bemessenen Portionen. Von frühmorgens bis zu jener Mahlzeit, während ich dalag mit geschlossenen Augen, rief ich mir Takt um Takt sämtliche Kompositionen ins Gedächtnis zurück, die ich je gespielt hatte. Diese gedanklichen Repetitionen waren nicht zwecklos, wie sich später zeigte: Als ich meine Arbeit wieder aufnahm, beherrschte ich mein Repertoire, hatte alles fest im Kopf, als hätte ich während des ganzen Krieges keinen Moment aufgehört zu üben. Von der Mittagsmahlzeit bis zur Dämmerung ging ich systematisch den Inhalt aller möglichen Bücher durch, die ich je gelesen hatte, und wiederholte im Ge-

Omega **Schweizer Markenuhr**

Repetitionen **Wiederholungen**

Repertoire **Vorrat an eingespielten Stücken**

dächtnis mein Englischvokabular. Ich gab mir selber Englischstunden, stellte mir Fragen, die ich korrekt und erschöpfend zu beantworten versuchte.

Wenn es dunkel geworden war, schlief ich ein und erwachte so gegen eins in der Nacht, um mich im Schein von Streichholzflämmchen – einen Streichholzvorrat hatte ich in einer nicht völlig ausgebrannten Wohnung des Hauses aufgetan – auf die Nahrungssuche zu begeben. Ich stöberte in den Kellern umher und in den Brandresten der Wohnungen, fand dort ein bisschen Grütze, da ein paar Stückchen Brot, dumpfiges Mehl und Wasser in Wannen oder Eimern und Krügen. Bei diesen Wanderungen kam ich allnächtlich zigmal an der verkohlten Männerleiche vorbei, meinem einzigen Gefährten in dieser Zeit, dessen Anwesenheit ich nicht fürchten musste. Einmal fand ich in einem Keller einen unerwarteten Schatz: einen halben Liter Alkohol. Den beschloss ich aufzubewahren und erst dann auszutrinken, wenn ich das Ende des Krieges erlebte.

Bei Tage, während ich auf dem Boden lag, geschah es oft, dass Deutsche oder Ukrainer auf der Suche nach Beute ins Haus einfielen. Jede dieser Visiten brachte eine neue Nervenanspannung mit sich, Todesangst, dass sie mich finden und ermorden. Doch irgendwie blieb der Dachboden von ihnen verschont, obwohl ich mehr als dreißig dieser Stippvisiten zählte.

Der 15. November kam. Es fiel der erste Schnee. Die Kälte machte mir unter dem Stoß Lumpen, die ich mir von überall her zusammengesucht hatte, um mich damit zuzudecken, mehr und mehr zu schaffen. Jetzt waren die Lumpen, wenn ich morgens erwachte, dicht mit weißem flockigem Schnee bedeckt. Mein Lager hatte ich in einem Winkel aufgeschlagen, unter einem heil gebliebenen Stück Dach, doch ansonsten war von dem Dach nichts mehr da, und der Schnee wehte reichlich von allen Seiten herein.

improvisierten **behelfsmäßigen**

An einem dieser Tage legte ich ein Stück Stoff unter ein gefundenes Stück Fensterscheibe, und in diesem improvisierten Spiegel betrachtete ich mich. Im ersten Moment wollte ich einfach nicht glauben, dass ich die abscheuliche Fratze war, die ich da sah: seit Monaten ungeschnittenes Haar, unrasiert, ungewaschen; mein Kopf war mit dichter verfilzter Haarwolle überwuchert, das Gesicht beinah zugewachsen mit schwarzem Haar, der Bart inzwischen durchaus stattlich; die Gesichtshaut an den unbehaarten Stellen beinah schwarz, die Augenlider gerötet, die Stirn bedeckt mit schorfiger Flechte.

Doch mehr als alles andere quälte mich die Ungewissheit dessen, was in den Kampfgebieten vor sich ging: an der Front und bei den Aufständischen. In Warschau selber war der Aufstand niedergeschlagen worden. Diesbezüglich konnte man sich keinerlei Illusionen hingeben. Doch vielleicht gab es ja noch Aktivitäten an der Peripherie? Vielleicht jenseits der Weichsel in Praga, von wo man ab und an die Artillerie schießen hörte, und dann barsten die Geschosse inmitten der Ruinen, oft ganz in meiner Nähe, ein grollendes Echo, mehrfach durch die Stille und die ausgebrannten Häuserwände. Was war mit dem Aufstand im übrigen Land? Wo waren die sowjetischen Truppen? Welche Fortschritte hatte die Alliiertenoffensive im Westen gemacht? Von der Antwort auf diese Fragen hing mein Leben ab oder mein Tod, der in Bälde eintreten musste – wenn nicht aus Hunger, dann aus Kälte. Selbst wenn mich die Deutschen in meinem Schlupfwinkel nicht entdeckten.

Nachdem ich mich im Spiegel gesehen hatte, beschloss ich, einen Teil meines nicht eben großen Wasservorrats zum Waschen zu opfern. Zugleich hatte ich mich für ein Feuer entschieden, das ich in einem der unversehrten Küchenherde entfachen wollte, um mir den Rest meiner Grütze zu kochen. Seit fast vier Monaten hatte ich keine warme Mahlzeit mehr im

Magen gehabt, und dieser Mangel machte sich mit der zunehmenden Herbstkälte immer ärger bemerkbar. Um diesen beiden Tätigkeiten, mich zu waschen und etwas zu kochen, nachzukommen, musste ich bei Tag mein Versteck verlassen. Erst als ich schon auf der Treppe war, bemerkte ich, dass vor dem Militärhospital gegenüber sich ein Trupp Deutscher an der hölzernen Umzäunung zu schaffen machte. Ich hatte mich jedoch schon so sehr darauf eingestellt, gleich ein bisschen heiße Grütze zu essen, dass ich nicht den Rückzug antrat. Ich hatte einfach das Gefühl, krank zu werden, wenn ich mir heute wieder nicht mit dieser Grütze den Magen erwärmte.

Ich tummelte mich bereits am Herd, als ich SS in langen Sätzen die Treppe hinaufhasten hörte. So schnell ich konnte, verzog ich mich aus der Wohnung und kroch auf den Boden hinauf. Geschafft! Auch diesmal hatten die Deutschen nur herumgeschnüffelt und waren dann wieder verschwunden. Ich ging aufs Neue in die Küche hinunter. Um das Feuer zu entfachen, musste ich mit einem gefundenen rostigen Messer Späne von einer Tür schälen. Dabei bekam ich einen zentimeterlangen Splitter unter den rechten Daumennagel. Er saß so tief und fest, dass von einem Herausziehen keine Rede sein konnte. Dieser kleine Unfall mochte bedrohliche Folgen haben: Ich hatte keinerlei Desinfektionsmittel, lebte im Schmutz, es konnte eine Blutvergiftung entstehen. Falls sie sich, im besten Falle, auf den Daumen beschränkte, würde dieser vermutlich deformiert, was meine Karriere als Pianist, so ich denn bis Kriegsende leben blieb, in Frage stellte.

Ich beschloss, den anderen Tag abzuwarten und mir dann schlimmstenfalls den Nagel mit der Rasierklinge durchzuschneiden.

Ich stand bekümmert in die Betrachtung meines Daumens versunken, als sich erneut Schritte vernehmen ließen. Flugs machte ich mich Richtung Bodenluke aus dem Staub, doch diesmal war es zu spät. Ich befand mich auf dem Stockwerk Auge in Auge mit einem Soldaten mit Stahlhelm, den Karabiner in der Hand; das Gesicht war stumpf und nur mäßig intelligent.

Er war von dieser einsamen Begegnung in den Ruinen nicht weniger erschreckt als ich, doch versuchte er bedrohlich zu erscheinen. In gebrochenem Polnisch fragte er mich, was ich hier mache. Ich antwortete, dass ich von außerhalb Warschaus, wo ich jetzt wohne, noch einmal hergekommen sei, um ein paar von meinen Sachen zu holen. Die Erklärung war, zog man mein Aussehen in Betracht, absurd. Der Deutsche richtete den Gewehrlauf auf mich und befahl, ihm zu folgen. Ich erklärte, dass ich mitkäme, er aber dann meinen Tod auf dem Gewissen hätte; würde er mir jedoch erlauben hierzubleiben, gäbe ich ihm einen halben Liter Alkohol. Bereitwillig erklärte er sich einverstanden mit einer solchen Lösegeldform, bemerkte jedoch ausdrücklich, dass er noch einmal kommen würde und ich ihm dann mehr von diesem Fusel geben müsste. Sobald ich allein war, erklomm ich rasch den Boden, zog die Leiter ein und schlug die Einstiegsluke zu. Nach einer Viertelstunde war er tatsächlich wieder da, allerdings in Begleitung von etlichen anderen Soldaten und eines Unteroffiziers. Beim Klang ihrer Schritte und Stimmen kroch ich vom Boden hinaus auf das heile Stück Dach. Das Dach war steil. Ich lag flach auf dem Bauch, die Füße gegen die Rinne gestemmt. Hätte diese sich verbogen oder nachgegeben, wäre ich auf dem Dachblech abgerutscht und aus der Höhe des fünften Stockwerks auf die Straße gestürzt. Doch die Rinne hielt, und dank dieser neuen, reichlich verzweifelten Versteckidee blieb ich auch diesmal wieder am Leben. Die Deutschen durchsuchten das ganze Haus. Indem sie Tische und Schemel übereinanderstapelten, gelangten sie letztendlich

Fusel schlechter Branntwein

auch auf meinen Boden, doch es kam ihnen nicht in den Sinn, einen Blick aufs Dach zu werfen. Es schien ihnen unvorstellbar, dass dort jemand liegen konnte. Fluchend und mich mit gemeinen Schimpfworten bedenkend, gingen sie davon, ohne etwas.

Mein Entschluss stand fest, zutiefst erschrocken von diesem ersten Zusammentreffen mit Deutschen, das weitere verhieß: Von nun an würde ich die Tage über auf dem Dach liegen und erst bei Anbruch der Nacht auf den Boden hinunterklettern. Das Blech durchkühlte mich. Arme und Beine wurden mir steif, der Körper erstarrte von der unbequemen, gestrafften Haltung, doch hatte ich bisher schon so viel ausgehalten, dass es sich lohnte, noch ein wenig zu leiden, und sei es eine Woche, bis der Trupp Deutscher, der wusste, dass ich mich hier versteckte, seine Arbeiten im Hospital abgeschlossen hatte und aus dem Stadtteil wieder verschwunden war.

Es war früh gegen zehn. An diesem Tag trieb die SS eine Gruppe Männer in Zivilkleidung zur Arbeit auf dem Krankenhausgelände. Ich lag flach auf dem steilen Dach, als ich plötzlich ganz nahe bei mir eine Salve hörte, aus einem Karabiner oder einer Maschinenpistole abgeschossen; es war halb ein Pfeifen, halb ein Zwitschern, so als flöge ein Spatzenschwarm über mich hinweg, und ein Klatschen der Geschosse um mich herum. Ich sah mich um: Auf dem Dach des Krankenhauses gegenüber standen zwei Deutsche und schossen auf mich. Ich glitt auf den Boden zurück und rannte geduckt zur Luke. Schreie: »Halt! Halt!«, folgten mir. Kugelschwärme flogen über mich hinweg. Ich landete jedoch glücklich im Treppenhaus.

Zum Nachdenken war keine Zeit: Jetzt war mein letztes Versteck in diesem Haus entdeckt. Ich musste es sofort verlassen. Ich stürzte die Treppe hinunter und auf die Sędziowska hinaus, jagte die Straße entlang und fiel in die Ruinen der einstöckigen Villen ein, die einmal die Staszic-Siedlung gewesen waren.

Meine Lage war wieder einmal – schwer zu sagen, zum wievielten Male – hoffnungslos: Ich irrte zwischen den völlig ausgebrannten Mauern umher, wo nicht die Rede sein konnte von Wasser oder irgendwelchen Nahrungsmittelresten oder auch nur einem Versteck. Erst nach einer Weile bemerkte ich ein hohes Haus in der Ferne, das mit der Vorderfront ebenfalls auf die Aleje Niepodległości hinausging und mit der Rückseite auf die Sędziowska-Straße. Das einzige mehrstöckige Gebäude in der Gegend. Ich setzte mich in Bewegung. Nach näherer Erkundung stellte sich heraus, dass das Haus im Kern zwar völlig ausgebrannt war, dafür aber die Flügel fast unbeschädigt waren. In den Wohnungen standen Möbel, die Wannen waren noch aus der Zeit des Aufstands mit Wasser gefüllt, in den Speisekammern fanden sich noch Vorräte, die die Diebe übrig gelassen hatten.

Meiner alten Gewohnheit folgend, richtete ich mich auf dem Dachboden ein. Das Dach war insgesamt heil, nur hier und da von Schrapnellsplittern durchlöchert. Hier war es viel wärmer als in meinem vorigen Versteck, allerdings war eine Flucht von hier unmöglich, selbst die Flucht in den Tod durch ein Springen vom Dach. Auf der letzten Halbetage des Hauses gab es ein Buntglasfensterchen, durch das ich die Gegend beobachten konnte. Trotz der vielen Bequemlichkeiten fühlte ich mich nicht wohl in der neuen Umgebung. Vielleicht ganz einfach darum, weil ich an das andere Haus gewöhnt gewesen war … Nichtsdestoweniger blieb mir keine Wahl. Ich musste hierbleiben.

Ich stieg ins Zwischengeschoss hinunter und ließ meinen Blick über die Gegend schweifen: Unter mir lagen Hunderte ausgebrannter Villen, ein ganzer, toter Stadtteil. In den kleinen Gärten wölbten sich die Hügel zahlreicher Gräber. Die

Sędziowska entlang marschierte in Viererreihen ein Trupp Zivilarbeiter mit geschulterten Hacken und Schaufeln. Nicht ein einziger uniformierter Deutscher war bei ihnen. Von plötzlicher Sehnsucht nach Menschenrede gepackt, danach, die eigene Stimme zu hören, nervös und erregt von der neuerlichen Flucht, wollte ich um jeden Preis mit diesen Leuten ein paar Worte wechseln. Ich lief schnell die Treppe hinunter und auf die Straße hinaus. Der Trupp war inzwischen ein tüchtiges Stück weitermarschiert. Ich lief und holte sie ein.

»Seid ihr Polen?«

Sie machten Halt. Verblüfft musterten sie mich. Der Anführer des Trupps antwortete mit Ja.

»Was macht ihr hier?« Das Sprechen fiel mir schwer und rührte mich zutiefst nach vier Monaten absoluten Schweigens, die mit dem Soldaten, von dem ich mich mit Sprit loskaufte, gewechselten paar Sätze nicht mitgezählt.

»Wir graben Befestigungen. Aber was machen Sie hier?«

»Ich verstecke mich.«

Der Anführer sah mich wie mit einem Hauch von Mitgefühl an. »Kommen Sie mit uns«, sagte er. »Sie werden arbeiten. Sie bekommen Suppe …«

Suppe! Allein bei dem Gedanken an die Möglichkeit, eine Portion heißer, richtiger Suppe zu essen, krampfte sich mir der Magen vor Hunger dermaßen zusammen, dass ich einen Moment lang bereit war, mit ihnen zu gehen, selbst wenn ich später getötet würde. Hauptsache, diese Suppe zu essen, endlich einmal sich satt essen können! Die Besonnenheit gewann jedoch die Oberhand.

»Nein!«, lehnte ich ab. »Ich geh' nicht zu den Deutschen.«

Der Anführer grinste, halb zynisch, halb spöttisch.

»Äh!«, warf er hin. »So schlimm sind die Deutschen gar nicht …«

Erst jetzt fiel mir auf, was ich bisher irgendwie nicht zur

Kenntnis genommen hatte, dass nämlich nur der Anführer mit mir sprach, während alle Übrigen stumm blieben, und dass er am Ärmel eine farbige Armbinde mit einem Stempel trug und sein Gesicht einen bösen, erbärmlichen und unterwürfigen Ausdruck zeigte. Beim Reden blickte er mir nicht in die Augen, sondern sah an mir vorbei, über meine rechte Schulter.

»Nein!«, wiederholte ich. »Danke, aber ich komme nicht mit.«

»Wie Sie wollen«, brummte er.

Ich wandte mich zum Gehen. Als sich der Trupp wieder in Bewegung setzte, rief ich ihnen »Auf Wiedersehen!« hinterher.

Von einer Vorahnung erfüllt, oder besser, geleitet von einem durch die Jahre des Sichversteckens geschärften Selbstverteidigungsinstinkt, ging ich nicht zu dem Haus, auf dessen Boden ich jetzt zu bleiben beschlossen hatte. Ich lenkte meine Schritte zu der nächsten Villa, so als hätte ich in deren Keller mein Versteck. Auf der Schwelle des verkohlten Eingangs blickte ich mich noch einmal um: Der Trupp marschierte, doch der Anführer warf immerzu einen Blick zurück, damit ihm nicht entging, wohin ich verschwand.

Erst als sie mir aus den Augen waren, kehrte ich auf meinen Boden zurück, oder besser gesagt, in das letzte Zwischengeschoss, und begann die Gegend zu observieren. Es waren keine zehn Minuten vergangen, als der Zivilist mit der Armbinde in Begleitung zweier Gendarmen zurückkam. Er zeigte ihnen die Villa, in die er mich hatte hineingehen sehen. Sie durchsuchten sie und dann noch ein paar in der Nachbarschaft. Mein Haus betraten sie überhaupt nicht. Vielleicht befürchteten sie, auf eine größere Aufständischengruppe zu stoßen, die sich noch in Warschau aufhielt. Dank der Feigheit der Deutschen, die sich nur dann gern mutig zeigten, wenn sie sich dem Gegner zahlenmäßig hoch überlegen fühlten, kam während des Krieges eine Menge Menschen mit dem Leben davon.

Nach zwei Tagen begab ich mich auf Nahrungsmittelsuche. Diesmal wollte ich mir einen Vorrat anlegen, um mein Versteck nicht allzu oft verlassen zu müssen. Ich musste ja bei Tage hinaus, da ich das Haus noch nicht so gut kannte, um nachts herumzustöbern. Ich geriet in eine Küche und von dort in eine Speisekammer. Etliche Blechbüchsen gab es dort und irgendwelche Säckchen und Tüten, deren Inhalt sorgfältig geprüft werden musste. Ich band Schnüre auf, hob Deckel. Ich war von der Suche dermaßen in Anspruch genommen, dass ich die Stimme erst hörte, als sie direkt hinter mir sagte:

»Was suchen Sie hier?«

An den Küchenschrank gelehnt, stand ein hoch gewachsener, eleganter deutscher Offizier, die Arme vor der Brust verschränkt.

»Was suchen Sie hier?«, wiederholte er. »Wissen Sie nicht, dass in diesem Augenblick der Stab des Festungskommandos Warschau in dieses Haus einzieht?«

Stab **Offiziere, Unteroffiziere und Mannschaften eines Kommandos**

18 Nocturne cis-Moll

Ich sank auf den Stuhl neben der Speisekammertür. Mit nachtwandlerischer Sicherheit fühlte ich plötzlich, dass mir die Kräfte fehlen würden, um dieser neuen Falle zu entrinnen. Ich saß und ächzte und starrte dumpf auf den Offizier. Erst nach einer Weile stammelte ich mühsam: »Machen Sie mit mir, was Sie wollen. Ich rühr' mich nicht mehr vom Fleck.«

»Ich habe nicht die Absicht, Ihnen etwas zu tun!« Der Offizier zuckte die Achseln. »Was sind Sie von Beruf?«

»Pianist.«

Er musterte mich aufmerksamer, mit sichtbarem Misstrauen. Dann fiel sein Blick auf die Tür, die von der Küche in die Wohnräume führte. Ihm schien etwas eingefallen zu sein.

»Würden Sie mir bitte folgen?«

Wir traten ins erste Zimmer, das sicher das Speisezimmer gewesen war, und dann ins nächste, wo an der Wand ein Klavier stand. Der Offizier deutete mit der Hand auf das Instrument:

»Spielen Sie etwas!«

Dachte er nicht daran, dass das Klavierspiel sofort die in der Nähe befindlichen SS-Männer herbeirufen würde? Ich sah ihn fragend an und rührte mich nicht von der Stelle. Offenbar hatte er meine Befürchtungen erraten, da er beruhigend hinzufügte:

»Spielen Sie ruhig! Wenn jemand kommt, verstecken Sie sich in der Speisekammer, und ich sage, dass ich gespielt habe, um das Instrument auszuprobieren.«

Als ich die Finger auf die Klaviatur legte, zitterten sie. Diesmal hatte ich also zur Abwechslung mein Leben mit Klavierspiel zu erkaufen. Ich hatte zweieinhalb Jahre nicht geübt, meine Finger waren steif, mit einer dicken Schmutzschicht bedeckt, die Fingernägel ungeschnitten seit dem Brand des Hauses, in dem ich mich versteckt hielt. Dazu stand das Klavier in einem Zimmer ohne Fensterscheiben, sodass der Mechanismus vor Feuchtigkeit aufgequollen war und auf den Tastendruck widerspenstig reagierte.

Nocturne
stimmungsvolles Klavierstück

Ich spielte Chopins Nocturne cis-Moll. Der gläserne, klirrende Ton, den die verstimmten Saiten hervorbrachten, hallte in der leeren Wohnung und im Treppenhaus wider, flog auf die andere Straßenseite durch die Ruinen der Villa und kehrte als gedämpftes, wehmütiges Echo zurück. Als ich geendet hatte, schien die Stille noch dumpfer und gespenstischer. In einer Straße miaute eine Katze, ein Schuss war unten vor dem Haus zu hören – raues deutsches Getöse.

Der Offizier sah mich schweigend an. Nach einer Weile seufzte er und knurrte:

»Dennoch sollten Sie nicht hierbleiben. Ich bringe Sie aus der Stadt heraus in ein Dorf. Dort sind Sie sicherer.«

Ich schüttelte den Kopf.

»Ich kann nicht weg von hier!«, erwiderte ich mit Nachdruck.

Erst jetzt schien er zu begreifen, was der eigentliche Grund dafür war, dass ich mich in den Trümmern versteckte. Er zuckte nervös zusammen.

»Sie sind Jude?«, fragte er.

»Ja.«

Er nahm die Arme herunter, die er bis dahin vor der Brust verschränkt gehalten hatte, und ließ sich im Sessel neben dem Klavier nieder, als bedürfte diese Entdeckung einer längeren Überlegung.

»Nun ja!«, murmelte er. »In diesem Fall können Sie in der Tat nicht weg von hier.«

Noch einmal schien er für längere Zeit in Gedanken versunken, dann wandte er sich mit einer neuen Frage an mich:

»Wo ist Ihr Versteck?«

»Auf dem Boden.«

»Zeigen Sie, wie's dort aussieht.«

Wir gingen die Treppe hinauf. Die Inspektion des Bodens nahm er sorgfältig und fachmännisch vor. Dabei entdeckte er, was ich bislang nicht wahrgenommen hatte: noch eine Art Stockwerk über dem Boden, etwas wie ein Hängeboden aus Brettern direkt über dem Eingang zum Boden, unter der Dachkehle – auf den ersten Blick kaum zu bemerken wegen des Halbdunkels, das auf dem Boden herrschte. Hier sollte ich mich seiner Meinung nach verstecken, und er half mir noch, in den Wohnungen eine Leiter zu suchen. Wenn ich oben auf dem Hängeboden war, sollte ich die Leiter zu mir hinaufziehen.

Nachdem das alles besprochen und erledigt war, fragte er mich, ob ich zu essen hätte.

»Nein«, antwortete ich. Er hatte mich ja bei der Nahrungssuche überrascht.

»Na ja, macht nichts«, warf er hastig hin, als schämte er sich hinterher seines Überfalls. »Ich werde Ihnen Lebensmittel bringen.«

Erst jetzt wagte auch ich eine Frage. Ich konnte einfach nicht mehr länger an mich halten:

»Sind Sie Deutscher?«

Er errötete, und aufgebracht, als hätte ich ihm mit dieser Frage einen Schimpf angetan, schrie er fast seine Antwort heraus:

»Ja! Ich bin Deutscher! Und nach all dem, was geschehen ist, schäme ich mich dafür …«

Schroff gab er mir die Hand und ging.

Drei Tage vergingen, ehe er wieder erschien. Es war abends und völlig dunkel, als ich es unter meinem Hängeboden flüstern hörte: »Hallo! Sind Sie da?«

»Ja, ich bin da …«, erwiderte ich.

Kurz darauf fiel etwas Schweres neben mir nieder. Durchs Papier hindurch fühlte ich einige Brote und noch etwas Weiches, das sich später als in Pergamentpapier eingewickelte Marmelade erwies. Rasch legte ich das Paket beiseite und rief:

»Warten Sie einen Augenblick!«

Die Stimme aus der Dunkelheit klang ungeduldig:

»Worum geht's? Reden Sie schnell. Der Wachposten hat mich hierher gehen sehen. Ich darf nicht zu lange bleiben.«

»Wo stehen die sowjetischen Truppen?«

»Schon in Warschau, auf dem anderen Ufer der Weichsel – in Praga! Halten Sie durch! Nur noch ein paar Wochen. Übrigens ist der ganze Krieg spätestens im Frühjahr zu Ende.«

Die Stimme schwieg. Ich wusste nicht, ob der Offizier noch da war oder ob er schon gegangen war. Doch plötzlich meldete er sich noch einmal:

»Sie müssen durchhalten! Hören Sie?«, klang es hart, beinah befehlend, als wollte er mir seine Unbeugsamkeit und seinen Glauben an ein für uns glückliches Ende des Krieges einbläuen. Erst jetzt hörte ich das leise Quietschen der sich schließenden Bodentür.

Einförmige, hoffnungslose Wochen gingen dahin. Von der Weichselseite her meldete sich immer seltener die Artillerie. Es gab Tage, da in der Stille ringsum nicht ein einziger Schuss fiel. Ich weiß nicht, ob ich in dieser Zeit nicht endgültig zusammengebrochen wäre und den so viele Male geplanten Selbstmord doch noch verübt hätte, wenn die Zeitungen nicht gewesen wären, in die der Deutsche das Brot eingewickelt hatte. Es waren die allerneuesten, und ich las sie wieder und wieder, stärkte mich an den darin enthaltenen Nachrichten von den deutschen Niederlagen an allen Fronten, die sich immer schneller, immer tiefer ins Reich vorschoben.

Der Stab tat in den Seitenflügeln des Hauses unverändert seinen Dienst. Im Treppenhaus trieben sich Soldaten herum, brachten häufig große Pakete auf den Boden und holten sie wieder ab, aber mein Versteck war gut gewählt; nie kam es jemandem in den Sinn, auf meinem Hängeboden nachzusehen. Vor dem Haus ging ständig eine Wache auf und ab. Ununterbrochen, Tag und Nacht, hörte ich ihre Schritte und ihr Stampfen, wenn sich die Posten ihre kalten Füße aufwärmten. Wenn ich Wasser brauchte, schlüpfte ich nachts in die zerstörten Wohnungen, wo die Wannen bis zum Rand gefüllt standen.

Am 12. Dezember kam der Offizier zum letzten Mal. Er brachte mir einen größeren Vorrat an Brot als bisher und eine warme Bettdecke. Er erklärte mir, dass er mit seiner Abteilung Warschau verlasse und dass ich auf keinen Fall den Mut sinken lassen dürfe, da die sowjetische Offensive mit jedem Tag erwartet werden müsse.

»Auf Warschau?«

»Ja.«

»Und wie, glauben Sie, stehe ich die Straßenkämpfe durch?«, beunruhigte ich mich.

»Da Sie und ich über fünf Jahre diese Hölle durchgestanden haben«, erwiderte er, »ist es offenbar göttlicher Wille, dass wir überleben. Man muss daran glauben.«

Wir hatten uns bereits verabschiedet, und er wollte gehen, als mir im letzten Augenblick eine Idee kam, nachdem ich mir lange vergeblich den Kopf zerbrochen hatte, wie ich mich ihm erkenntlich zeigen konnte, wo er doch um keinen Preis meinen einzigen Schatz, meine Uhr, annehmen wollte: »Hören Sie!« Ich fasste ihn bei der Hand und begann überschwänglich auf ihn einzureden: »Ich hab' Ihnen bisher meinen Namen nicht genannt. Sie haben mich nicht danach gefragt, aber ich möchte, dass Sie ihn sich merken. Keiner weiß, wie es einmal kommen wird. Sie haben einen langen Weg nach Hause. Ich – falls ich am Leben bleibe – beginne bestimmt sofort hier zu arbeiten, im selben Polnischen Rundfunk wie vor dem Krieg. Sollte Ihnen was zustoßen, und wenn ich Ihnen dann irgendwie helfen kann, denken Sie daran: Szpilman – Polnischer Rundfunk.«

Er lächelte wie gewöhnlich: halb abweisend, halb schüchtern, voller Verlegenheit, aber ich fühlte, dass ich ihm eine Freude machte mit meiner in dieser Situation naiven Hilfsbereitschaft. Mit der Dezembermitte kam die erste Welle harter Fröste. Als ich in der Nacht vom 13. zum 14. auf Wassersuche ging, fand ich es überall gefroren. Ich holte mir aus einer vom Feuer verschont gebliebenen Wohnung im zweiten Aufgang einen Teekessel und einen Topf und kehrte auf meinen Hängeboden zurück. Ich schabte ein Stückchen Eis von dem Topfinhalt ab und steckte es in den Mund, aber damit ließ sich der Durst nicht löschen. Ich verfiel auf einen anderen Gedanken: Ich schob mich unters Deckbett, und den Topf mit dem Eis legte ich mir auf den nackten Bauch. Nach einer Weile begann das Eis zu tauen. Ich hatte Wasser. Genauso machte ich es in den nächsten Tagen; denn die Temperatur wollte nicht steigen.

Weihnachten kam und dann Neujahr 1945: das sechste Kriegsfest, das schwerste, das ich bisher erlebt hatte oder zu erleben überhaupt im Stande war. Ich lag in der Finsternis und lauschte dem Sturm, der am Dachblech zerrte, an den zerfetzten Rinnen, die an den Häuserwänden herunterhingen, oder in den nicht ganz zerstörten Wohnungen Möbelstücke umwarf. In den Pausen zwischen den Sturmböen, die in immer neuen Wellen gegen die Trümmer anheulten, hörte man das Piepsen und Rascheln von Mäusen oder auch Ratten, die auf dem Boden hin und her rannten. Manchmal huschten sie über mein Federbett und, wenn ich schlief, über mein Gesicht und kratzten mich im schnellen Lauf mit ihren Krallen. In Gedanken ging ich alle Feiertage durch, erst die Vorkriegsfeiertage und dann die der Kriegszeit: Ich hatte ein Zuhause, Eltern und drei Geschwister. Dann hatten wir kein eigenes Zuhause mehr, aber wir waren beisammen. Später blieb ich allein, aber von Menschen umgeben. Jetzt war ich so einsam wie wohl sonst kein anderer Mensch auf der Welt. Denn als Defoe seinen »Robinson Crusoe« schuf, den Typ des idealen Einsamen, ließ er ihm doch die Hoffnung auf die Begegnung mit einem anderen Menschen. Robinson freute sich bei dem Gedanken an das Ereignis, das jeden Tag eintreten konnte, und das hielt ihn aufrecht. Ich aber musste fliehen, falls die mich jetzt umgebenden Menschen sich näherten, musste mich in Todesangst verstecken. Wenn ich leben wollte, musste ich einsam sein, ganz und gar einsam.

Defoe
Daniel Defoe (1660–1731), englischer Schriftsteller

Am 14. Januar weckte mich ein ungewöhnliches Treiben auf dem Gelände des Hauses und auf der Straße vor dem Haus. Autos kamen an und fuhren ab, über die Treppen liefen Soldaten, man hörte erregte, nervöse Stimmen. Fortwährend wurde etwas aus dem Haus getragen, wahrscheinlich, um es auf Autos zu verladen. Am 15., frühmorgens, erdröhnte plötzlich die bisher schweigende Front an der Weichsel. Bis zu dem Stadtteil, in dem ich mich verborgen hielt, reichten die Geschosse nicht. Aber unter dem unaufhörlichen dumpfen Grollen erzitterte die Erde, die Mauern des Hauses, vibrierte das Blech auf dem Dach, rieselte der Putz von den Wänden. Das waren bestimmt die berühmten sowjetischen Katjuschas, von denen man noch vor dem Aufstand so viel gesprochen hatte. Vor Freude und Aufregung beging ich eine unter meinen momentanen Lebensbedingungen unverzeihliche Torheit: Ich trank einen ganzen Topf Wasser leer.

Katjuschas russische Raketenwerfer (»Stalinorgeln«)

Nach drei Stunden verstummte das stürmische Artilleriefeuer wieder, doch meine ungeheure Erregung hielt an. In der Nacht tat ich kein Auge zu: Falls die Deutschen die Trümmer Warschaus verteidigen sollten, mussten jeden Augenblick die Straßenkämpfe beginnen, in denen ich den Tod erleiden konnte – als endgültige Schlussfermate meiner bisherigen Martern.

Doch die Nacht ging ruhig vorüber. Gegen ein Uhr hörte ich, wie die restlichen Deutschen das Haus verließen. Eine Stille brach herein, wie sie selbst das seit drei Monaten ausgestorbene Warschau bisher nicht gekannt hatte. Nicht einmal mehr die Schritte der Wachposten vor dem Haus waren zu vernehmen. Ich verstand gar nichts. Wurde denn überhaupt gekämpft?

Erst in den frühen Morgenstunden des anderen Tages wurde die Stille mit einem laut schallenden Ton unterbrochen, den ich am allerwenigsten erwartet hatte. Irgendwo in der Nähe aufgestellte Radiolautsprecher sendeten auf polnisch Meldungen über die Niederlage Deutschlands und die Einnahme Warschaus.

Die Deutschen hatten sich kampflos zurückgezogen.

Sobald es zu dämmern begann, bereitete ich mich fieberhaft auf meinen ersten »Ausgang« vor. Ich hatte mir schon den deutschen Militärmantel angezogen, den mir mein Offizier dagelassen hatte, damit ich bei meinen Wassergängen nicht fror, als mit einem Mal wieder auf dem Pflaster vor dem Haus die rhythmischen Schritte der Wachsoldaten erschallten. Also waren die sowjetischen und polnischen Truppen zurückgewichen? Völlig gebrochen sank ich auf meine Pritsche. So lag ich, bis mich neue Geräusche hochrissen. Schon monatelang nicht gehörte Stimmen von Frauen und Kindern, die sich friedlich unterhielten, als ob nichts geschehen wäre, ganz so wie früher, als Mütter mit ihren Kindern einfach auf der Straße spazieren gingen. Ich wollte um jeden Preis Auskunft einholen. Die Ungewissheit wurde allmählich unerträglich. Ich rannte die Treppe hinunter, steckte den Kopf durch die Vordertür des verlassenen Hauses und sah hinaus auf die Aleja Niepodległości. Es war ein grauer, nebliger Morgen. Links, nicht weit von mir entfernt, stand eine Soldatin in einer auf diese Entfernung schwer zu identifizierenden Uniform. Von rechts näherte sich eine Frau mit einem Bündel auf dem Rücken. Als sie dichter heran war, wagte ich sie anzusprechen:

»Hallo, entschuldigen Sie …«, rief ich mit gedämpfter Stimme und winkte sie näher heran.

Sie starrte mich an, ließ das Bündel fallen, und mit dem gellenden Schrei »Ein Deutscher!« ergriff sie die Flucht. Sogleich drehte sich der Wachposten um, erblickte mich, zielte und feuerte in meine Richtung eine Salve aus seiner Maschinenpistole ab. Die Kugeln schlugen in der Wand dicht neben mir ein und schütteten den Putz auf mich herab. Ohne mich zu besinnen, stürzte ich die Treppe hinauf und floh auf den Boden.

Als ich nach ein paar Minuten aus meinem Fensterchen schaute, sah ich, dass bereits das ganze Haus umstellt war. Ich hörte Soldaten rufen, die in die Keller hinabstiegen, Schüsse und Explosionen von Handgranaten.

absurd **sinnwidrig**

Zur Abwechslung war meine Lage diesmal absurd. An der Schwelle zur Freiheit, im befreiten Warschau, sollte ich auf Grund eines Missverständnisses von polnischen Soldaten erschossen werden. Ich begann fieberhaft zu überlegen, wie ich ihnen blitzschnell zu verstehen geben konnte, dass ich Pole war, bevor sie mich als Deutschen, der sich versteckt hielt, ins Jenseits beförderten. Unterdessen war vor dem Haus eine andere Abteilung in blauen Uniformen eingetroffen. Wie ich später erfuhr, war es eine Abteilung des Bahnschutzes, die hier zufällig vorübergekommen war und die man zu Hilfe geholt hatte. So lauerten also bereits zwei bewaffnete Einheiten auf mein Leben.

Ich begann langsam die Treppe hinabzusteigen, wobei ich, so laut ich konnte, rief:

»Nicht schießen! Ich bin ein Pole!«

Bald schon hörte ich rasche Schritte die Treppe erklimmen. Hinter dem Geländer kam die Gestalt eines jungen Offiziers in polnischer Uniform, mit dem Adler an der Mütze, zum Vorschein. Er zielte aus einer Pistole auf mich und schrie: »Hände hoch!«

Ich wiederholte mein »Nicht schießen! Ich bin Pole!«

Der Leutnant errötete vor Zorn.

»Warum kriechen Sie dann in Gottes Namen nicht endlich nach unten?«, brüllte er. »Warum rennen Sie im deutschen Mantel rum?«

revidiert **überprüft**

Erst als sie mich revidiert und genauer betrachtet hatten, gewannen sie Zutrauen zu meinem Nichtdeutschsein. Sie beschlossen, mich zu ihrem Posten mitzunehmen, damit ich mich dort waschen und satt essen konnte; auch wenn ich mir noch nicht klar darüber war, was weiter mit mir werden sollte.

Aber ich konnte nicht einfach so losgehen. Ich musste erst einen Schwur erfüllen, den ich mir selber auferlegt hatte, nämlich, dass ich den ersten Polen küssen würde, den ich nach Beendigung der Naziherrschaft träfe. Das erwies sich als gar nicht so leicht. Der Leutnant sträubte sich lange, wehrte sich mit allen möglichen Argumenten, außer dem einen, das er aus Zartgefühl nicht anzuführen wagte. Erst als ich ihn endlich geküsst hatte, nahm er einen Taschenspiegel heraus, hielt ihn mir vors Gesicht und sagte lachend:

»Da, bitte! Jetzt können Sie sehen, was für ein Patriot ich bin!«

Nach zwei Wochen ging ich, vom Militär aufgepäppelt, sauber gewaschen und ausgeruht, zum ersten Mal nach beinah sechs Jahren ohne Furcht, ein freier Mann, durch die Straßen Warschaus. Ich ging in Richtung Osten, auf die Weichsel zu, um nach Praga zu gelangen, die einstmals so entlegene, armselige Vorstadt, die heute das ganze Warschau sein musste, da die Deutschen den übrigen Teil tatsächlich vernichtet hatten.

Ich ging inmitten einer breiten, einst lebhaft bevölkerten Hauptverkehrsstraße, heute allein auf ihrer ganzen Länge. So weit mein Auge reichte, gab es hier kein einziges heil gebliebenes Haus. Alle Augenblicke musste ich Trümmerbergen ausweichen, manchmal über sie hinwegklettern wie über Geröllhalden. Die Füße verfingen sich im Gewirr zerrissener Telefondrähte und Straßenbahnleitungen, in Stofffetzen, die einmal Wohnungen geschmückt oder Menschen bekleidet hatten, die längst nicht mehr lebten.

An einer Häuserwand, unter einer Aufständischenbarrikade, lag ein menschliches Skelett. Es war nicht groß, von zierlichem Knochenbau, sicher ein Mädchen, da auf dem Schädel noch lange blonde Haare zu sehen waren, die am längsten der Verwesung standhielten. Neben dem Skelett lag ein verrosteter Karabiner und um den rechten Armknochen hing neben Kleiderresten eine weißrote Armbinde mit dem verschossenen Aufdruck A. K.

Von meinen Schwestern, der schönen Regina und der jugendlich ernsthaften Hala, sind nicht einmal solche Überreste geblieben, und nirgends werde ich ein Grab finden, zu dem ich gehen könnte, um für ihre Seelen zu beten.

Ich machte eine kleine Pause, um Luft zu schöpfen. Ich sah in den Nordteil der Stadt hinüber, dorthin, wo das Getto gewesen war, wo man eine halbe Million Juden ermordet hatte – nichts war geblieben. Selbst die Wände der ausgebrannten Häuser hatten die Deutschen plattgemacht.

Von morgen an musste ich ein neues Leben beginnen. Aber wie, wenn hinter einem nur der Tod lag? Welche Lebenskräfte konnte man aus dem Tod schöpfen?

Ich zog weiter meines Weges. Ein stürmischer Wind rüttelte klappernd das Brucheisen in den Ruinen, pfiff und heulte durch die ausgebrannten Fensterhöhlen. Die Dämmerung brach herein. Aus dem sich immer mehr verdunkelnden, bleiern werdenden Himmel fiel Schnee.

Postskriptum

Etwa zwei Wochen später kehrte einer meiner Kollegen vom Funk, der Geiger Zygmunt Lednicki, von seiner Nachaufstandsirrfahrt nach Warschau zurück. Wie viele andere war er zu Fuß gegangen, nur um so schnell wie möglich wieder in seiner Stadt zu sein. Dabei war er an einem behelfsmäßigen Lager für deutsche Kriegsgefangene vorbeigekommen. Als er mir später davon erzählte, fügte er gleich hinzu, dass sein Verhalten nicht richtig gewesen sei, dass er sich ganz einfach nicht habe beherrschen können. Mein Kollege hatte sich dem Drahtverhau genähert und zu den Deutschen gesagt: »Ihr habt von euch immer behauptet, ein Kulturvolk zu sein, aber mir, einem Musiker, habt ihr alles genommen, was ich besaß – meine Geige!« Da hatte sich mühsam von seinem Lager ein Offizier erhoben und war auf schwankenden Füßen an den Draht gekommen. Er war elend und abgerissen, das Gesicht bärtig. Seine verzweifelten Augen auf Lednicki richtend, hatte er gefragt: »Kennen Sie vielleicht einen Herrn Szpilman?«

»Na, sicher kenn ich den.«

»Ich bin Deutscher«, hatte er fieberhaft geflüstert. »Und ich habe Szpilman geholfen, als er sich im Festungskommando Warschau auf dem Boden versteckte. Sagen Sie ihm, dass ich hier bin. Er soll mich retten. Ich flehe Sie an …«

In diesem Augenblick war einer der Wachposten herangetreten: »Mit den Gefangenen zu reden ist nicht erlaubt. Bitte weitergehen!«

Lednicki hatte sich entfernt. Doch gleich darauf war ihm eingefallen, dass er ja den Namen des Deutschen nicht kannte. Darum war er noch einmal umgekehrt, aber den Offizier hatte der Wachposten inzwischen vom Zaun weggeführt.

»Wie heißen Sie? Wie ist Ihr Name?«

Der Deutsche hatte sich umgedreht und etwas gerufen, aber Lednicki hatte nichts verstehen können.

Auch ich habe den Namen des Offiziers nicht gekannt. Habe ihn aus Vorsicht nicht wissen wollen, damit ich im Falle meiner Festnahme und der folgenden Verhöre, wer mich denn mit dem Kommissbrot versorgt habe, nicht seinen Namen verraten konnte, wenn mich die deutsche Polizei folterte.

Obwohl ich alles getan habe, was in meiner Macht stand, um dem deutschen Gefangenen auf die Spur zu kommen, ist es mir nicht gelungen, ihn wiederzufinden. Das Gefangenenlager hatte man inzwischen verlegt, wohin, das war Militärgeheimnis. Doch vielleicht ist jener Deutsche – der *einzige Mensch* in deutscher Uniform, dem ich begegnet bin – glücklich in seine Heimat zurückgekehrt …

Brigade Arbeitsgruppe

Ich konzertiere manchmal in dem Haus Narbutt-Straße 8 in Warschau, wo ich Ziegel und Kalk geschleppt habe, wo die jüdische Brigade gearbeitet hat, die erschossen wurde, als die Wohnungen für die Gestapooffiziere fertig waren. Die Offiziere erfreuten sich jedoch nicht lange ihrer schönen Wohnungen. Heute ist in diesem erhalten gebliebenen Haus eine Schule untergebracht. Ich spiele für polnische Kinder, die nichts davon wissen, wie viel menschliches Leiden und menschliche Todesangst durch ihre sonnigen Schulsäle gegangen sind.

Oh, dass sie es nie erfahren, was das ist, Angst und Leiden!

Materialien

M Biografie

Lebenschronik

Władysław Szpilman auf dem Bild für seine Kennkarte, 1942

1911 Władysław Szpilman wird am 5. Dezember 1911 in Sosnowiec (Polen) geboren. Er wächst in einer assimilierten (gesellschaftlich angeglichenen) Warschauer Musiker- und Intellektuellenfamilie auf.

1930 Anfang der 1930er Jahre studiert Szpilman in Warschau an der Chopin-Musikschule und in Berlin an der Akademie der Künste Klavier. In Berlin unterrichten ihn Leonid Kreutzer und Artur Schnabel. Komposition studiert er bei Franz Schreker.

1933 Nach der Machtergreifung der Nationalsozialisten kehrt Szpilman nach Warschau zurück. Dort setzt er sein Klavierstudium bei Aleksander Michalowski fort.

1935 Władysław Szpilman beginnt beim Polnischen Rundfunk als fest angestellter Pianist zu arbeiten.

M

Władysłav Szpilman mit seinen drei Geschwistern Halina, Regina und Henryk, 1914, und als Achtzehnjähriger, 1929

1937 Seit den 1930er Jahren bis in die 1960er Jahre komponiert Szpilman zahlreiche Schlager, die in Polen bis heute Evergreens sind. Sie sind im Zuge der erfolgreichen Verfilmung seines Lebens durch Roman Polanski (vgl. S. 252 ff.) in neuen Zusammenstellungen erhältlich. Szpilmans klassische Werke für Klavier und Orchester zeigen eine große Nähe zu dem amerikanischen Komponisten George Gershwin (1898–1937, bekannt geworden u. a. durch »Rhapsody in Blue« und die Oper »Porgy and Bess«).

1939 1. September: Beginn des Zweiten Weltkriegs. Einmarsch der Deutschen in Polen. – 23. September: Das »Nocturne cis-Moll« von Chopin, gespielt von Szpilman, ist das letzte Stück, das der Polnische Rundfunk live senden kann.

1940 Mit der Errichtung des Warschauer Gettos für Juden durch die deutsche Besatzungsmacht endet für Szpilman und für Hunderttausende jüdischer Bürgerinnen und Bürger das Leben unter menschenwürdigen Bedingungen.

1942 16. August: Unerwartet und gegen seinen Willen wird Szpilman auf dem Warschauer »Umschlagplatz«, von dem aus die Transporte in das Vernichtungslager Treblinka erfolgen, aus seiner Familie herausgeholt und damit vor dem sicheren Tod gerettet.

1942–1944 In ständiger Flucht vor den Deutschen lebt Szpilman am Rande der menschlichen Existenz.

1944 Begegnung mit dem deutschen Offizier Wilm Hosenfeld.

1945 Szpilman schreibt den biografischen Bericht »Das wunderbare Überleben – Warschauer Erinnerungen 1939–1945«.

Szpilman im Studio des Polnischen Rundfunks, 1948, und mit seiner Frau Halina, 1955

1946 Bis 1963 ist Szpilman Chef der Musikabteilung des Polnischen Rundfunks.

1950 Szpilman erfährt endlich den Namen von Wilm Hosenfeld und unternimmt aussichtslose Versuche, um diesen deutschen Offizier aus der russisch-kommunistischen Gefangenschaft zu retten.

1961 Szpilman gründet in Sopot (bei Danzig) das bis heute im Sommer stattfindende Schlagerfestival, welches im sozialistischen Europa bald ein Gegenfestival zum »Grand Prix Eurovision de la Chanson« wird.

1963 Szpilman begründet zusammen mit dem weltberühmten amerikanischen Geiger Bronislaw Gimpel das »Warschauer Klavierquintett«, mit dem er bis 1986 weltweit mehr als 2000 Auftritte hat.

2000 Am 6. Juli stirbt Władysław Szpilman in Warschau.

Szpilman beim Spielen von Chopins Nocturne cis-Moll, 1997

Arbeitsanregungen

1. Lesen Sie die Lebenschronik von Władysław Szpilman. Welche Fragen stellen sich Ihnen nach der Lektüre?

2. Sammeln Sie aus dem Internet weitere Daten und Ereignisse zur Biografie des Autors und ergänzen Sie damit die vorliegende Übersicht.

3. Entscheiden Sie sich für eines der Fotos von Szpilman auf den Seiten 192, 195 und 196 und schreiben Sie, davon ausgehend, einen inneren Monolog, in dem Sie seine Gedanken und Empfindungen darstellen.

4. Informieren Sie sich über das Ausmaß der internationalen Akzeptanz von Szpilmans Werk und dessen Wirkung. Sammeln Sie Rezensionen, vergleichen Sie Übersetzungen, studieren Sie Filmkritiken, berichten Sie über die Ereignisse bei den Preisverleihungen, präsentieren Sie ausgewählte Formen der medialen Rezeption.

5. Stellen Sie – anhand ausgewählter Hörbeispiele (Fachhandel, Recherchen im Internet) – Szpilman als Komponisten und Musiker vor.

M

Entstehung

Andrzej Szpilman

Der Pianist. Vorwort — 1998

Bis vor ein paar Jahren hat mein Vater nie über seine Kriegserlebnisse gesprochen. Dennoch begleiteten sie mich seit meiner Kindheit:

Durch dieses Buch, das ich mir mit zwölf Jahren heimlich aus einer Ecke des Bücherschranks fischte, erfuhr ich, warum es in unserer Familie keine Großeltern väterlicherseits gab und warum mein Vater über seine Familie schweigt.

Das Buch erschloss mir einen Teil meiner Identität. Er wusste – ich wusste –, aber gesprochen haben wir nicht darüber. Vielleicht habe ich deshalb nie darüber nachgedacht, ob das Buch auch für andere Menschen von Bedeutung sein könnte. Darauf machte mich mein Freund Wolf Biermann aufmerksam, dem ich die Geschichte meines Vaters erzählte.

Wolf Biermann
→ Seite 270

Ich lebe seit vielen Jahren in Deutschland und erlebe immer wieder die schmerzliche Sprachlosigkeit zwischen Juden, Deutschen und Polen. Ich hoffe, dass dieses Buch dazu beitragen wird, die immer noch offenen Wunden zu schließen.

Mein Vater, Władysław Szpilman, ist kein Schriftsteller. Er ist, wie man in Polen sagt: »ein Mensch, in dem die Musik lebt«, ein Pianist, Komponist, der auch immer ein bedeutender Inspirator des polnischen Kulturlebens war. [...]

Mein Vater schrieb dieses Buch gleich 1945. Die erste Ausgabe erschien in Warschau, bearbeitet und mit einem Vorwort versehen von Jerzy Waldorff, durch Eingriffe der Zensur verunstaltet und – da mein Vater damals sechs Monate lang ununterbrochen im Ausland auf Tournee war – all das in seiner Abwesenheit. Darüber war er nicht glücklich. Aber ich vermute, der Zweck des Buches wurde erfüllt, denn er schrieb es damals gar nicht so sehr für »die Menschheit«, sondern vielmehr für sich selbst. Es half ihm, die erschütternden Erlebnisse aus der Zeit des Krieges so zu verarbeiten, dass er den Kopf und das Herz frei hatte für das Weiterleben.

In den Sechzigern gab es immer mal wieder Versuche polnischer Verlage, dieses nie wiederaufgelegte Buch den jungen Lesern zugänglich zu machen. Solche Bemühungen wurden aus ungeklärten und zugleich klaren Gründen immer wieder vereitelt. Die polnischen Instanzen hatten ihre Gründe.

Nach nunmehr fünfzig Jahren ist dieses Buch von Władysław Szpilman in neuer Version der Öffentlichkeit zugänglich gemacht worden. [...] Die Tatsache, dass dieses Buch nun ausgerechnet in Deutschland erscheint, wird vielleicht manchen aufrichtigen Leuten in Polen eine heilsame Lehre sein und sie möglicherweise dazu veranlassen, dasselbe im eigenen Lande zu versuchen.

Ulrike Wilhelm

Erinnern oder Schweigen? Ein Interview —— 1998

1998, in dem Jahr, als Władysław Szpilmans Erinnerungen unter dem Titel »Das wunderbare Überleben« erstmals auf deutsch erschienen, führte die Redakteurin Ulrike Wilhelm vom »Deutschen Allgemeinen Sonntagsblatt« ein Interview mit dem damals 86-jährigen Autor und dessen Sohn, Andrzej Szpilman, der das Erscheinen der deutschen Ausgabe veranlasst hatte. Im Folgenden finden Sie Auszüge aus diesem Interview, in dem sich Vater und Sohn vor allem mit der lebenswichtigen Frage: Erinnern oder schweigen? im Gespräch auseinandersetzen.

Ulrike Wilhelm: Herr Szpilman, nach mehr als fünfzig Jahren werden die Erinnerungen aus dem Warschauer Getto noch einmal lebendig. Was für ein Gefühl ist das?

Władysław Szpilman: Ein furchtbares Gefühl. Ich bekomme Depressionen, besonders jetzt im Alter. *(Zu Andrzej)* Warum soll ich darüber sprechen? Ist das wichtig?

Andrzej Szpilman: Es ist sogar sehr wichtig.

Ulrike Wilhelm: Machen die Jahre es leichter, die Belastung auszuhalten?

Władysław Szpilman: Nach dem Krieg habe ich wieder beim Polnischen Rundfunk angefangen. Ich war so beschäftigt, dass ich keine Zeit hatte, nachzudenken. Jetzt bin ich alt und muss viel daran denken. Ich sage manchmal, dass ich schon zu lange lebe.

Ulrike Wilhelm: Wie ist das für Sie, Andrzej, Ihren Vater so leiden zu sehen?

Andrzej Szpilman: Es war bestimmt nicht einfach, an dem Buch zu arbeiten.

Władysław Szpilman: Ach, der kann das doch nicht verstehen. Der kannte meine Familie nicht – noch nicht einmal vom Bild. Alles ist verbrannt.

Andrzej Szpilman: Können Sie sich das vorstellen? Alles, was sich in den anderen Familien über Generationen angesammelt hat, fehlt uns. Vor zwei Wochen habe ich erstmals ein Foto meiner Großeltern gesehen.

Ulrike Wilhelm: Haben Sie Ihrem Sohn von Ihrer Familie erzählt?

Władysław Szpilman: Nein.

Ulrike Wilhelm: Warum nicht?

Władysław Szpilman: Wozu sollte ich ihm das erzählen? Der

war jung! Er hatte so ein Talent zur Musik, so ein gutes Leben. Sollte ich ihm ein Gift mitgeben? Dass die Mutter und der Vater und zwei meiner Schwestern und ein Bruder ins Gas geschickt wurden – sollte ich ihm das erzählen?

Ulrike Wilhelm: Haben Sie versucht, Andrzej die jüdische Kultur nahe zu bringen?

Władysław Szpilman: Nein. Ich habe zu Hause auch keine jüdische Kultur gepflegt.

Ulrike Wilhelm: Sie waren also assimiliert?

Władysław Szpilman: Leider. Mein Vater war ein Geiger. Er musste am Freitag spielen.

Ulrike Wilhelm: Von Ihrer jüdischen Herkunft haben Sie erfahren, als Sie das Buch Ihres Vaters stibitzten. Was hat das für Sie bedeutet?

Andrzej Szpilman: Noch nicht so viel, ich war zwölf Jahre alt.

M

Władysław Szpilman: Die jungen Leute sind nach dem Krieg geboren und sollen nichts darüber wissen, damit es sie nicht belastet.

Ulrike Wilhelm: War es richtig, dass Ihr Vater schwieg?

Andrzej Szpilman: Mein Vater hat das so entschieden.

Ulrike Wilhelm: Können Sie das respektieren?

Andrzej Szpilman: Ich habe keine Wahl gehabt.

Władysław Szpilman: Wozu soll ich mit ihm darüber reden?

Andrzej Szpilman: Das ist meiner Meinung nach ein Fehler gewesen.

Ulrike Wilhelm: Warum?

Andrzej Szpilman: Als kleiner Junge musste ich mir antisemitische Witze anhören, und ich habe selbst damit angefangen, wie jeder andere Antisemit. Dann musste ich erfahren, dass ich selbst ein Jude bin. Ich wollte es nicht glauben.

Ulrike Wilhelm: Fühlen Sie sich heute als Jude?

Władysław Szpilman: Ich nicht. Ich bin ein Pole jüdischer Abstammung. Ich habe meinen Namen auch nicht geändert. Und mein Sohn – soll er's halten, wie er will.

Ulrike Wilhelm: Und? Wie halten Sie es?

Andrzej Szpilman: Ich bin halbe-halbe, sympathisiere aber mehr mit meiner jüdischen Hälfte. Durch den Antisemitismus mancher Polen mag ich meine polnische Hälfte weniger als die jüdische.

Władysław Szpilman: Bei mir ist das anders. Die Musik ist meine Identität.

[...]

Andrzej Szpilman: Wann hast du dein Buch zuletzt gelesen?

Władysław Szpilman: Ich hab' es nicht mehr gelesen – und Schluss!

Andrzej Szpilman: Wirst du das Buch lesen, an dem wir hier neun Monate lang gearbeitet haben?

Władysław Szpilman: Nein. Ich möchte diese Hölle nicht noch einmal überleben! Du kannst mich nicht dazu zwingen!

Andrzej Szpilman: Das will ich auch nicht. Keiner verlangt das.

Władysław Szpilman: Du verlangst das. Aber ich möchte vergessen, dass ich das überlebt habe. Ich muss ruhig sterben. Ich war nach dem Krieg nie in Treblinka *(zeigt auf seinen Sohn)*: Der war dort! Ich nicht. Meine ganze Familie ist dort ermordet worden. Dort platzt mein Herz.

Andrzej Szpilman: Du sollst auch nicht hinfahren.

Władysław Szpilman: Aber du warst dort!

Andrzej Szpilman: Ich bin hingefahren. Da habe ich zum ersten Mal erfahren, wo das Getto in Warschau überhaupt war. Können Sie sich das vorstellen? Ich habe 27 Jahre dort gelebt und nicht gewusst, wo Getto und Umschlagplatz waren. Wo die Treppe war, hat meine Oma gelebt, stimmt's?

Władysław Szpilman: Ja.

Andrzej Szpilman: Wir waren tausendmal da. Aber er hat nie gesagt, dass an dieser Ecke das Haus meiner Oma stand. Wie sollte man das wissen, dass man Jude ist, wenn man nicht mal wusste, wo das Getto war. […] Wo der Umschlagplatz gewesen ist, war vor fünfzehn Jahren noch eine Tankstelle. Am Platz der Deportation habe ich mein Leben lang getankt.

Ulrike Wilhelm: Und auch das Haus Ihrer Mutter wollten Sie nicht zeigen?

Władysław Szpilman: Es war nur eine Ruine. Man hat ein neues Haus gebaut.

Ulrike Wilhelm: Ihr Bruder, Henryk, könnte vielleicht noch leben, wenn er sich nicht geweigert hätte, jüdischer Polizist zu werden.

Władysław Szpilman: Ich hab' ihm gesagt, er soll es machen. Aber er hat gesagt: nein. Drei Monate zuvor hatten sie ihn schon mal geschnappt, ich bin dann zur jüdischen Polizei gegangen und habe für meinen Bruder gesprochen. Und er durfte gehen. Als mein Bruder nach Hause kam, sagte er: Wie kannst du nur zu so einem schmutzigen Mann gehen und ihn darum bitten, dass ich freikomme. Ich sagte: Wenn nicht, dann wärst du nach Treblinka gegangen.

Andrzej Szpilman: Wusste man da schon, was das bedeutet?

Władysław Szpilman: Ich wusste das genau.

Andrzej Szpilman: Wussten es alle?

Władysław Szpilman: Ich habe keine Umfrage gemacht. Manche Leute wussten das. Wir wollen nicht weiter darüber reden. Sie werden nicht gut schlafen. Und ich werde auch nicht gut schlafen. Das ist vorbei. Allein dass ich lebe, ist ein Wunder.

Ulrike Wilhelm: Dennoch ist es gut, dass Sie das Wunder an Ihren Sohn weitergeben konnten. Und jetzt, durch das Buch, an viele andere Menschen.

Władysław Szpilman: Ich habe es nicht an ihn weitergegeben. Er hat es sich genommen. Er hat das erste Buch heimlich gelesen. Jetzt hatte er die Idee, es noch einmal erscheinen zu lassen. Er hat die ganze Arbeit gemacht. Haben Sie das Foto auf dem Buch gesehen? Das wunderbare Foto hat er gemacht. Ich habe nichts dazu beigetragen.

Andrzej Szpilman: Jetzt habe ich eine CD mit deiner Musik herausgebracht. Freut dich das gar nicht?

Władysław Szpilman (lacht): Du bist ein phänomenaler Mann.

Andrzej Szpilman: Aber du weißt genau, dass das Buch wichtig ist?

Władysław Szpilman: Für mich ist es nicht wichtig.

Andrzej Szpilman: Für dich nicht. Aber es gibt hier wieder Neofaschisten.

Władysław Szpilman: Und die Neofaschisten bleiben Neofaschisten, mit oder ohne mein Buch.

Andrzej Szpilman: Es gibt Leute, die wollen keine Geschichten aus der Vergangenheit mehr hören.

Władysław Szpilman: Manche sagen das. Aber das Volk hat 80 Millionen Leute. Und es sind vielleicht hundert Menschen, die das sagen.

Andrzej Szpilman: Vielleicht ist es an der Zeit, dass man darüber nicht mehr redet?

Władysław Szpilman: Unsinn. Man muss verhindern, dass die Leute vergessen. Aber in Deutschland kommt kein neuer Faschismus.

Andrzej Szpilman: Nein?

Władysław Szpilman: Nein! Die Leute sind zu klug dafür.

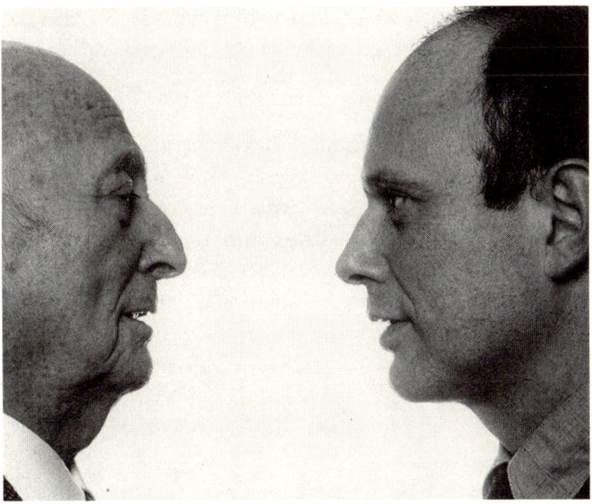

M

Arbeitsanregungen

1. Formulieren Sie Gründe, die aus der Sicht der damaligen kommunistischen Machthaber einer Verbreitung von Szpilmans Werk im Polen der Nachkriegszeit entgegenstanden.

2. Versetzen Sie sich in die Situation des über achtzigjährigen Künstlers. Verfassen Sie einen Tagebucheintrag, in dem dieser seine Gedanken und Bedenken zur Neuauflage seines Buches niederschreibt.

3. Beschreiben Sie die unterschiedlichen Positionen der beiden Interviewpartner. Erläutern Sie ferner die Stimmungslage, die das Gespräch kennzeichnet, und die Spannungssituation zwischen Vater und Sohn.

4. Die Gesichter von Vater und Sohn sprechen auf beiden Fotos eine erkennbare Sprache. Versuchen Sie eine Deutung.

5. In welchem Verhältnis stehen Władysław und Andrzej Szpilman zum Judentum?

6. Diskutieren Sie die im Interview angesprochene Frage: Was wiegt schwerer: das Recht des Opfers auf Vergessen oder das Recht der Kinder auf Wissen? Halten Sie das Vorgehen des Sohnes für gerechtfertigt bzw. angemessen?

Verstehen und Deuten

Antisemitismus in der Geschichte

Judenfeindliche Texte im Neuen Testament

Judenfeindliche Texte des NT sind nicht unbedingt ein Zeichen von »Antisemitismus«. Sie haben, z. B. bei Paulus, eine tiefe theologische Dimension und berühren grundlegende Fragen nach dem ewigen Heil des Menschen und dem Erwähltsein durch Gott. Die Passionsberichte der Evangelien hingegen sehen »das Volk« der Juden als schuldig am Tod Jesu an, und die so genannte »Selbstverfluchung« der Juden (Mt. 27,25) galt jahrhundertelang als Legitimation für ein gewaltsames Vorgehen gegen die angeblichen Christusmörder. Es findet sich im NT aber auch Folgendes: Joh. 4,22: »[Jesus spricht:] Das Heil kommt von den Juden.« Röm. 11,2: »Gott hat sein Volk nicht verstoßen, das er zuvor erwählt hat.«

Jesu Verurteilung und Verspottung (Mt. 27,15 ff.)

15 Zum Fest aber hatte der Statthalter die Gewohnheit, dem Volk einen Gefangenen loszugeben, welchen sie wollten. **16** Sie hatten aber zu der Zeit einen berüchtigten Gefangenen, der hieß Jesus Barabbas. **17** Und als sie versammelt waren, sprach Pilatus zu ihnen: Welchen wollt ihr? Wen soll ich euch losgeben, Jesus Barabbas oder Jesus, von dem gesagt wird, er sei der Christus? […] **20** […] die Hohenpriester und Ältesten überredeten das Volk, dass sie um Barabbas bitten, Jesus aber umbringen sollten. **21** Da fing der Statthalter an und sprach zu ihnen: Welchen wollt ihr? Wen von den beiden soll ich euch losgeben? Sie sprachen: Barabbas! **22** Pilatus sprach zu ihnen: Was soll ich denn machen mit Jesus, von dem gesagt wird, er sei der Christus? Sie sprachen alle: Lass ihn kreuzigen! **23** Er aber sagte: Was hat er denn Böses getan? Sie schrien aber noch mehr: Lass ihn kreuzigen! **24** Als aber Pilatus sah, dass er nichts ausrichtete, sondern das Getümmel immer größer wurde, nahm er Wasser und wusch sich die Hände vor dem Volk und sprach: Ich bin unschuldig an seinem Blut; seht ihr zu! **25** Da antwortete das ganze Volk und sprach: Sein Blut komme über uns und unsere Kinder! **26** Da gab er ihnen Barabbas los, aber Jesus ließ er geißeln und überantwortete ihn, dass er gekreuzigt werde.

Abrahamskinder und Teufelskinder (Joh. 8,37 ff.)

37 [Jesus spricht zu den Juden:] Ich weiß wohl, dass ihr Abrahams Kinder seid; aber ihr sucht mich zu töten, denn mein Wort findet bei euch keinen Raum. **38** Ich rede, was ich von meinem Vater gesehen habe; und ihr tut, was ihr von eurem Vater gehört habt. […] **44** Ihr habt den Teufel zum Vater, und nach eures Vaters Gelüste wollt ihr tun. Der ist ein Mörder von Anfang an und steht nicht in der Wahrheit; denn die Wahrheit ist nicht in ihm. […] **45** Weil ich aber die Wahrheit sage, glaubt ihr mir nicht.

Die Anklage gegen die Juden (Röm. 2,17 ff.)

17 Wenn du dich aber Jude nennst und verlässt dich aufs Gesetz und rühmst dich Gottes **18** und kennst seinen Willen und prüfst, weil du aus dem Gesetz unterrichtet bist, was das Beste zu tun sei […]: **21** Du lehrst nun andere und lehrst dich selber nicht? Du predigst, man solle nicht stehlen, und du stiehlst? […] **23** Du rühmst dich des Gesetzes und schändest Gott durch Übertretung des Gesetzes? **24** Denn »euretwegen wird Gottes Name gelästert unter den Heiden«, wie geschrieben steht (Jesaja 52,5).

Friedrich Closener

Spätmittelalterliche Judenverfolgungen ——— 1362

Da man zählte 1298 Jahr, da hob eine Verfolgung der Juden an, die währte von Sankt Jakobs Tag bis Sankt Matthäus Tag. Das tat ein Edelmann aus Franken, der war genannt »Rindfleisch«. Der hatte viel Volks versammelt und tötete wohl hunderttausend Juden, die zu Würzburg und zu Nürnberg waren und in anderen Städten. Das geschah nur darum, dass sie also sehr übel getan hatten an unseres Herrn Leib, darum Gott die Plage über sie verhängte. [...]

Da man zählte 1337 Jahr, da war ein Edelmann zu Dorlisheim, der hieß der »Unbehaun« und einer zu Andlau, hieß »Zimberlin«. Die sammelten viel Volks, mit denen belagerten sie Colmar und forderten die Herausgabe der Juden, um sie zu verderben. Da kamen die von Straßburg überein, gegen sie zu ziehen. Da sie dies gewahr wurden, flohen sie von dannen und ward nichts mehr daraus. Die Hauptleute nannten sich König Armleder. Dies geschah im Maien. [...]

Da man zählte 1349 Jahr, da wurden die Juden zu Straßburg verbrannt in ihrem Kirchhof auf einem hölzernen Gerüste an Sankt Veltens Tage, der fiel dieses Jahr auf einen Samstag. Sie wurden auch desselben Jahres verbrannt in allen Städten an dem Rheine, gleich viel ob es freie Städte oder Reichsstädte oder anderer Herren Städte waren. Das geschah darum: Man zieh sie, sie hätten Brunnen und andere Wasser verunreinigt mit Gift. In etlichen Städten verbrannte man sie nach (ordentlichem) Urteil, in etlichen steckten sie selbst mit Feuer die Häuser an, da sie innen waren, und verbrannten sich selbsten. Da kam man zu Straßburg überein, dass in hundert Jahren kein Jude da wohnen sollte. [...]

M

Spottlied aus Regensburg

Alles muss zum Juden laufen — Anfang 16. Jh.

Hunger und Not und großen Zwang,
Das leidt der arme Handwerksmann,
Es war kein Handwerk also schlecht,
Dem der Jud nie großen Schaden brächt.
So einer ein Kleid kaufen wollt,
Gar bald er zu dem Juden trollt,
Silbergeschirr, Zinn, Leinwand, Barett
Und was er sonst im Haus nit hätt,
Das fand er bei den Juden zuhand,
Es war ihnen alles gesetzt zu Pfand.
Denn was man stahl und raubt mit Gewalt,
Das hatt' alles da sein Aufenthalt,
Was jemand in der Kirchen fand,
Das kam dem Juden heim zuhand.
Ein Gut, das fünfzig Gulden kam,
Das nahm der Jud für zehen an,
Hatt er's ein Wochen oder neun,
So zog er's für sein eigen ein.
Mäntel, Hosen und anderlei,
Das fand man bei dem Juden feil;
Der Handwerksmann konnt' nichts verkaufen,
Es war alles zum Juden laufen.

Barett **Kopfbedeckung**

Wilhelm Raabe

Der Hungerpastor 1864

M

In seinem Bildungsroman »Der Hungerpastor« (erschienen 1864) thematisiert der deutsche Dichter Wilhelm Raabe (1831–1910) den »Hunger« zweier junger Menschen nach Wissen und Bildung, ihren Weg auf der Suche nach Sinn und Erfüllung im Leben.

Der Schuhmachersohn Hans Jakob Unwirrsch ist getrieben von Erkenntnisdrang und jenem »Hunger nach dem Maß der Dinge, den so wenige Menschen begreifen und welcher so schwer zu befriedigen ist«. Er geht unter großen Schwierigkeiten seinen Weg, findet aber dann – ein freier und froher Mensch – Erfüllung in seiner Tätigkeit als Geistlicher auf der Hungerpfarre Grunzenow an der Ostsee. Im Gegensatz dazu zielen die Pläne des Moses Freudenstein auf äußeren Glanz und Besitz. Vom Ehrgeiz getrieben, lässt er sich als Literat in Paris nieder, verkehrt nur mit hochangesehenen Personen der Gesellschaft und endet schließlich als Spitzel der preußischen Regierung gegen verbannte Freiheitskämpfer im Ausland.

Aus dem 5. Kapitel:

Aus der Schule konnte Hans Unwirrsch nichts mitbringen, welchem Moses Freudenstein nicht eine andere Färbung hätte geben können; und die Worte des Vaters Samuel gewannen bald ein ebenso großes Gewicht wie die der Lehrer in der Bürgerschule. […]

Der Vater Freudenstein hatte eine gewaltige Achtung vor den Wissenschaften; eine fast ebenso große Achtung wie weiland der arme Anton Unwirrsch. Doch wenn dieser sie um ihrer selbst willen einst verehrte, so schätzte jener sie, weil er darin den Talisman glaubte gefunden zu haben, der zugleich mit dem Gelde ein Schild und eine Waffe sei für sein immer

weiland **vormals**

noch, ob seiner und der Väter Sünden, so vielfach bedrängtes und zurückgesetztes Volk. […]

»Lerne, dass dir schwitzet der Kopf, Moses«, sagte er, sobald der Knabe nur irgend im Stande war, ihn zu verstehen. »Wenn se dir hinhalten an Stück Kuchen und an Buch, so lass den Kuchen und nimm das Buch. Wenn du was kannst, kannste dich wehren, brauchste dich nicht lassen zu treten, kannste an großer Mann werden und brauchst dich zu fürchten vor keinem, und den Kuchen wirst du auch dazu bekommen. Se werden dir ihn geben müssen, ob se wollen oder nicht.«

Moses Freudenstein öffnete bei solcher Ermahnung die funkelnden Augen sehr weit und kniff sie dann zu und fragte wohl:

»Und ich brauch, wenn ich lern, mich nicht lassen zu schimpfen und schlagen in der Gass? Ich kann's ihnen heimzahlen, was sie mir tun, brauch mich nicht zu verkriechen vor ihnen?«

»Wenn du hast Kunst und wenn du hast Geld, kannst du sie stecken alle in den Sack. Und wenn du jetzt sitzest im Winkel, kannst du denken, du bist die Katz, und die Mäus tanzen vor dir und pfeifen dir zum Hohn. Lass sie pfeifen und lern; wenn der jungen Katz sind gewachsen die Krallen, kann sie spielen mit der Maus, und die Maus hat das Schlimmste davon.«

»So will ich sitzen im Dunkeln und will lernen alles, was es gibt, und wenn ich alles weiß und habe das Geld, so will ich es ihnen in der Gasse vergelten, was sie mir tun.«

»Ich will dir helfen, zu kriegen das Geld!«, sagte der Vater, und die alte Haushälterin in der Ecke kicherte und rieb sich die Hände und murmelte Segnungen und Flüche zu gleicher Zeit […].

Aus dem 7. Kapitel:
Moses Freudenstein und Hans Unwirrsch gingen ihren Weg durch die verschiedenen Klassen. [...] In einer Ausnahmestellung befand sich Moses schon durch seine Nationalität und seine Religion, welche ihn hinderten, in dem Gemeinwesen des Gymnasiums gleichberechtigt mit zu »taten« und mit zu »raten«; der Sohn der Witwe aber wurde durch seine Armut gezwungen, dem fröhlichen Gewimmel fernzubleiben. Wie früher gingen auch jetzt die beiden Freunde aus der Kröppelstraße vereinsamt auf einem Seitenpfade und warteten auf den Stundenschlag, durch welchen sie in die Mitte des Getümmels der Welt gerufen werden sollten. [...]

Die schwarzen Haare zerwühlend, saß Moses [an seinem Tisch], immer mehr beschäftigt, die bunte Mannigfaltigkeit des Lebens aufzulösen und sie in die Fächer einer unbarmherzigen Logik zu ordnen. Je mehr Wissen er aufhäufte, desto kälter wurde sein Herz; mit höhnischem Spott erdrosselte er den letzten Rest warmer Fantasie, der ihm geblieben war. Nicht Werkzeug zum Nutzen und Genuss für sich und die Welt schuf er; Waffen, nur Waffen gegen die Welt schmiedete er, und keinen Augenblick der Ruhe, des Atemholens gönnte er sich bei der Arbeit.

Der alte Vater rieb hinter seinem Geldkasten frohlockend die knöchernen Hände, wenn er auf seinen Sohn blickte. [...]

Wilhelm Busch

Plisch und Plum 1882

Kurz die Hose, lang der Rock,
Krumm die Nase und der Stock,
Augen schwarz und Seele grau,
Hut nach hinten, Miene schlau –

So ist Schmulchen Schievelbeiner.
(Schöner ist doch unsereiner!)

Martin Luther

Von den Juden und ihren Lügen 1543

M

Selbst im Bereich der Kirche, in dem zwei Jahrtausende lang die Fehlmeinung, das »Volk der Juden« sei für den Tod Jesu verantwortlich und verdiene deswegen gerechte Verachtung, teilweise bis in die Gegenwart hinein fromm überliefert wird, gab es eine Vielzahl judenfeindlicher Äußerungen und Beschlüsse. So wurde z. B. auf dem Vierten Laterankonzil der Kirche im Jahr 1215 bestimmt, dass Juden sich durch ihre Kleidung in der Öffentlichkeit kenntlich machen sollten und zu öffentlichen Ämtern grundsätzlich nicht zugelassen werden könnten.

Lateranskonzil → Seite 271

Kaum weniger folgenreich waren – nach verschiedenen Bekundungen der Sympathie in früheren Jahren – so manche antisemitischen Äußerungen Martin Luthers (1483–1546), die er schließlich in seiner Schrift »Von den Juden und ihren Lügen« (1543), unkritisch und vorurteilsbelastet, zusammenhängend formulierte. Luther gibt zu folgendem Vorgehen gegenüber den Juden seinen »treuen Rat«:

Erstens, dass man ihre Synagogen oder Schulen mit Feuer anstecke und, was nicht verbrennen will, mit Erde überhäufe und beschütte, dass kein Mensch einen Stein oder Schlacke davon sehe ewiglich. Und solches soll man tun unserem Herrn und der Christenheit zu Ehren, damit Gott sehe, dass wir Christen seien. *Zum anderen,* dass man auch ihre Häuser desgleichen zerbreche und zerstöre, denn sie treiben eben dasselbe darinnen, was sie in ihren Schulen treiben. Dafür mag man sie etwa unter ein Dach oder Stall tun, wie die Zigeuner, auf dass sie wissen, sie seien nicht Herren in unserem Lande […] *Zum Dritten,* dass man ihnen nehme all ihre Betbüchlein und Talmudisten, darin solche Abgötterei, Lügen,

Talmudisten → Seite 271

Rabbiner jüdische Geistliche und Religionslehrer

Karst zweizinkige Erdhacke

Rocken Spinngerät

Fluch und Lästerung gelehrt wird. *Zum Vierten,* dass man ihren Rabbinern bei Leib und Leben verbiete, hinfort zu lehren […]. *Zum Fünften,* dass man den Juden das Geleit und die Straße ganz und gar aufhebe. […] *Zum Sechsten,* dass man ihnen den Wucher verbiete und nehme ihnen alle Barschaft und Kleinode an Silber und Gold und lege es beiseite, um es zu verwahren. […]. *Zum Siebenten,* dass man den jungen, starken Juden und Jüdinnen in die Hand gebe Flegel, Axt, Karst, Spaten, Rocken, Spindel und lasse sie ihr Brot verdienen im Schweiß der Nasen […].

Adolf Stoecker

Das Judentum im öffentlichen Leben, eine Gefahr für das Deutsche Reich — 1882

M

In den letzten Jahrzehnten des 19. Jahrhunderts gab es zumindest zwei »Antisemitismuswellen« in Deutschland, die neben der Unterdrückung der Sozialdemokratie und der Diskriminierung der nationalen Minderheiten im Reich den Rückgang liberaler Tendenzen deutlich zum Ausdruck brachten. Aus der gesellschaftlich verbreiteten antisemitischen Stimmung versuchten Politiker wie der konservative Hofprediger Adolf Stoecker (1835–1909) für ihre Ziele Kapital zu schlagen. Der folgende Text ist der Abdruck einer Rede, die Stoecker auf einer christlich-sozialen Parteiversammlung in Berlin am 3. 2. 1882 hielt.

Die Judenfrage ist da, überall wo Juden in Gemeinschaft mit anderen Völkern wohnen; sie ist immer und überall, wie der ewige Jude. *(Beifall und Heiterkeit.)* Es ist ein göttliches Verhängnis über diesem Volke, dass es unstet umherirren soll in der Welt und leiden bis ans Ende der Tage, weil es das Heil nicht erkannt und nicht angenommen hat. Als die Juden Christum kreuzigten, kreuzigten sie sich selbst, ihre Offenbarung wie ihre Geschichte. Gleich Ahasverus ist dieses Volk seitdem verurteilt, umherzuirren und nirgends Ruhe zu finden, bis es sich bekehrt hat. Überall mit Misstrauen empfangen, wohin es sich wendet, gibt es bald Ursache zur Unzufriedenheit, wo es länger weilt. In England tritt das nicht so stark hervor, weil ganz England zusammen nicht so viele Juden hat wie Berlin allein. Hier kommt auf je zwanzig Christen ein Jude, das ist mehr, als wir vertragen können. Dabei sind die israelitischen Bewohner Berlins im geschäftlichen Leben überall obenauf; hier gibt es verhältnismäßig doppelt

Ahasverus **mythologische Gestalt des Ewigen Juden**

so viele jüdische Arbeitgeber als christliche, während die Arbeiter zuallermeist Christen sind. Auf geistigem Gebiete sind sie ebenso stark wie auf materiellem durch ihre Presse. Dieser Einfluss und dieses Übergewicht des Judentums können für unser deutsches Volksleben nimmermehr heilsam sein; wenn wir diese Fremdherrschaft abschütteln wollen, so soll uns niemand daran hindern. *(Lebhafter Beifall.)* Wir wären wirklich Toren, wenn wir uns von einem Haufen fremden Volkes unser nationales Leben verkümmern ließen.

Endlich, endlich sind wir zu der Einsicht gekommen, dass sich das nicht schickt. Wir wollen unsere Verhältnisse selbst regeln. [...] Kein billig Denkender, der die Verhältnisse kennt, wird leugnen können, dass wir zu unserer Abwehr unberechtigten fremden Einflusses und Übergewichts nicht nur ein Recht, sondern eine heilige Pflicht haben. *(Lebhafter Beifall.)* Besonders hier in Berlin, denn hier gilt es: *Sein oder Nichtsein! (Sehr wahr.)* Es war die höchste Zeit, der deutsche Geist schien bereits überwunden, die Ketten waren schon geschmiedet, und die Hände streckten sich aus, sie uns anzulegen. Dagegen mussten wir uns wehren. Wir fassen die Judenfrage nicht als Religions-, auch nicht als Rassenfrage auf; obwohl sie in ihren Wurzeln beides ist, erscheint sie doch in ihrer äußeren Gestalt als eine sozial-ethische; so behandeln wir sie. Kein Volk kann die Übermacht eines fremden Geistes dulden, ohne zu entarten und zu Grunde zu gehen; die Ereignisse des letzten Jahrzehnts sind darin unsere Lehrer gewesen. Durch die Schwindelperiode, den Krach, die Verarmung und Entsittlichung unseres Volkes sind über uns Momente der Erkenntnis, des Ärgers, der Kränkung, der Buße gekommen, daher stammt der nationale und sittlich-religiöse Aufschwung – das ist unsere Bewegung. *(Lebhafter Beifall.)* Wir wollen die Judenfrage nicht radikal, nicht gewaltsam, sondern nach und nach in ruhiger, friedlicher Weise lösen. Dass es zu solchen beklagenswerten Exzessen, wie in Russland, bei uns nicht komme, gerade dazu besteht unsere Bewegung; sie ist das Ventil für die Volkserbitterung. Wir müssen die Wunde offen halten, bis sie geheilt ist. [...]

Wir hassen die Juden nicht; aber ihr System, als Verderben bringend für unser deutsch-christliches Volkstum, hassen wir aus ganzer Seele. Wir gestatten den Juden, unter uns zu leben, auf ehrliche Weise ihr Brot zu verdienen, wohlhabend und selbst reich zu werden, wir sind tolerant, Kinder des 19. Jahrhunderts, aber ausbeuten und beherrschen lassen wir uns von Juden nicht. *(Lebhafter Beifall.)* Wenn die Juden unter den Völkern nur ihre Existenz suchten, ihren religiösen Bräuchen lebten und die eingeborene Bevölkerung hierin nicht störten, so gäbe es keine Judenfrage: Aber das Judentum will nicht bloß existieren, es will *herrschen*, unsere besten Güter, christliche Religion, Kirche, deutsche Kultur und deutsches Wesen angreifen, selbst aber nicht geniert sein. Das geht nicht an. Wenn dann Angriff gegen Angriff erfolgt, dann schreit man über Intoleranz und Fanatismus. Wir sind eine Nation von 44 Millionen; vor der halben Million unter uns lebender Juden werden wir uns nicht fürchten und uns nicht von ihnen vorschreiben lassen, wie wir leben und unsere Verhältnisse gestalten sollen. *(Lebhafter Beifall.)* Wir werden fortfahren im Kampf gegen das Überwuchern dieses Judentums, bis es im öffentlichen Leben in die Ecke gestellt ist, wohin es gehört. *(Lebhafter Beifall und Heiterkeit.)*

M

Pinchas E. Lapide

Wer war schuld an Jesu Tod? 1989

Die folgende Auflistung aus dem Buch »Wer war schuld an Jesu Tod?« (1989) des jüdischen Theologen und Religionswissenschaftlers Pinchas Lapide (1922–1997) ist von diesem nicht polemisch gemeint, sondern sie soll von der Gesamtzielsetzung her dazu beitragen, sowohl bei Juden als auch bei Christen gegenseitige Feindbilder und Vorurteile abzubauen und damit den jüdisch-christlichen Dialog zu intensivieren. Sie macht aber andererseits auch deutlich, wie tief verfehlte religiöse Lehrmeinungen auch heute noch verwurzelt sind.

»Biblisch-historisch gesehen, nach übereinstimmenden, ausführlichen Berichten der vier Evangelien, trägt allein das jüdische Volk die Schuld am Kreuzigungstod Jesu.« So steht es im »Pfälzischen Pfarrerblatt« vom Dezember 1984 aus der Feder von Pfarrer Paul Schenk. »Der tödliche Jesushass des zeitgenössischen Judentums, der zur Kreuzigung Jesu geführt hat«, wird vom Theologen Ethelbert Stauffer in einem Sammelband, der 1982 in Berlin erschien, als »historische Tatsache« bezeichnet. »Es war in Israel, dass das Verbrechen des Gottesmordes begangen wurde«, so schreibt Pater Josef Tischner, der geistige Mentor der polnischen »Solidarnosz«, in einem Buch, das im Jahre 1982 von einem vatikanischen Verlagshaus veröffentlicht wurde, und er fügt hinzu, dass »die Israeliten« für dieses Verbrechen eines Tages »vor Gericht Rechenschaft ablegen werden müssen.«

»Von seinem eigenen jüdischen Volk (wurde Christus) abgelehnt, weggeworfen und umgebracht«, so schreibt der Chefredakteur der evangelisch-reformierten Monatszeitung »Saemann« in Bern im Heft Nr. 7 anno 1986. Der Theologe H. Frankemölle (und nicht nur er) lehrt, dass im Zusammenhang mit Jesu Tod am Kreuz Mt. 27,25 eine »geschichtsbestimmende Selbstverfluchung« sei, durch die ganz Israel »sein Privileg als Bundesvolk für immer verlor.«

Wer als jüdischer Theologe solche und allzu viele ähnliche Aussagen zu lesen bekommt, vier Jahrzehnte nach dem Völkermord an Jesu leiblichen Brüdern und Schwestern, der kann nur wehmütig folgern, dass der Nazarener recht behielt, als er zu den Seinen sagte: »Ihr werdet von allen gehasst werden um meines Namens willen« (Mk. 13,13).

Die eindeutige Tendenz der Evangelien, »die Juden« zu belasten, Pilatus aber zu entlasten, ist vor allem mit der Angst vor den Römern (Christenverfolgungen unter Nero; Zerstörung Jerusalems 70 n. Chr.) zu erklären. Die prorömische Berichterstattung über den Prozess Jesu war ein Teil der Überlebensstrategie der frühen Kirche: Der von ihr verkündete Messias war nach römischem Recht als Rebell hingerichtet worden. Und die sich schnell ausbreitende urchristliche Bewegung hätte sich der unmittelbaren Gefahr ausgesetzt, selbst zur unerlaubten Religion, ja zur staatsfeindlichen Gruppierung erklärt zu werden. Aber auch eine römerfeindliche Darstellung hätte die Tatsache, dass Jesus »rechtmäßig« als Rebell verurteilt und hingerichtet worden war, natürlich nicht aus der Welt schaffen können.

Martin Stöhr

Die Macht der Klischees 1986

Die unselige Eskalation aus Gleichgültigkeit, Ignoranz, Anpassung, Vorverurteilungen und religiösem Fanatismus macht der folgende Text deutlich:

Kaduk und Höß exekutierten brutal, was lange vorher vornehm gedacht, wissenschaftlich legitimiert, militärisch abgeschirmt, christlich verbrämt, juristisch gefasst, gedankenlos hingenommen, literarisch formuliert und politisch vorangetrieben war. So entsteht ein Giftgemisch aus Unkenntnis, Vorurteilen und der Gewalt, hinabzudefinieren, wer anders denkt, anders glaubt, anders lebt. Die Klischees gegen Juden verdanken sich einer Selektionslust, die sich selbst nicht der Wirklichkeit stellt, sondern denunziatorische Klischees vorführt: Der reiche Jude, das Volk der Christusmörder, der rassistische Zionismus. […] Deshalb wird die Arbeitsgemeinschaft »Juden und Christen« […] nicht aufhören, die Frage zu stellen, welchen Anfängen heute noch zu wehren ist.

Kaduk SS-Unterscharführer in Auschwitz (1906–1997)
Höß Rudolf Höß (1900–1947), Kommandant in Auschwitz
verbrämt hier: verschleiert
Klischees eingefahrenen Vorstellungen
denunziatorische → Seite 271
Zionismus → Seite 271

Arbeitsanregungen

M

1. Informieren Sie sich über die Ursachen der Kritik an den Juden in Texten des Neuen Testaments. Warum können die Passionsberichte der Evangelien nicht im strengen Sinn als »historische Texte« angesehen werden? Stellen Sie Ihre Ergebnisse Ihren Mitschüler(inne)n vor.

2. Machen Sie sich kundig über die sozialen Hintergründe, die im Mittelalter gegenüber den Juden zum Vorwurf der Brunnenvergiftung u. Ä. geführt haben. Berücksichtigen Sie in diesem Zusammenhang auch die Spannung zwischen dem kirchlichen Zinsverbot und der mosaischen Zinserlaubnis (Dt. 23,21).

3. Welche vorgeblichen Charaktereigenschaften bestimmen das Bild des Juden in den literarischen Texten des 19. Jahrhunderts?

4. Welche Vorwürfe wurden den Juden in der Bismarck-Ära gemacht?

5. Geben Sie mit eigenen Worten eine knappe Zusammenfassung von Stöhrs Ausführungen, indem Sie diese durch Ihnen bereits bekannte Beispiele belegen und fremde Gebiete selbstständig recherchieren. Erstellen Sie daran anschließend ein in den Abhängigkeitsstrukturen erkennbares, thematisch und chronologisch geordnetes Schaubild.

6. Tragen Sie Gründe dafür zusammen, dass selbst in der Gegenwart noch der religiöse Schuldvorwurf gegenüber den Juden aufrechterhalten wird.

Heinrich Himmler

Rede vor SS-Führern in Posen — 1943

[…] Ein Grundsatz muss für den SS-Mann absolut gelten: ehrlich, anständig, treu und kameradschaftlich haben wir zu Angehörigen unseres eigenen Blutes zu sein und zu sonst niemandem. Wie es den Russen geht, wie es den Tschechen geht, ist mir total gleichgültig. […] Ob die anderen Völker in Wohlstand leben oder ob sie verrecken vor Hunger, das interessiert mich nur so weit, als wir sie als Sklaven für unsere Kultur brauchen, anders interessiert mich das nicht. Ob bei dem Bau eines Panzergrabens 10 000 russische Weiber an Entkräftung umfallen oder nicht, interessiert mich nur insoweit, als der Panzergraben für Deutschland fertig wird. Wir werden niemals roh und herzlos sein, wo es nicht sein muss; das ist klar. Wir Deutschen, die wir als Einzige auf der Welt eine anständige Einstellung zum Tier haben, werden ja auch zu diesen Menschentieren eine anständige Einstellung einnehmen, aber es ist ein Verbrechen gegen unser eigenes Blut, uns um sie Sorge zu machen und ihnen Ideale zu bringen, damit unsere Söhne und Enkel es noch schwerer haben mit ihnen. […]

Es gehört zu den Dingen, die man leicht ausspricht. – Das jüdische Volk wird ausgerottet, sagt ein jeder Parteigenosse, ganz klar, steht in unserem Programm, Ausschaltung der Juden, Ausrottung, machen wir. Und dann kommen sie alle an, die braven 80 Millionen Deutschen, und jeder hat seinen anständigen Juden. Es ist ja klar, die anderen sind Schweine, aber dieser eine ist ein prima Jude. Von allen, die so reden, hat keiner zugesehen, keiner hat es durchgestanden. Von euch werden die meisten wissen, was es heißt, wenn 100 Leichen beisammenliegen, wenn 500 da liegen oder wenn 1000 da liegen. Dies durchgehalten zu haben und dabei – abgesehen von Ausnahmen menschlicher Schwäche – anständig geblieben zu sein, das hat uns hart gemacht. Dies ist ein niemals geschriebenes und niemals zu schreibendes Ruhmesblatt unserer Geschichte. […]

Rudolf Höß

Kommandant in Auschwitz — 1947

Durch das Gelübde meines Vaters, wonach ich Geistlicher werden sollte, stand mein Lebensberuf fest vorgezeichnet. Meine ganze Erziehung war darauf abgestellt. Ich wurde von meinem Vater nach strengen militärischen Grundsätzen erzogen. Dazu die tiefreligiöse Atmosphäre in unserer Familie. Mein Vater war fanatischer Katholik. […] Am liebsten waren mir doch seine Erzählungen aus seiner Dienstzeit in Ostafrika, seine Schilderungen über die Kämpfe mit den aufständischen Eingeborenen, deren Leben und Treiben und ihrem finsteren Götzenkult. Mit glühender Begeisterung hörte ich zu, wenn er von der segensreichen und zivilisatorischen Tätigkeit der Missions-Gesellschaften sprach. Es stand für mich fest, dass ich unbedingt Missionar würde und dann ins dunkelste Afrika, möglichst mitten in den finstersten Urwald käme. […]

Mein Vater wurde im Laufe der Jahre immer religiöser. Sooft es ihm seine Zeit erlaubte, fuhr er mit mir zu allen Wallfahrtsstätten und Gnadenorten meiner Heimat, sowohl nach Einsiedeln in der Schweiz wie nach Lourdes in Frankreich. Inbrünstig erflehte er den Segen des Himmels für mich, dass ich dereinst ein gottbegnadeter Priester würde. Ich selbst war auch tief gläubig, soweit man dies als Knabe in den Jahren sein kann, und nahm es mit meinen religiösen Pflichten sehr ernst. Ich betete in wahrhaft kindlichem Ernst und war sehr eifrig als Ministrant tätig. – Von meinen Eltern war ich so erzogen, dass ich allen Erwachsenen und besonders Älteren mit Achtung und Ehrerbietung zu begegnen hätte, ganz gleich aus welchen Kreisen sie kämen. Überall, wo es notwendig ist, behilflich zu sein, wurde mir zur obersten Pflicht gemacht. Ganz besonders wurde ich immer darauf hingewiesen, dass ich Wünsche oder Anordnungen der Eltern, der Lehrer, Pfarrer usw., ja aller Erwachsenen bis zum Dienstpersonal unverzüglich durchzuführen bzw. zu befolgen hätte und mich durch nichts davon abhalten lassen dürfe. Was diese sagten, sei immer richtig.

Diese Erziehungsgrundsätze sind mir in Fleisch und Blut übergegangen. – Ich kann mich noch gut entsinnen, wie mein Vater – der als fanatischer Katholik ein entschlossener Gegner der Reichsregierung und deren Politik war – seinen Freunden stets vor Augen hielt, dass, trotz aller Gegnerschaft, die Gesetze und Anordnungen des Staates unbedingt zu befolgen wären. […]

[…]

KL Konzentrationslager

Es kam der Krieg und mit ihm die große Wende im Leben der KL. Doch wer vermochte das damals vorauszusehen, welch schauerliche Aufgaben den KL im Verlauf des Krieges zugedacht waren?

Eicke Theodor Eicke, führender SS-Funktionär

Am ersten Kriegstage hielt Eicke eine Ansprache an die Führer der Ersatzformationen, die die aktiven SS-Einheiten an den Lagern abgelöst hatten. Darin betonte er, dass nun die harten Gesetze des Krieges ihr Recht verlangten, jeder SS-Mann habe nun ohne Rücksicht auf sein bisheriges Leben sich voll und ganz einzusetzen. Jeder Befehl müsse ihm heilig sein, und auch den schwersten und härtesten hätte er ohne Zögern auszuführen. Der RFSS (Reichsführer SS) verlange von jedem SS-Führer ein vorbildliches Pflichtbewusstsein und seinen Einsatz für Volk und Vaterland bis zur Selbstaufgabe. Die SS habe in diesem Krieg nun die Hauptaufgabe, den Staat Adolf Hitlers vor allem im Inneren vor jeder Gefahr zu schützen. [...]

Reichsführer SS **Heinrich Himmler**

Es kamen nun im Frühjahr 1942 die ersten Judentransporte aus Oberschlesien, die alle zu vernichten waren. Sie wurden nach dem Bauerngehöft – Bunker I – von der Rampe über die Wiesen des späteren Bauabschnitts II geführt. Aumeier, Palitzsch und noch einige Blockführer führten sie und unterhielten sich mit ihnen möglichst harmlos, fragten nach Berufen und Kenntnissen, um so zu täuschen. Am Gehöft angekommen, mussten sie sich ausziehen. Sie gingen auch zuerst ganz ruhig in die Räume, wo sie desinfiziert werden sollten. Bis dann einige doch stutzig wurden und von Ersticken, von Vernichten sprachen. Es entstand dann sofort eine Art Panik. Doch schnell wurden die noch draußen Stehenden in die Kammern hineingetrieben und [die Türen] zugeschraubt. Bei den nächsten Transporten wurde von vornherein nach den unruhigen Geistern gefahndet und diese nicht aus den Augen gelassen. Machte sich Unruhe bemerkbar, so wurden die Unruheverbreiter unauffällig hinter das Haus geführt und dort mit dem Kleinkalibergewehr getötet, das war von den anderen nicht zu vernehmen. [...]

Eine Frau trat einmal im Vorbeigehen ganz nahe an mich heran und flüsterte mir zu, indem sie auf ihre vier Kinder zeigte, die sich brav angefasst hatten, um die Kleinsten über die Unebenheiten des Geländes zu führen: »Wie bringt ihr das bloß fertig, diese schönen lieben Kinder umzubringen? Habt ihr denn kein Herz im Leibe?« Ein alter Mann zischelte mir einmal im Vorbeigehen zu: »Diesen Massenmord an den Juden wird Deutschland schwer büßen müssen.« Dabei glühten seine Augen vor Hass. […]

Ab und zu kam es auch vor, dass Frauen während des Ausziehens plötzlich markerschütternd losschrien, sich die Haare ausrissen und sich wie wahnsinnig gebärdeten. Schnell wurden sie herausgeführt und hinter dem Haus mit dem Kleinkalibergewehr durch Genickschuss getötet. Es kam auch vor, dass Frauen in dem Augenblick, als die vom Sonderkommando aus dem Raum gingen und sie merkten, was nun geschehen würde, uns alle möglichen Verwünschungen zuschrien. Ich erlebte auch, dass eine Frau aus der Kammer beim Zumachen ihre Kinder herausschieben wollte und weinend rief: »Lasst doch wenigstens meine lieben Kinder am Leben.« […]

Diese Massenvernichtung mit allen Begleiterscheinungen ging nun nicht einfach so – zur Kenntnis genommen – über die dabei Beteiligten hinweg. Wohl allen, bis auf wenige Ausnahmen, der zu dieser ungeheuerlichen »Arbeit«, zu diesem »Dienst« Kommandierten und wie auch mir selbst haben diese Vorgänge genug zu denken gegeben, haben tiefe Eindrücke hinterlassen. Die meisten der Beteiligten traten oft bei meinen Kontrollgängen durch die Vernichtungsstellen an mich heran, um ihre Bedrückung, ihre Eindrücke an mich loszuwerden, um durch mich beruhigt zu werden. Aus ihren vertraulichen Gesprächen hörte ich immer und immer wieder die Frage heraus: Ist das notwendig, was wir da machen müssen? Ist das notwendig, dass Hunderttausende Frauen und Kinder vernichtet werden müssen? Und ich, der ich mir unzählige Male im tiefsten Inneren selbst diese Frage gestellt, musste sie mit dem Führer-Befehl abspeisen, damit vertrösten. Musste ihnen sagen, dass diese Vernichtung des Judentums notwendig sei, um Deutschland, um unsere Nachkommen für alle Zeit von den zähesten Widersachern zu befreien.

M

Das Eingangstor zum Konzentrationslager Auschwitz

Selektion durch die SS in Auschwitz

M

Daniel Jonah Goldhagen

Hitlers willige Vollstrecker 1996

[Das Buch] »Hitlers willige Vollstrecker« befasst sich mit der Weltsicht, den Handlungen und den Entscheidungen des Einzelnen, der Verantwortung, die jeder Einzelne für seine Taten trägt, und mit der politischen Kultur, aus der diese Individuen ihre Überzeugungen herleiten. Es zeigt, dass ein bestimmter Komplex von Vorstellungen und Auffassungen über »die Juden« im politisch-kulturellen Leben Deutschlands bereits weit verbreitet war, bevor die Nationalsozialisten an die Macht kamen, und dass eben diese Vorstellungswelt darüber entschied, was gewöhnliche Deutsche, als Einzelne oder als Kollektive, in der NS-Zeit hinzunehmen oder zu tun bereit waren. [...]

Kollektive Gruppen, Gemeinschaften

Ich möchte mit meiner Beweisführung und Interpretation der Quellen deutlich machen, warum und wie der Holocaust geschah, ja warum er überhaupt möglich werden konnte. Es geht mir dabei um historische Erklärung, nicht um moralische Beurteilung. Mein Ausgangspunkt ist ein offensichtlicher: Der Holocaust hatte seinen Ursprung in Deutschland, er ist darum in erster Linie ein deutsches Phänomen. Das steht historisch fest. Wer den Holocaust verständlich machen will, muss ihn als eine Entwicklung aus der deutschen Geschichte heraus begreifen. Dennoch war er keinesfalls deren zwangsläufiges Resultat. Wären Hitler und die Nationalsozialisten nicht an die Macht gelangt, hätte es auch keinen Holocaust gegeben. Und sie wären wahrscheinlich nicht an die Macht gekommen, hätte es keine wirtschaftliche Depression gegeben. Mehrere Entwicklungen, von denen für sich genommen keine unausweichlich war, mussten zusammenkommen, damit der Holocaust verübt werden konnte. [...]

Depression hier: Rückgang

Ich konzentriere mich vielmehr auf das Problem der Motivation, der Bereitschaft zum Holocaust. Und meine These ist, dass sich der *Wille*, die Juden zu töten, sowohl bei Hitler als auch bei denen, die seine mörderischen Pläne in die Tat umsetzten, vorrangig aus einer einzigen gemeinsamen Quelle speiste: aus einem bösartigen Antisemitismus. Dass und wie dieser mobilisiert und zum Ausdruck gebracht werden konnte, war abhängig von verschiedenen Bedingungen, von den Umständen, den materiellen Verhältnissen, von strategischen und ideologischen Konstellationen […]. […]

Erstens: In Deutschland haben die verbrecherischsten und bösartigsten Antisemiten der Menschheitsgeschichte die staatliche Macht übernommen, und sie waren entschlossen, ihre privaten mörderischen Wahnvorstellungen zum Zentrum der staatlichen Politik zu machen. Zweitens: Sie taten das in einer Gesellschaft, in der die Vorstellungen von den Juden, die sie leiteten, auch von vielen anderen geteilt wurden.

Nur weil diese beiden Faktoren zusammenkamen, konnte der Holocaust überhaupt geschehen […]. […]

Natürlich gab es Antisemitismus unter den Franzosen, den Polen, den Ukrainern; in keinem dieser Länder jedoch ist ein Regime an die Macht gelangt, das auf die Vernichtung der Juden aus war. […]

Die Vorstellung einer Kollektivschuld lehne ich kategorisch ab. Unabhängig von ihrem konkreten Handeln trifft die ganze Wucht dieses Vorwurfs eine Person allein aus dem Grund, dass er oder sie zu einem größeren Kollektiv gehört, in diesem Fall Deutscher oder Deutsche ist. Nun können aber nicht Gruppen, sondern nur Individuen als schuldig betrachtet werden, und zwar als schuldig dessen, was sie persönlich getan haben. Der Begriff der Schuld sollte nur dann benutzt werden, wenn eine Person tatsächlich ein Verbrechen begangen hat. Spricht man von der Schuld einer Person, schwingt *justiziabler* richterlicher Entscheidung unterworfener

immer die Vorstellung justiziabler Schuld mit, die Schuld an einem Verbrechen. In Deutschland wie in den USA werden Menschen nicht dafür schuldig gesprochen und entsprechend gesetzlich belangt, dass sie bestimmte Gedanken haben, dass sie andere Menschen hassen oder Verbrechen gutheißen, die andere verübt haben – sofern sie das, zumindest in der Bundesrepublik, nicht öffentlich äußern. Auch der bloße Vorsatz oder die Bereitschaft, bei passender Gelegenheit ein Verbrechen zu verüben, reichen zu einer Verurteilung nicht aus. Das sollte auch für die Deutschen gelten, die während der NS-Zeit lebten; entsprechend ist die bundesdeutsche Justiz bei der Verfolgung von NS-Verbrechen auch verfahren. […]

Ausdrücklich möchte ich mich mit diesem Buch der in der Literatur so häufig vertretenen Auffassung entgegenstellen, dass die Deutschen als willenlose Rädchen einer Maschinerie gleichsam automatenhaft gehandelt hätten. Ich sehe sie vielmehr als verantwortlich Handelnde, die durchaus in der Lage waren, sich zu entscheiden, und die insofern auch als Urheber ihrer eigenen Taten betrachtet werden müssen. Ich gehe hier davon aus, dass jeder und jede Einzelne Entscheidungen getroffen hat, wie er oder sie sich den Juden gegenüber verhalten wollte. Darum richtet sich schon die ganze Herangehensweise meiner Analyse gegen den Begriff der Kollektivschuld. […]

M

Arbeitsanregungen

1. Welche elementaren menschlichen Gebote und Lebensgrundsätze werden durch die SS-Ideologie, wie sie in den Worten von Himmler und Höß zum Ausdruck kommt, verletzt bzw. zerstört?

2. Vergegenwärtigen Sie sich – durch Rückgriff auf den Stoff früherer Schuljahre, durch Internet-Recherchen etc. – das ganze Ausmaß des Holocaust. Arbeiten Sie heraus, was die perfektionierte Nazi-Grausamkeit von den zeitlich früheren Formen des Antisemitismus unterscheidet.

3. Fassen Sie Goldhagens Ausführungen thesenhaft zusammen. Formulieren Sie mögliche kritische Einwände und erörtern Sie seine Position in Form eines dialektischen Meinungsaustausches.

4. Diskutieren Sie über den Begriff »Autorität«: Welche schlimmen Auswirkungen kann ein einseitig gedachter und allein weltanschaulich geprägter Autoritätsbegriff zur Folge haben? Warum ist andererseits ein geordnetes menschliches Zusammenleben ohne »Autorität« nicht denkbar? Wodurch müsste also ein konstruktiver Autoritätsbegriff definiert sein? Erstellen Sie eine verbale Auflistung.

M

Das Warschauer Getto

Zahlen und Ereignisse

Das erste Getto hatten die Deutschen bereits kurz nach der polnischen Kapitulation (28. September 1939) in der Nähe von Lódz im Städtchen »Piotrków Trybunalski« errichtet. In Warschau begannen die Vorbereitungen für den Aufbau eines Gettos im Frühjahr 1940. Auf Druck der Deutschen, die Teile des jüdischen Warschaus als »Seuchensperrgebiet« bezeichneten, entschied der Judenrat am 1. April 1940 eine Mauer zu errichten. Bis zum November 1940 entstand das größte jüdische Getto im besetzten Europa. Hinter 3 Meter hohen Mauern auf nur 3,7 km^2 zwängte die deutsche Besatzungsmacht ca. 400 000 Juden ein, von denen in eineinhalb Jahren 100 000 starben. Die deutschen Besatzer billigten jedem Gettobewohner täglich nur 184 Kalorien zu, u. a. sind das nur 2,5 Kilo Brot im Monat. Ab Juli 1942 begann die allmähliche »Auflösung« des Gettos.

Deportation aus dem Getto

Im Januar 1943 wurden auf Befehl Himmlers die ersten 8000 Juden aus dem Warschauer Getto deportiert. Erster Widerstand keimte auf. Am 16. Februar begann die systematische »Schließung« des Gettos. Bis September 1943 sollten die Deutschen allein 310 000 Juden nach Treblinka bringen. Im April 1942 lebten im Getto noch 65 000 Juden, doch die endgültige Liquidierung des Gettos, die »Warschauer Endlösung«, stand kurz bevor.

Als am 19. April 2090 Mann der SS unter dem Kommando von General Jürgen Stroop in das Warschauer Getto einrückten, griffen unter der Führung des 24-jährigen Mordechai Anielewicz 600 Widerständler zu den Waffen. Unter ihnen waren zahlreiche Mitglieder der jüdischen Kampforganisation ZOB, aber auch andere Kämpfer waren beteiligt, u. a. der »Jüdische Militärverband« ZWW. Es war ein Kampf von Verzweifelten. Anfänglich schlugen sich die Aufständischen im Häuserkampf gut, bis die Deutschen Flammenwerfer einsetzten und das Getto niederbrennen ließen. Mit voller Härte gingen die deutschen SS-Soldaten unter Stroop vor, wie man seinen täglichen Berichten entnehmen kann. 6000 Juden kamen laut Stroop-Report bei Kampfhandlungen um, 7000 wurden exekutiert, und die Überlebenden ca. 40 000 wurden u. a. nach Treblinka gebracht. Ein empfindlicher Schlag für den jüdischen Widerstand war das Aufspüren der ZOB-Kommandozentrale am 8. Mai 1943. Der SS fielen so Hunderte von Zivilisten und ZOB-Soldaten in die Hände. Am 16. Mai erklärte Stroop den Aufstand für beendet und deklarierte: Warschau sei judenfrei. Ein Ende, das Mordechai Anielewicz wohl schon kurz nach dem Ausbruch geahnt hatte. Er schrieb am 23. April 1943 in einem Brief: »Mein Traum hat sich erfüllt. Es war mir vergönnt, den jüdischen Widerstand im Getto in seiner ganzen Größe und seinem Glanz zu sehen.« Nur wenige Gettoaufständler konnten durch Flucht überleben.

M

Karte des Warschauer Gettos

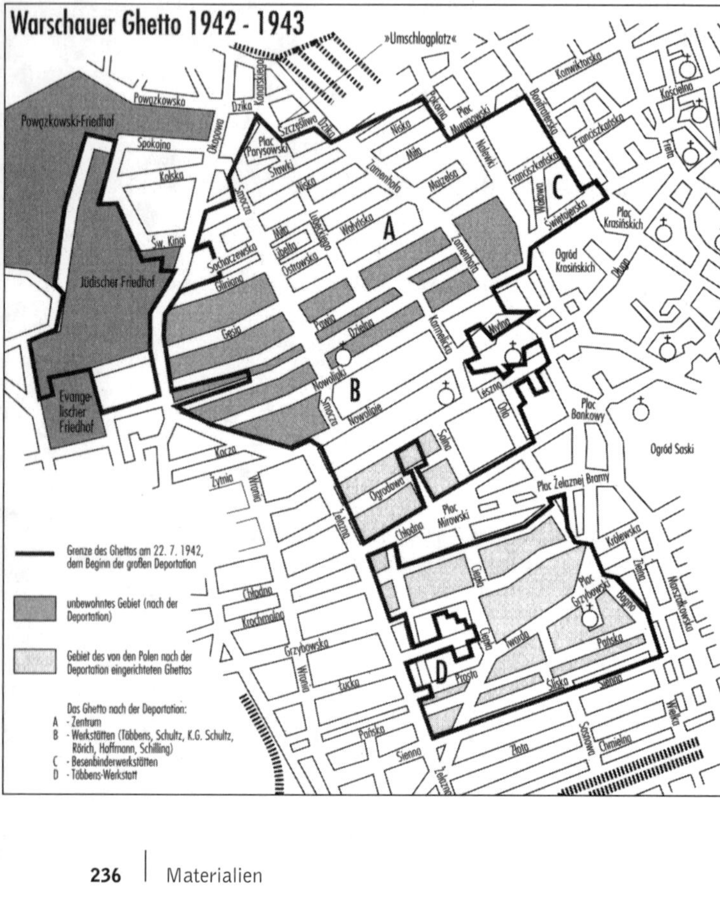

Arbeitsanregungen

1. Informieren Sie sich in Lexika, im Internet usw. über den Ursprung des Begriffs »Getto«. Schreiben Sie einen kurzen Artikel.

2. Welche Formen der Diskriminierung wurden und werden durch die Einrichtung bzw. das Bestehen eines Gettos (bewusst) hervorgerufen?

3. Beschreiben Sie den Gesichtsausdruck des jüdischen Jungen auf dem Bild auf Seite 234 sowie den Blick des deutschen Soldaten rechts neben ihm.

4. Stellen Sie sich vor, Sie gehen während einer Studienreise Ihrer Klasse/Ihres Kurses nach Polen mit Schülerinnen und Schülern Ihrer Warschauer Partnerschule zu den Resten der Gettomauer. Einige Schüler aus der polnischen Gruppe beklagen Verluste in eigenen Familien. Gestalten Sie ein Gespräch.

5. Begeben Sie sich auf die Suche nach literarischen Beschreibungen von Überlebenden der Zeit im Warschauer Getto oder in anderen Gettos. Stellen Sie Ihren Mitschüler(innen) Ihre Ergebnisse als Buchtipps vor.

M

Positive Gegenkräfte

Wilm Hosenfeld

Tagebuchaufzeichnungen 1943

Der »elegante deutsche Offizier« (S. 177), dem Władysław Szpilman sein Leben verdankte, war vielleicht nur irgendein deutscher Soldat, der bei seiner Inspektion des noch einigermaßen intakten Warschauer Trümmerhauses zufällig des Weges kam. Vielleicht war er aber auch ein Werkzeug des Schicksals oder Träger des »göttlichen Willens« (vgl. S. 182) – philosophische oder theologische Überlegungen sind hier durchaus möglich. Mit Sicherheit aber war Hauptmann Wilm Hosenfeld nicht ein durchschnittlicher Angehöriger der Wehrmacht, dem man pauschal irgendein Klischee, irgendeine feststehende Form soldatischen Verhaltens zuordnen könnte. Im Zivilberuf arbeitete er als Grundschullehrer, er war mehrfacher Familienvater, und seine Briefe und Tagebucheintragungen zeigen eine innige Vertrautheit mit seiner Frau und seinen Kindern. Aus diesen Texten spricht aber ebenso sein tiefer christlicher Glaube, und als praktizierender Katholik besuchte er auch in der polnischen Fremde häufig Gottesdienste. In seinem Denken und Tun zeigte er jenes Maß an Selbstständigkeit, Handlungskompetenz und geistiger Souveränität, die ihn, wenn erforderlich, auch gegen dienstliche Vorschriften handeln ließen, zumindest dann, wenn wichtigere – menschliche – Werte diesen entgegenstanden.

Tagebucheintrag vom 14. Februar 1943

Es ist ganz unverständlich, dass wir solche Grausamkeiten haben begehen können an den wehrlosen Zivilbewohnern, an den Juden. Ich frage mich oft und oft: Wie ist das möglich? Eine Erklärung nur gibt es; diese Menschen, die das tun konnten und die es befahlen und geschehen ließen, haben alle Maße der sittlichen Verantwortung verloren. Sie sind gottlos durch und durch, krasse Egoisten und tief stehende Materialisten. Als die schrecklichen Judenmassenmorde, die Hinschlachtung von Kindern und Frauen im vergangenen Sommer geschahen, da wusste ich mit aller Deutlichkeit, jetzt verlieren wir den Krieg [...], er artete aus in ein maßloses, unmenschliches, kulturwidriges Massenschlachten, das niemals vor dem deutschen Volk zu rechtfertigen ist und von dem gesamten d[eutschen] Volk zutiefst verurteilt wird. Auch die ganzen Quälereien der verhafteten Polen, die Erschießungen der Kriegsgefangenen, die bestialische Behandlung sind niemals zu rechtfertigen.

Tagebucheintrag vom 16. Juni 1943

Jetzt ist der letzte Rest der jüdischen Einwohner im [Warschauer] Getto ausgetilgt worden. Ein SS-Sturmführer prahlte damit, wie sie die Juden, die aus den brennenden Häusern stürzten, zusammengeknallt hätten. Das ganze Getto ist eine Brandruine. So wollen wir den Krieg gewinnen. Diese Bestien. Mit diesem entsetzlichen Judenmassenmord haben wir den Krieg verloren. Eine untilgbare Schande, einen unauslöschlichen Fluch haben wir auf uns gebracht. Wir verdienen keine Gnade, wir sind alle mitschuldig. Ich schäme mich, in die Stadt zu gehen, jeder Pole hat das Recht, vor unsereinem auszuspucken. Täglich werden d[eutsche] Soldaten erschossen, es wird noch schlimmer kommen, und wir haben kein Recht, uns darüber zu beschweren. Wir haben's nicht anders verdient. Jeden Tag wird es mir unheimlicher hier zumute.

M

Thomas Vogel

»Ich versuche jeden zu retten«. Wilm Hosenfeld – ein deutsches Leben 2004

Nach heutigem Verständnis vollzog er [Hosenfeld] [...] den Schritt in den aktiven Widerstand gegen den Nationalsozialismus. Nicht mit letzter Sicherheit lassen sich Anfang und Ausmaß dieser neuen Qualität seines Handelns feststellen. Seiner konspirativen Natur gemäß hinterließ es relativ spärliche Spuren in Hosenfelds Schriften. Doch vermitteln sie auch in Verbindung mit den Aussagen Betroffener ein einigermaßen zuverlässiges Bild. Einige Einzelfälle sind sogar namentlich bekannt. Demnach steht fest, dass sich Hosenfeld die relative organisatorische und räumliche Eigenständigkeit des [von ihm in der Nähe Warschaus geleiteten] Sportamtes zunutze machte, um in seinem weitläufigen Dienstbereich verfolgten Polen Zuflucht zu gewähren. Er brachte sie, mit neuer amtlicher Identität versehen, inmitten seiner überwiegend polnischen Belegschaft als Arbeitskräfte unter. Im Besitz entsprechender Ausweispapiere genossen sie fortan nicht nur einen gewissen Schutz vor Verfolgung und Deportation, sondern auch bessere materielle Versorgung.

konspirativen verschwörerischen

Auf diese Weise kam Hosenfelds Hilfe etwa einem Verwandten jener polnischen Familie Cieciora zugute, mit der er schon einige Zeit befreundet war. Sein Besuch bei ihr im Januar 1943 hatte einen Kontakt mit dem katholischen Priester Antoni Cieciora ergeben, der sich in Warschau vor der Gestapo versteckt hielt, seit er aus Posen vor dem extremen antikirchlichen Wüten des dortigen NS-Machthabers geflohen war. Am 16. März 1943 wurde er von Hosenfeld unter falschem Namen (Cichocki) als Bürokraft eingestellt. [...]

Ganz allgemein und offiziell konnte Cieciora gleich nach dem Krieg bestätigen, welch hohes Ansehen Hosenfeld bei den etwa 30 polnischen Arbeitern und Arbeiterinnen des Sportamtes genossen hatte. […] Weiterhin berichtete Antoni Cieciora nach dem Krieg, dass auf ähnliche Weise wie er auch zwei polnische Juden ihr Überleben Hosenfeld verdankten: Josef Kufirski und Leon Warm-Warczyński. […] In zahlreichen weiteren Fällen half Hosenfeld bedrängten Polen, ohne dass über deren Identität mehr als nur der Name überliefert ist.

Biblische Grundlagen

Die Schöpfung

1 Am Anfang schuf Gott Himmel und Erde. **2** Und die Erde war wüst und leer, und es war finster auf der Tiefe; und der Geist Gottes schwebte auf dem Wasser. **3** Und Gott sprach: Es werde Licht! Und es ward Licht. **4** Und Gott sah, dass das Licht gut war. Da schied Gott das Licht von der Finsternis **5** und nannte das Licht Tag und die Finsternis Nacht. Da ward aus Abend und Morgen der erste Tag. […]

26 Und Gott sprach: Lasset uns Menschen machen, ein Bild, das uns gleich sei, die da herrschen über die Fische im Meer und über die Vögel unter dem Himmel und über das Vieh und über alle Tiere des Feldes und über alles Gewürm, das auf Erden kriecht. **27** Und Gott schuf den Menschen zu seinem Bilde, zum Bilde Gottes schuf er ihn; und schuf sie als Mann und Frau. **28** Und Gott segnete sie und sprach zu ihnen: Seid fruchtbar und mehret euch und füllet die Erde und machet sie euch untertan und herrschet über die Fische im Meer und über die Vögel unter dem Himmel und über das Vieh und über alles Getier, das auf Erden kriecht.

(Gen. 1,1–28; Auszüge)

Die Zehn Gebote

Das erste Gebot

Ich bin der Herr, dein Gott.
Du sollst keine anderen Götter haben neben mir.

Das zweite Gebot

Du sollst den Namen des Herrn, deines Gottes, nicht missbrauchen.

Das dritte Gebot

Du sollst den Feiertag heiligen.

Das vierte Gebot

Du sollst deinen Vater und deine Mutter ehren.

Das fünfte Gebot

Du sollst nicht töten.

Das sechste Gebot

Du sollst nicht ehebrechen.

Das siebte Gebot

Du sollst nicht stehlen.

Das achte Gebot

Du sollst nicht falsch Zeugnis reden wider deinen Nächsten.

Das neunte Gebot

Du sollst nicht begehren deines Nächsten Haus.

Das zehnte Gebot

Du sollst nicht begehren deines Nächsten Frau, Knecht, Magd, Vieh noch alles, was dein Nächster hat. *(Ex. 20,1ff.)*

Die Frage nach dem höchsten Gebot

34 Als aber die Pharisäer hörten, dass er den Sadduzäern das Maul gestopft hatte, versammelten sie sich. **35** Und einer von ihnen, ein Schriftgelehrter, versuchte ihn und fragte: **36** Meister, welches ist das höchste Gebot im Gesetz? **37** Jesus aber antwortete ihm: »Du sollst den Herrn, deinen Gott, lieben von ganzem Herzen, von ganzer Seele und von ganzem Gemüt« *(5. Mose 6,5)*. **38** Dies ist das höchste und größte Gebot. **39** Das andere aber ist dem gleich: »Du sollst deinen Nächsten lieben wie dich selbst« *(3. Mose 19,18).* **40** In diesen beiden Geboten hängt das ganze Gesetz und die Propheten.

(Mt. 22,34–40)

Gotthold Ephraim Lessing

Die Ringparabel. Auszug — 1779

In seiner berühmten »Ringparabel« aus dem Drama »Nathan der Weise« lässt Lessing den Prioritätenstreit der drei monotheistischen Religionen Judentum, Christentum und Islam in einen ethischen Wettstreit münden. Nicht mehr in polemischem Gezänk oder gar mit Waffengewalt, sondern in der Praktizierung des Guten sollen die Gegner ihre Überlegenheit unter Beweis stellen. Lessing überträgt also den Prozess des rationalen Erkennens in den Bereich des sittlichen Handelns. Gleichsam unmerklich wird die frühere Rivalität eines Tages dort beendet sein, wo der »Weise« schon längst angekommen ist und wo er das Gute um des Guten willen tut, weil er es als notwendig erkannt hat. Die Tugenden der »Ringparabel«– sind sie noch immer Utopie?

Nathan Wohlan!
Es eifre jeder seiner unbestochnen
Von Vorurteilen freien Liebe nach!
Es strebe von euch jeder um die Wette,
Die Kraft des Steins in seinem Ring' an Tag
Zu legen! komme dieser Kraft mit Sanftmut,
Mit herzlicher Verträglichkeit, mit Wohltun,
Mit innigster Ergebenheit in Gott,
Zu Hülf'!

M

Immanuel Kant

Was ist Aufklärung? 1784

Aufklärung ist der Ausgang des Menschen aus seiner selbstverschuldeten Unmündigkeit. Unmündigkeit ist das Unvermögen, sich seines Verstandes ohne Leitung eines anderen zu bedienen. *Selbstverschuldet* ist diese Unmündigkeit, wenn die Ursache derselben nicht am Mangel des Verstandes, sondern der Entschließung und des Mutes liegt, sich seiner ohne Leitung eines andern zu bedienen. Sapere aude! Habe Mut, dich deines *eigenen* Verstandes zu bedienen! ist also der Wahlspruch der Aufklärung.

Faulheit und Feigheit sind die Ursachen, warum ein so großer Teil der Menschen, nachdem sie die Natur längst von fremder Leitung freigesprochen (naturaliter majorennes), dennoch gerne zeitlebens unmündig bleiben; und warum es anderen so leicht wird, sich zu deren Vormündern aufzuwerfen. Es ist so bequem, unmündig zu sein. Habe ich ein Buch, das für mich Verstand hat, einen Seelsorger, der für mich Gewissen hat, einen Arzt, der für mich die Diät beurteilt u.s.w., so brauche ich mich ja nicht selbst zu bemühen. Ich habe nicht nötig zu denken, wenn ich nur bezahlen kann; andere werden das verdrießliche Geschäft schon für mich übernehmen. Dass der bei Weitem größte Teil der Menschen [...] den Schritt zur Mündigkeit außer dem, dass er beschwerlich ist, auch für sehr gefährlich halte: dafür sorgen schon jene Vormünder, die die Oberaufsicht über sie gütigst auf sich genommen haben. [...]

Es ist also für jeden einzelnen Menschen schwer, sich aus der ihm beinahe zur Natur gewordenen Unmündigkeit herauszuarbeiten. Er hat sie sogar lieb gewonnen und ist vorderhand wirklich unfähig, sich seines eigenen Verstandes zu bedienen, weil man ihn niemals den Versuch davon machen ließ.

Satzungen und Formeln, diese mechanischen Werkzeuge eines vernünftigen Gebrauchs oder vielmehr Missbrauchs seiner Naturgaben, sind die Fußschellen einer immer währenden Unmündigkeit. Wer sie auch abwürfe, würde dennoch auch über den schmalesten Graben einen nur unsicheren Sprung tun, weil er zu dergleichen freier Bewegung nicht gewöhnt ist. Daher gibt es nur wenige, denen es gelungen ist, durch eigene Bearbeitung ihres Geistes sich aus der Unmündigkeit herauszuwickeln und dennoch einen sicheren Gang zu tun. [...]

Zu dieser Aufklärung aber wird nichts erfordert als *Freiheit*; und zwar die unschädlichste unter allem, was nur Freiheit heißen mag, nämlich die: von seiner Vernunft in allen Stücken *öffentlichen Gebrauch* zu machen.

Immanuel Kant

Kategorischer Imperativ ______ 1785

Handle so, dass die Maxime deines Willens jederzeit zugleich als Prinzip einer allgemeinen Gesetzgebung gelten könne.

Maxime Grundsatz

UNO

Allgemeine Erklärung der Menschenrechte ___ 1948

Artikel 1

Alle Menschen sind frei und gleich an Würde und Rechten geboren. Sie sind mit Vernunft und Gewissen begabt und sollen einander im Geiste der Brüderlichkeit begegnen.

Artikel 2

Jeder hat Anspruch auf die in dieser Erklärung verkündeten Rechte und Freiheiten ohne irgendeinen Unterschied, etwa nach Rasse, Hautfarbe, Geschlecht, Sprache, Religion, politischer oder sonstiger Anschauung, nationaler oder sozialer Herkunft, Vermögen, Geburt oder sonstigem Stand. [...]

Artikel 3

Jeder Mensch hat das Recht auf Leben, Freiheit und Sicherheit der Person.

Artikel 5

Niemand darf der Folter oder grausamer, unmenschlicher oder erniedrigender Behandlung oder Strafe unterworfen werden.

Artikel 7

Alle Menschen sind vor dem Gesetz gleich und haben ohne Unterschied Anspruch auf gleichen Schutz durch das Gesetz. [...]

Artikel 8

Jeder hat Anspruch auf einen wirksamen Rechtsbehelf vor den zuständigen innerstaatlichen Gerichten gegen Handlungen, durch die seine ihm nach der Verfassung oder nach dem Gesetz zustehenden Grundrechte verletzt werden.

Artikel 9

Niemand darf willkürlich festgenommen, in Haft gehalten oder des Landes verwiesen werden.

Artikel 12

Niemand darf willkürlichen Eingriffen in sein Privatleben, seine Familie, seine Wohnung oder seinen Schriftverkehr oder Beeinträchtigungen seiner Ehre und seines Rufes ausgesetzt werden. Jeder hat Anspruch auf rechtlichen Schutz gegen solche Eingriffe oder Beeinträchtigungen.

Artikel 13

(1) Jeder hat das Recht, sich innerhalb eines Staates frei zu bewegen und seinen Aufenthaltsort frei zu wählen. [...]

Artikel 17

(1) Jeder hat das Recht, sowohl allein als auch in Gemeinschaft mit anderen Eigentum innezuhaben.

(2) Niemand darf willkürlich seines Eigentums beraubt werden.

Artikel 18

Jeder hat das Recht auf Gedanken-, Gewissens- und Religionsfreiheit; dieses Recht schließt die Freiheit ein, seine Religion oder seine Weltanschauung zu wechseln, sowie die Freiheit, seine Religion oder seine Weltanschauung allein oder in Gemeinschaft mit anderen, öffentlich oder privat, durch Lehre, Ausübung, Gottesdienst und Kulthandlungen zu bekennen.

Artikel 19

Jeder hat das Recht auf Meinungsfreiheit und freie Meinungsäußerung.

M

Grundgesetz der Bundesrepublik Deutschland

Die Grundrechte 1949

Artikel 1

(1) Die Würde des Menschen ist unantastbar. Sie zu achten und zu schützen ist Verpflichtung aller staatlichen Gewalt.
(2) Das Deutsche Volk bekennt sich darum zu unverletzlichen und unveräußerlichen Menschenrechten als Grundlage jeder menschlichen Gemeinschaft, des Friedens und der Gerechtigkeit in der Welt. [...]

Artikel 2

(1) Jeder hat das Recht auf die freie Entfaltung seiner Persönlichkeit, soweit er nicht die Rechte anderer verletzt und nicht gegen die verfassungsmäßige Ordnung oder das Sittengesetz verstößt.
(2) Jeder hat das Recht auf Leben und körperliche Unversehrtheit. Die Freiheit der Person ist unverletzlich. In diese Rechte darf nur aufgrund eines Gesetzes eingegriffen werden.

Artikel 3

(1) Alle Menschen sind vor dem Gesetz gleich.
(2) Männer und Frauen sind gleichberechtigt. Der Staat fördert die tatsächliche Durchsetzung der Gleichberechtigung von Frauen und Männern und wirkt auf die Beseitigung bestehender Nachteile hin.
(3) Niemand darf wegen seines Geschlechtes, seiner Abstammung, seiner Rasse, seiner Sprache, seiner Heimat und Herkunft, seines Glaubens, seiner religiösen oder politischen Anschauungen benachteiligt oder bevorzugt werden. Niemand darf wegen seiner Behinderung benachteiligt werden.

M

Artikel 4

(1) Die Freiheit des Glaubens, des Gewissens und die Freiheit des religiösen und weltanschaulichen Bekenntnisses sind unverletzlich.

(2) Die ungestörte Religionsausübung wird gewährleistet. [...]

Artikel 5

(1) Jeder hat das Recht, seine Meinung in Wort, Schrift und Bild frei zu äußern und zu verbreiten und sich aus allgemein zugänglichen Quellen ungehindert zu unterrichten. Die Pressefreiheit und die Freiheit der Berichterstattung durch Rundfunk und Film werden gewährleistet. Eine Zensur findet nicht statt.

(2) Diese Rechte finden ihre Schranken in den Vorschriften der allgemeinen Gesetze, den gesetzlichen Bestimmungen zum Schutze der Jugend und in dem Recht der persönlichen Ehre.

(3) Kunst und Wissenschaft, Forschung und Lehre sind frei. Die Freiheit der Lehre entbindet nicht von der Treue zur Verfassung. [...]

Berühmte jüdische Persönlichkeiten

Literatur

Scholem Alejchem (1859–1916), Jean Améry (1912–1978), Günther Anders (1902–1992), Berthold Auerbach (1812–1882), Rose Ausländer (1901–1988), Jurek Becker (1937–1997), Wolf Biermann (geb. 1936), Paul Celan (1920–1970), Elias Canetti (1905–1994), Alfred Döblin (1878–1957), Hilde Domin (1912–2006), Lion Feuchtwanger (1884–1958), Heinrich Heine (1797–1856), Stefan Heym (1913–2001), Wolfgang Hildesheimer (1916–1991), Hugo von Hofmannsthal (1874–1929), Franz Kafka (1883–1924), Lew Kopelew (1912–1997), Elisabeth Langgässer (1899–1950), Else Lasker-Schüler (1869–1945), Boris Pasternak (1890–1960), Leo Perutz (1882–1957), Nelly Sachs (1891–1970), Arthur Schnitzler (1862–1931), Isaac B. Singer (1902–1991), Israel J. Singer (1893–1944), Kurt Tucholsky (1890–1935), Franz Werfel (1890–1945), Elie Wiesel (geb. 1928), Arnold Zweig (1887–1968), Stefan Zweig (1881–1942), Carl Zuckmayer (1896–1977)

Musik

Leonard Bernstein (1918–1990), Bob Dylan (geb. 1941), Gustav Mahler (1860–1911), Felix Mendelssohn-Bartholdy (1809–1847), Yehudi Menuhin (1916–1999), Artur Rubinstein (1887–1982), David Oistrach (1908–1974), Arnold Schönberg (1874–1951), Isaac Stern (1920–2001), Kurt Weill (1900–1950), Pinchas Zukerman (geb. 1948)

Malerei

Marc Chagall (1887–1985), Max Liebermann (1847–1935)

Schauspiel und Film

Woody Allen (geb. 1935), Lilli Palmer (1914–1986), Roman Polanski (geb. 1933), Steven Spielberg (geb. 1946), Barbra Streisand (geb. 1942)

Wissenschaft

Niels Bohr (1885–1962), Albert Einstein (1879–1955), Sigmund Freud (1856–1939), Robert Oppenheimer (1904–1967), Paul Ehrlich (1854–1915), Otto Warburg (1883–1970)

Arbeitsanregungen

M

1. Zeigen Sie durch eine inhaltlich abgestufte Übersicht, in welchem Ausmaß die Vernichtungspolitik der NS-Diktatur die in diesem Kapitel dargelegten Grundformen und Grundrechte des menschlichen Zusammenlebens missachtet hat.

2. Gestalten Sie – auf der Grundlage des Buches »Ich versuche jeden zu retten« – aus den zahlreichen Briefen, Tagebucheinträgen und Notizen ein differenziertes Charakterbild von Hauptmann Wilm Hosenfeld.

3. Formulieren Sie aus den biblischen Texten (S. 241–243) mit eigenen Worten einige Leitgedanken für ein christlich geprägtes Menschenbild.

4. Führen Sie (durchaus in dem Bewusstsein darüber, dass sich ein philosophischer Text nicht ohne Weiteres auf die Wirklichkeit übertragen lässt) ein Streitgespräch darüber, ob bzw. inwieweit sehr viele Menschen in der NS-Zeit »aufgeklärt« sein konnten bzw. wollten, und erörtern Sie die Grenzen von »Anpassung« und »Wagnis«.

5. Informieren Sie sich über den inhaltlichen Zusammenhang und die ethische Botschaft von Lessings »Ringparabel« und diskutieren Sie ihre Alltagstauglichkeit.

6. Ergänzen Sie die Liste berühmter jüdischer Männer und Frauen durch selbstständige Recherchen und informieren Sie Ihren Kurs über verschiedene dort genannte Persönlichkeiten nach eigener Wahl.

M

Wirkung und mediale Gestaltung

»Der Pianist« als Film 2002

Der berühmte Regisseur Roman Polanski verfilmte Władysław Szpilmans Buch unter dem Titel »Der Pianist« mit Adrien Brody in der Titelrolle und Thomas Kretschmann als Offizier Wilm Hosenfeld. Der Film hatte 2002 Premiere und erhielt im gleichen Jahr die Goldene Palme von Cannes. 2003 wurde der Film mit drei Oscars in den Kategorien »Bester Regisseur«, »Bester Hauptdarsteller« und »Bestes Drehbuch« ausgezeichnet.

Roman Polanski musste die Judenverfolgung in Polen selbst miterleben. Er hielt sich, nachdem er aus dem Krakauer Getto fliehen konnte, jahrelang versteckt; seine Eltern wurden ins KZ verschleppt, seine Mutter wurde in Auschwitz ermordet.

Roman Polanski

Plakat zum Film »Der Pianist«

M

Auf dem Umschlagplatz kurz vor der Deportation nach Treblinka

Szpilman im Getto nach der Rettung vor dem Abtransport

Szpilman spielt Hauptmann Hosenfeld Chopins Nocturne cis-Moll vor

Szpilman versteckt auf dem Hängeboden des Festungskommandos

Adorno
Theodor W. Adorno (1903–1969), Philosoph und Soziologe

Marcel Reich-Ranicki

Der Pianist 2002

Adorno hatte schon gute Gründe, 1949 zu erklären, es sei barbarisch, nach Auschwitz ein Gedicht zu schreiben. Diese Provokation musste Widerspruch hervorrufen. Denn auf die Behauptung, es sei barbarisch, nach Auschwitz ein Gedicht zu schreiben, konnte und kann es nur eine einzige Antwort geben: Barbarisch wäre es, nach Auschwitz kein Gedicht zu schreiben. Aber soll man, darf man ein Gedicht über Auschwitz schreiben? Die Gegenfrage drängt sich auf: Wer wäre berufen und auch im Stande, das Unvorstellbare zu zeigen oder anzudeuten und äußersten Schrecken zu vergegenwärtigen oder ahnen zu lassen, wenn nicht die Literatur und die Kunst, wenn nicht der Film? Diese Gegenfrage übersieht das Risiko: Die Kunst über das Grausamste könnte das Grauen konsumierbar, ja geradezu genießbar machen. Sie liefe Gefahr, den Bedarf des Publikums nach Grausamkeit zu befriedigen. Wird etwa durch die Kunst der Gegenstand, auf den sie abzielt, gar poetisiert? […]

Was benötigen wir? Ein lyrisches Bild, ein Gleichnis oder lieber doch ein Protokoll, kühl und nüchtern, einen Bericht, sachlich und trocken? Keiner kennt diese Problematik besser als Roman Polanski, der, ein Kind noch, dem Krakauer Getto entronnen ist und seit Langem zu den bedeutendsten Filmregisseuren der Gegenwart gehört. Was er selber während der deutschen Okkupation Polens erlebt hat und nicht vergessen kann, hat ihn jahrzehntelang zögern lassen, dieses Thema zu behandeln. Als er die Erinnerungen des Pianisten und Komponisten Władysław Szpilman las, eines Juden, der das Warschauer Getto überlebt hatte, glaubte Polanski, dies sei der Stoff, der es ihm ermöglichen könnte, das, was ihm bisher nicht darstellbar schien, doch darzustellen. […]

M

Ich kannte ihn [Szpilman] im Warschauer Getto, ich traf ihn auch oft in der Nachkriegszeit, ich habe noch kurz vor seinem Tod – er starb im Jahre 2000 – ausführlich mit ihm telefoniert. […]

Sein Buch, in deutscher Übersetzung zunächst »Das wunderbare Überleben« und dann als Taschenbuch »Der Pianist« betitelt, […] ist etwas wirr und chaotisch, es verliert sich oft in unerheblichen Details, es hat auch allerlei andere Schwächen. Nun hat Szpilman nie den Anspruch erhoben, ein Schriftsteller zu sein. Aber sein Buch ist ein ehrliches und ein ergreifendes Zeitdokument, zwar unbeholfen, doch höchst aufschlussreich.

Mit seinen vielen, oft rasch skizzierten Figuren, mit seinen unzähligen kleinen, doch meist charakteristischen Szenen und Situationsbildern hätten Szpilmans Erinnerungen sehr wohl als Vorlage für einen großen Spielfilm Verwendung finden können. Und natürlich wäre Polanski im Stande, uns einen solchen Film zu liefern. Nur wollte er es nicht. Er meinte offensichtlich, dass diesem Stoff am ehesten eine Dokumentation gerecht werden kann. Freilich gibt es authentische Filmaufnahmen aus dem Warschauer Getto. Authentische? Es sind fast ausschließlich solche, die von deutschen Filmleuten in antisemitischer Absicht gedreht wurden; und zum Teil handelt es sich um gestellte Szenen der widerlichsten Art. Es war Polanski sofort klar: Eine Dokumentation konnte nicht in Betracht kommen.

authentische echte

Aber wenn sie sich nicht realisieren ließ, dann vielleicht doch simulieren? Das eben hat er getan: Mit Hilfe von zahlreichen Schauspielern und unzähligen Statisten, mit Hilfe von Bühnenbildnern und Kostümentwerfern und mit sonstigen Filmkünstlern jeglicher Art hat er das Leben im Warschauer Getto so gezeigt, dass der Eindruck einer Dokumentation entsteht. […]

Diese Konzeption hat auch zur Folge, dass die hier mitwirkenden Schauspieler keine richtigen Rollen zu spielen haben, sondern nur Typen verkörpern – und sie tun es hervorragend. […]

Mit dieser strengen, für mein Gefühl allzu strengen Konzeption hängen freilich auch jene Szenen zusammen, denen dieser Film seinen ungewöhnlichen Rang verdankt. Ich meine das Bild des Warschauer Gettos. Wie alle, die ihre eigenen Erlebnisse in einem Film sehen, war auch ich oft geneigt, die Wiedergabe der historischen Wahrheit zu beanstanden und refrainartig zu wiederholen: Es war ja alles anders …

Nein, es war nicht anders. Was ich mir nie vorgestellt, was ich nie zu hoffen gewagt habe, das ist Polanski hier gelungen: Er hat den Alltag des Gettos, seine Atmosphäre so treffend und mit einer so überwältigenden Genauigkeit wiedergegeben, dass ich, diesen Film sehend, hier und da mit dem Verdacht kämpfen musste, da seien authentische Dokumentaraufnahmen eingeblendet worden. Nein, da ist nichts übernommen, da ist alles rekonstruiert. Und Polanski hat es meisterhaft gemacht. […]

Vielleicht musste man so streng und konsequent vorgehen, um einen so gewaltigen Film zu schaffen, einen, in dem künstlerische Ambitionen von einem Ehrgeiz ganz anderer Art verdrängt werden, von dem Ehrgeiz, einem der düstersten Kapitel der Weltgeschichte gerecht zu werden.

Wolfgang Thierse

Rede zur Filmpremiere von »Der Pianist« ____ 2002

Der Film ist keineswegs nur cineastisch, sondern vor allem politisch bedeutsam. »Der Pianist« erzählt eine Geschichte, die nicht vergessen werden kann – von niemandem, der diesen Film gesehen hat. »Der Pianist« geht unter die Haut: er führt uns vor Augen, was Menschen Menschen antun, wenn elementare Grundsätze von Menschenwürde und Menschenrechten außer Kraft gesetzt werden – damals wie heute. Dieser Film lässt anschaulich werden, warum in unserer Gesellschaft schon die Ansätze zu Menschenverachtung, Rassismus, Antisemitismus keine Chance haben dürfen. Das können Kunst, Literatur, der Film viel aufrüttelnder, viel wirkungsvoller als der erhobene Zeigefinger zeitgeschichtlicher Seminare und moralisierender Leitartikel. Der Film über Władysław Szpilman erklärt die Gründe für die Verteidigung humanitärer Grundwerte nicht nur, er macht erfahrbar, fühlbar, dass wir die Grundrechte sichern und an künftige Generationen weitergeben müssen. Sie sind für jede Gesellschaft lebenswichtig, die zivilisiert und demokratisch sein will.

Der Film »Der Pianist« läuft hier zu dem Zeitpunkt an, an dem wir in Europa auf dem Weg zu guter Nachbarschaft das entscheidende letzte Stück angehen. Ich meine die Erweiterung der Europäischen Union. Ich halte die enge Freundschaft zwischen Deutschland und Polen bei der Erweiterung für genauso wichtig, wie es die zwischen Deutschland und Frankreich für die Gründung und den bisherigen Erfolg der EU war. Aber diese Freundschaft wird nur Bestand haben, wenn wir uns Rechenschaft ablegen über die Vergangenheit, die in Polanskis Film so eindrucksvoll vor unser Auge tritt, und über die Konsequenzen, die wir daraus für die Zukunft ziehen. Gerade wegen dieser Vergangenheit wollen wir ein

cineastisch **für Filmfachleute, Filmfans**

M

gemeinsames Europa der Menschenrechte und Menschenwürde, des Friedens, der Freiheit und sozialer Gerechtigkeit schaffen. Ein solches Europa wäre ohne geschichtliche Selbstvergewisserung nicht tragfähig. Roman Polanskis »Der Pianist« – übrigens eine französisch-deutsch-polnisch-britische Co-Produktion – trägt ein wichtiges Stück zu dieser Selbstvergewisserung bei.

Peter Zander

»Ich wurde ein Anderer« 2002

»Guardian« liberale englische Tageszeitung

»Bekannter Regisseur sucht durchschnittlichen Burschen für die Hauptrolle in seinem nächsten Film. Schauspielerische Erfahrung nicht notwendig.« Mit dieser Annonce im »Guardian« suchte Roman Polanski nach dem passenden Hauptdarsteller für seinen persönlichsten Film »Der Pianist«, über das grausame Schicksal polnischer Juden im Warschauer Getto. Und er war überrascht, wen er so alles unter den 1400 Bewerbern fand: Chinesen, Schwarze, selbst Frauen. Am Ende landete er bei Adrien Brody. Das ist nun ein ausgewiesener Schauspieler mit durchaus eingängiger Erfahrung. Nicht gerade ein Kompliment für den jungen Mann mit dem charakteristischen Gesicht, als »durchschnittlicher Bursche« durchzugehen. Damit aber hat der gebürtige New Yorker kein Problem: »Ich bin jetzt sehr viel bekannter, aber noch immer nicht wirklich bekannt.« [...]

Dilemma Zwangslage

Polanski wollte einfach keine Berühmtheit, keinen Star, dessen eigene Persönlichkeit den Film erdrückt hätte. »Das ist genau das Dilemma in diesem Beruf: ›Je mehr dich kennen, desto weniger akzeptieren sie dich als Figur in einer Rolle.‹« Vielleicht ist »Der Pianist« also der letzte Film, in dem man

Brody unbelastet sehen kann. Für die Rolle ging er weiter, als man das erwarten kann. Er hat nicht nur die Memoiren »Das wunderbare Überleben« von Władysław Szpilman gelesen, die dem Film zu Grunde liegen, hat nicht nur Dokumentarfilme gesehen und Geschichtsbücher gewälzt. Er hat, um die Isolation eines Juden im Getto glaubhaft darstellen zu können, seine Wohnung aufgegeben, sein Auto verkauft, sein Telefon sperren lassen. Und er hat gehungert, hat in sechs Wochen 30 Pfund verloren. »Mein Charakter muss in jeder Szene absolut glaubhaft sein. Dieses Verlangen, diese Leere – das kann man nicht darstellen, nicht mal mit noch so viel Makeup.«

Memoiren Lebenserinnerungen

Brody stutzt immer wieder, während er spricht. Er gehört zu jenen seltenen Schauspielern, die erst mal nachdenken, bevor sie was sagen, und das dafür umso tiefgründiger tun. Es ist kaum zu glauben, was er alles in der Rolle leistete: Sechs Tage in der Woche drehte er bis zu 17 Stunden, und am freien Tag besuchte er Auschwitz. Dazu kamen vier Stunden täglich am Klavier, das er spielen lernen musste. Die größte Schwierigkeit war, dass er im Laufe des Films immer weniger Dialoge hatte und am Ende, gänzlich isoliert und von Versteck zu Versteck gehetzt, fast nur noch gestisch und mimisch arbeiten konnte. Das sei natürlich schwierig gewesen, so viele Szenen allein zu drehen: »Zumal man keinem anderen Schauspieler die Schuld in die Schuhe schieben konnte, wenn was danebenging.« Hier huscht dann doch mal ein kleines Lächeln über seine schmalen Lippen, aber dann wird er gleich wieder ernst: »Mit dieser Rolle bin ich schauspielerisch gewachsen. Mehr noch: Ich wurde ein Anderer.«

gestisch durch Gebärden
mimisch durch das Mienenspiel

Er hat dabei allerdings eine große Stütze erfahren, von der er nicht genug schwärmen kann: Polanski. »Roman hat mich begleitet. Das war eine großartige Erfahrung. Ein Luxus.« Ihm hat er auch erzählt, worüber er sonst lieber schweigt und weswegen er selbst keine Interviews zu seinem Film gibt: seine eigenen Getto-Erfahrungen (in Krakau), die unweigerlich in das Werk eingeflossen sind. Auch Brody will sich dazu nicht näher äußern.

Auch sein Vater ist Jude und hat im Holocaust Verwandte verloren. Darüber scheint er mit dem Sohn allerdings nie viel gesprochen zu haben. Zumindest wird Brody hier sehr still. »Es ist Teil meines Lebens. Aber durch diesen Film habe ich einen anderen Bezug, ein neues Verständnis dafür entwickelt.« Dennoch will er den Film nicht auf den Holocaust beschränkt wissen. »Intoleranz und Spannungen gären gerade jetzt wieder überall auf der Welt. Und es gibt auch heute Tausende und Abertausende von Menschen, die Hunger und Not leiden. Es ist wichtig zu zeigen, wohin all das führen kann.«

Adrien Brody als Władysław Szpilman

Arbeitsanregungen

1. Welche Möglichkeiten und welche Gefahren sieht Reich-Ranicki in der literarischen Verarbeitung des Holocaust?

2. Verdeutlichen Sie an ausgewählten Textbeispielen die literaturkritischen Anmerkungen von Reich-Ranicki (S. 257, Z. 5–12) zu Szpilmans Werk.

3. Marcel Reich-Ranicki war selbst Insasse des Warschauer Gettos. An Szpilmans Aufzeichnungen lobt er die »charakteristischen Situationsbilder«, an Polanskis Film in besonderem Maße dessen dokumentarischen Wert. Belegen Sie diese Beobachtungen durch Beispiele.

4. Konkretisieren Sie Thierses Aufforderung, »Gewalt offen und couragiert abzuwehren«, anhand Ihnen bekannter Beispiele. Beginnen Sie (möglicherweise) mit Erscheinungsformen des Mobbings in Ihrem sozialen Umfeld.

5. Erläutern Sie den von Thierse angesprochenen sozialethischen Stellenwert von Buch und Film »Der Pianist«.

6. Entspricht Ihrer Meinung nach Adrien Brody in seiner Filmrolle dem Typ eines »durchschnittlichen Burschen« (S. 260), und halten Sie die persönlichen Entbehrungen, die der Schauspieler zur Vorbereitung seiner Filmrolle auf sich genommen hat, für angemessen? Diskutieren Sie darüber in der Gruppe.

7. Als Mitarbeiter(in) der Schülerzeitung erhalten Sie die Gelegenheit, den Schauspieler Adrien Brody persönlich kennen zu lernen. Gestalten Sie ein Interview.

Textquellen

Alles muss zum Juden laufen. Spottlied aus Regensburg. Aus: Georg Liebe: Das Judentum. Leipzig 1903. S. 34. Zit. nach: Helmut Berding: Moderner Antisemitismus in Deutschland. Stuttgart: Klett Verlag 1988. S. 9.

Busch, Wilhelm: Plisch und Plum. Aus: Wilhelm Busch: Sämtliche Werke. Teil II: Was beliebt, ist auch erlaubt. Hrsg. von Rolf Hochhuth. Gütersloh: C. Bertelsmann Verlag 1994.

Closener, Friedrich: Spätmittelalterliche Judenverfolgungen. Aus: Julius Höxter: Quellenlexikon zur jüdischen Geschichte und Literatur. III. Teil. Frankfurt/M. 1927. S. 27–29. Zit. nach: Helmut Berding: Moderner Antisemitismus in Deutschland. Stuttgart: Klett Verlag 1988. S. 6–8.

Das Warschauer Getto. Zahlen und Ereignisse. Nach: www.mdr.de/viaeuropa/682261.html.

Der Film »Der Pianist«. Originalbeitrag.

Die Zehn Gebote. Zit. nach: Luther Deutsch. Hrsg. von Kurt Aland. Bd. 6: Kirche und Gemeinde. Göttingen 3. Aufl. 1991, S. 142 ff. [Text leicht modernisiert.]

Goldhagen, Daniel Jonah: Hitlers willige Vollstrecker. Ganz gewöhnliche Deutsche und der Holocaust. München 1996. S. 6, 8 f., 9, 12.

Grundgesetz der Bundesrepublik Deutschland. Die Grundrechte. Aus: Grundgesetz für die Bundesrepublik Deutschland. Verfassung für das Land Nordrhein-Westfalen. Düsseldorf 1962.

Himmler, Heinrich: Rede vor SS-Führern in Posen. Zit. nach: Wolfgang Scheffler: Judenverfolgung im Dritten Reich. Berlin 1964. S. 55 f.

Hosenfeld, Wilm: Tagebuchaufzeichnungen. Aus: Wilm Hosenfeld: »Ich versuche jeden zu retten«. Das Leben eines deutschen Offiziers in Briefen und Tagebüchern. Hrsg. von Thomas Vogel. München: DVA 2004. S. 684, 719.

Höß, Rudolf: Kommandant in Auschwitz. Aus: Kommandant in Auschwitz. Autobiografische Aufzeichnungen des Rudolf Höß. Hrsg. von Martin Broszat. München: dtv 1963. S. 24 f., 71, 127 f., 129, 131 f.

Judenfeindliche Texte im Neuen Testament. Biblische Quellen zit. nach: www.bibleserver.com.

Kant, Immanuel: Was ist Aufklärung? Aus: Berlinische Monatsschrift 4 (1784). S. 481 f. Zit. nach: Was ist Aufklärung? Thesen und Definitionen. Hrsg. von Ehrhard Bahr. Stuttgart: Reclam 1983. S. 9–11.

Kant, Immanuel: Kategorischer Imperativ. Aus: I. K.: Grundlegung zur Metaphysik der Sitten. Akademie-Ausgabe. Werke IV. S. 420 f.

Lapide, Pinchas E.: Wer war schuld an Jesu Tod? Gütersloh: Gütersloher Verlagshaus 1989. S. 7.

Lessing, Gotthold Ephraim: Ringparabel. Aus: G. E. L.: Nathan der Weise. Hannover: Schroedel Verlag 2003. S. 94 f.

Luther, Martin: Von den Juden und ihren Lügen. Aus: Martin Luthers Werke. Abt. 1: Werke. Weimarer Ausgabe. Bd. 53. Weimar: Böhlau 1920. [Text behutsam modernisiert.]

Raabe, Wilhelm: Der Hungerpastor. Berlin: Verlagsanstalt Hermann Klemm. O. J. Sonderausgabe für die Deutsche Buchgemeinschaft. S. 61–63, 88, 90.

Reich-Ranicki, Marcel: Der Pianist. Aus: Frankfurter Allgemeine Zeitung vom 23. 10. 2002.

Stoecker, Adolf: Das Judentum im öffentlichen Leben, eine Gefahr für das Deutsche Reich. Aus: A. S.: Christlich-Soziale Reden und Aufsätze. Bielefeld/Leipzig 1885. S. 210 f. Zit. nach: Helmut Berding: Moderner Antisemitismus in Deutschland. Stuttgart: Klett Verlag 1988. S. 27 f.

Stöhr, Martin: Die Macht der Klischees. Aus: M. S.: Kraft des Erinnerns. Stuttgart: Kreuz-Verlag 1986. Zit. nach: Siegfried Schulz: Materialien Christen und Juden. Sekundarstufe I. Stuttgart 1988. S. 19.

Szpilman, Andrzej: Vorwort. Aus: Władysław Szpilman: Der Pianist. Mein wunderbares Überleben. Aus dem Polnischen von Karin Wolff. Berlin: Ullstein 2005. S. 5–7.

Thierse, Wolfgang: Rede zur Filmpremiere von »Der Pianist«, gehalten am 21. Oktober 2002 im Berliner Ensemble. Aus: www.bundestag.de/bic/presse/2002/pz_021021.

UNO: Allgemeine Erklärung der Menschenrechte. Resolution 217A (III) der Generalversammlung vom 10. Dezember 1948. Übersetzung: Deutscher Übersetzungsdienst, Vereinte Nationen, New York. Zit. nach: www.runic-europe.org/german/menschen/udhr_template.htm.

Vogel, Thomas: »Ich versuche jeden zu retten«. Wilm Hosenfeld – ein deutsches Leben. Aus: Wilm Hosenfeld: »Ich versuche jeden zu retten«. Das Leben eines deutschen Offiziers in Briefen und Tagebüchern. Hrsg. von Thomas Vogel. München: DVA 2004. S. 81 ff.

Wilhelm, Ulrike: Im Gespräch: Władysław und Andrzej Szpilman. Aus: Deutsches Allgemeines Sonntagsblatt Nr. 10 vom 6. 3. 1998.

Zander, Peter: »Ich wurde ein Anderer«. Aus: Berliner Morgenpost vom 24. 10. 2002.

Bildquellen

Seite 192: Władysław Szpilman, 1942. © Andrzej Szpilman.
Seite 193 li.: Władysław Szpilman mit seinen Geschwistern Halina, Regina und Henryk, 1914. © Andrzej Szpilman.
Seite 193 re.: Władysław Szpilman, 1929. © Andrzej Szpilman.
Seite 195 o.: Władysław Szpilman im Studio des Polnischen Rundfunks, 1948. © Andrzej Szpilman.
Seite 195 u.: Władysław Szpilman mit seiner Frau Halina, 1955. © Andrzej Szpilman.
Seite 196: Szpilman spielt das Nocturne cis-Moll von Chopin, 1997. © Andrzej Szpilman.
Seite 201: Władysław und Andrzej Szpilman. JENS WUNDERLICH FOTOGRAFIE, Hamburg.
Seite 205: Władysław und Andrzej Szpilman. JENS WUNDERLICH FOTOGRAFIE, Hamburg.
Seite 214: Zeichnung von Wilhelm Busch. Aus: Wilhelm Busch: Sämtliche Werke. Teil II: Was beliebt, ist auch erlaubt. Hrsg. von Rolf Hochhuth. Gütersloh: C. Bertelsmann Verlag 1994.
Seite 216: Titelblatt zu: Martin Luther: Von den Juden und ihren Lügen (1543). akg-images.
Seite 229 o.: Eingang zum Konzentrationslager in Auschwitz. akg-images.
Seite 229 u.: Selektion durch die SS in Auschwitz. akg-images.
Seite 234: Deportation aus dem Warschauer Getto. akg-images.
Seite 236: Karte des Warschauer Gettos. Aus: Enzyklopädie des Holocaust. Von Eberhard Jäckel/Peter Longerich/Julius H. Schoeps. Band III. S. 1543. München/Zürich: Piper 1998.
Seite 252: Roman Polanski. defd/pwe-Verlag, Hamburg.
Seite 253: Filmplakat zu »Der Pianist«. defd/pwe-Verlag, Hamburg.
Seite 254 o.: Szenenfoto aus dem Film »Der Pianist«. defd/pwe-Verlag, Hamburg.
Seite 254 u.: Szenenfoto aus dem Film »Der Pianist«. defd/pwe-Verlag, Hamburg.
Seite 255 o.: Szenenfoto aus dem Film »Der Pianist«. defd/pwe-Verlag, Hamburg.
Seite 255 u.: Szenenfoto aus dem Film »Der Pianist«. defd/pwe-Verlag, Hamburg.
Seite 262: Adrien Brody als Władysław Szpilman in »Der Pianist«. defd/pwe-Verlag, Hamburg.

Anmerkungen

S. 9

Krieg Das nationalsozialistische Deutschland unter Adolf Hitler begann mit dem »Anschluss« Österreichs (März 1938) und der Zerschlagung der Tschechoslowakei (1938/39) eine weit gespannte Expansionspolitik. Sein Ziel war die Erringung einer Weltvormachtstellung für ein »rassereines«, d.h. über die Vernichtung der Juden zu erreichendes, »germanisches Reich deutscher Nation«. Nach der Errichtung des »Protektorats Böhmen und Mähren« (15.3.1939) suchte Hitler Polen zu einer Übereinkunft zu drängen mit der Absicht, Danzig in das Deutsche Reich wieder einzugliedern. Nach Ablehnung der deutschen Forderung (26.3.1939) versuchte die britische Regierung A. N. Chamberlain (1937–1940) durch eine Garantie der Unabhängigkeit Polens (31.3.1939) das stark bedrohte europäische Gleichgewicht zu retten, doch wurde damit der Befehl Hitlers zur Vorbereitung eines Feldzugs gegen Polen im Herbst 1939 ausgelöst (3.4.1939). Großbritannien legte sich dagegen im Beistandspakt mit Polen vom 25.8.1939 endgültig fest. Als daher Hitler am 1.9.1939 um 4.45 Uhr den Angriff auf Polen eröffnen ließ, antworteten Großbritannien und Frankreich am 3.9.1939 mit der Kriegserklärung an Deutschland.

S. 20

Die ersten Deutschen Im September 1939 wurde Warschau von deutschen Truppen besetzt. Die im Zweiten Weltkrieg weitgehend zerstörte Stadt wurde nach 1945 unter modernen städtebaulichen Aspekten wieder aufgebaut. In der Innenstadt wurden Bauten der Vergangenheit historisch getreu rekonstruiert.

S. 33

2000 Zł Zł steht für Złoty, die polnische Währungseinheit (Aussprache des »ł« ähnlich dem englischen »w« wie in »what«). Heute entsprechen 4 Zł etwa 1 Euro.

S. 38

Arier Nach der nationalsozialistischen Rassenideologie verstand man unter »Ariern« Angehörige der so genannten nordischen Rasse.

S. 42

Davidstern Der Davidstern, ein Sechsstern, ist ein religiöses Symbol des Judentums und seit dem 7. Jh. v. Chr. bezeugt. Er wird gebildet durch zwei Dreiecke und gilt als Sinnbild der Durchdringung von sichtbarer und unsichtbarer Welt. In der NS-Zeit wurde er seit 1940 zum zwangsweise zu tragenden Zeichen aller Juden. Seit 1948 ist er Teil der Flagge des Staates Israel.

S. 56

Gestapo Die Gestapo (Abk. für Geheime Staatspolizei), eine Organisation der politischen Polizei während der NS-Herrschaft (1933–1945), entwickelte sich zunehmend zum entscheidenden innenpolitischen Machtinstrument des nationalsozialistischen Staates. Sie diente ihm dazu, die politischen Gegner, also alle »staatsgefährlichen« Personen, Institutionen und Ideen, zu verfolgen. Wegen ihrer brutalen Methoden war sie berüchtigt und gefürchtet.

S. 57

Samariter Gemeint ist in Anspielung auf das neutestamentliche Gleichnis vom barmherzigen Samariter (Lk. 10,25–37) ein barmherziger Mensch.

S. 60

jüdische Polizei Im Innern des Gettos befehligten die Deutschen einen Judenrat, der die innere Verwaltung des Gettos übernahm, und eine Judenpolizei, die mit den Deutschen zusammenarbeitete. Deren Mitglieder galten in den Augen der übrigen Gettobewohner als Verräter, sie werden auch von Szpilman äußerst kritisch beurteilt.

S. 68

Janusz Korczak Der berühmte Kinderarzt und Sozialpädagoge Janusz Korczak (geb. 22. 7. 1878, ermordet im Vernichtungslager Treblinka 1942) leitete während der deutschen Besatzung ein jüdisches Waisenhaus im Warschauer Getto. Als die Nazis im Juli 1942 mit der Massentötung der Bevölkerung des Warschauer Gettos durch die »Umsiedlung« nach Treblinka begannen, hätte Korczak selbst mehrfach die Möglichkeit gehabt, sein Leben zu retten. Aber alle diesbezüglichen Angebote lehnte er ab, weil er eine solche Tat als Verrat an den Kindern und an seiner Aufgabe betrachtet hätte. So ging er mit ihnen in den Tod.

S. 78

SS-Männer Die SS (Abk. für »Schutzstaffel«) war ein halbmilitärischer Kampfverband der NSDAP und Hauptträger des politischen Terrors in Deutschland sowie, nach Kriegsausbruch, auch im besetzten Ausland.

S. 79

Gaskammern und Krematoriumsöfen Im Vernichtungslager Treblinka südlich von Warschau wurden 1942–1944 etwa 900 000 Menschen getötet, darunter 323 000 Gefangene jüdischen Glaubens aus dem Warschauer Getto. Die Körper der in den Gaskammern auf qualvolle Weise ermordeten Opfer wurden danach in riesigen Krematorien (»cremare«: lat. »verbrennen«) verbrannt.

S. 94

Faschisten Anhänger eines antidemokratischen, nationalistischen Herrschaftssystems.

S. 98

Zyklon Zyklon B war der Handelsname von Blausäure bzw. Cyanwasserstoff (HCN), einem hochgiftigen Cyangas, das in nationalsozialistischen Lagern, vor allem in Auschwitz, zur Ermordung von Menschen verwendet wurde. Zyklon B war ein gängiges Insektenvertilgungsmittel. Geliefert wurde das Gas in Form kleiner Kristalle in luftdicht verschlossenen Behältern. In Verbindung mit Luft verwandelten sich die Kristalle in tödliches Gas. Ein beauftragter »Sanitäter« mit Gasmaske schüttete die Kaliumcyanid-Kristalle durch eine mit einem Verschluss ausgestattete schmale Öffnung in die luftdicht abgeschottete Gaskammer, in der sich die Opfer befanden.

S. 98

Selektion Es war auf Seiten der deutschen Machthaber »üblich«, vor dem Transport jüdischer Bewohner in die Vernichtungslager (bzw. nach deren Ankunft dort) eine »Selektion« (Auswahl) hinsichtlich der Arbeitsfähigkeit zu treffen. Für die als nicht arbeitsfähig Befundenen bedeutete eine solche Entscheidung den (oft sofortigen) sicheren Tod.

S. 117

erstarrten … zur Salzsäule Anspielung auf das Ende von Lots Frau beim Untergang von Sodom und Gomorra, vgl. Gen. 19,26.

S. 123

bewaffneter Vergeltung Im Herbst 1942 bildete sich die jüdische Kampforganisation ZOB (Zydowska Organizacja Bojawa). Die ersten Aktionen der ZOB richteten sich gegen Verräter im Getto.

S. 138

der Aufstand Der Warschauer Gettoaufstand gilt als eines der spektakulärsten Ereignisse des Zweiten Weltkriegs. Am 19. April 1943 begannen unter Mordechai Anielewicz (1919–1943) 600 Widerständler der jüdischen Kampforganisation ZOB gegen 2090 SS-Soldaten zu kämpfen, die das Getto endgültig auflösen wollten. Dieser Aufstand ist nicht zu verwechseln mit der Erhebung der polnischen Untergrundarmee gegen die deutschen Besatzer in Polen aus dem Jahr 1944.

S. 148

bolschewistische Bolschewik ist die (oft abwertend gebrauchte) historische Bezeichnung für ein Mitglied der kommunistischen Partei Russlands bzw. der Sowjetunion.

S. 150

Aufstand in Warschau Die von August bis Oktober 1944 dauernde Erhebung einer polnischen Untergrundarmee gegen die deutsche Militärmacht in Polen wollte Warschau ohne Hilfe der sich der Stadt nähernden sowjetischen Truppen freikämpfen. Nach anfänglichen Erfolgen musste jedoch, durch deutsche Gegenoffensive und bedingt durch die Passivität der russischen Armee, am 2.10. kapituliert werden. Hitler ordnete die Zerstörung Warschaus an.

S. 163

Wlassow-Soldaten Angehörige einer aus russischen Kriegsgefangenen bestehenden Armee unter dem sowjetischen General Wlassow.

S. 198

Wolf Biermann Bekannter deutscher Liedermacher, geb. 1936 in Hamburg. Biermann lebte seit 1953 in der DDR, wo er seit 1965 Auftrittsverbot hatte. 1976 wurde er nach einem Konzert in Köln gegen seinen Willen ausgebürgert und durfte nicht in die DDR zurückkehren. Die Ausbürgerung Biermanns stieß bei vielen Künstlern in der DDR auf Protest.

S. 215

Laterankonzil Versammlung katholischer Würdenträger im ursprünglich der Familie der Laterani gehörenden päpstlichen Palast in Rom.

S. 215

Talmudisten Kenner des Talmud, der Sammlung der Gesetze und religiösen Überlieferungen des nachbiblischen Judentums.

S. 222

denunziatorische Von »denunzieren«: jemanden aus persönlichen, niedrigen Beweggründen anzeigen, brandmarken.

S. 222

Zionismus Bewegung zur Gründung und Sicherung eines nationalen jüdischen Staates.